Pierluigi Tajana

UN ALPINO NEL BATTAGLIONE BARBARIGO

Un Artigliere Alpino dalla Grecia
al Battaglione Barbarigo
della Decima MAS

ISBN: 978-88-9327-6511 2ª Edizione : Ottobre 2020 ISBN ebook 9788893270069
Titolo: Un alpino nel battaglione Barbarigo (ISE-029) di Pierluigi Tajana
Pubblicato da LUCA CRISTINI EDITORE. Cover & Art design: L. S. Cristini
Prima edizione a cura di ASSOCIAZIONE ITALIA STORICA - Genova 2008

PREFAZIONE

Sono ormai passati molti anni dal periodo della mia vita trascorso sotto le armi, ma spesso il pensiero lo richiama alla memoria e, raccontando ad amici e conoscenti qualche episodio della mia carriera militare, mi sono sentito spesso domandare il motivo per cui non mettessi per iscritto ciò che avevo vissuto e visto, negli otto e più anni di servizio con stellette e gladi. Avevo parecchie cose da raccontare: dal Corso Allievi Ufficiali, al servizio di prima nomina, ai richiami per l'avanzamento, al richiamo per l'opposizione italiana alle manovre di Hitler sull'Austria, alla mobilitazione per il così detto "approntamento", all'entrata in guerra del 1940 contro la Francia e la Grecia, all'arruolamento nella X^a MAS, alla prigionia in Algeria. Ed eccomi così seduto di fronte alla macchina da scrivere. In fondo, ciò che mi ha spinto a scrivere questo diario, con avvenimenti che risalgono a sessanta anni fa e che sono stati vissuti in prima persona, é il desiderio di rendere consapevoli di quanti ingiusti giudizi hanno subito quei meravigliosi giovani che, chiamati loro malgrado alle armi, nell'esercito più maldiretto del mondo, con un armamento ed equipaggiamento inadeguato, obsoleto ed inefficiente, hanno saputo, in silenzio, non smarrirsi, non disertare, non ammutinarsi e non perdere quella fiducia che é la caratteristica predominante della gente del nostro paese. Ho passato gli ottanta anni, ma vorrei dimostrare che il popolo italiano é un gran popolo, ma ha sempre avuto, nella conduzione degli affari pubblici, uomini di poca preparazione, poca esperienza pratica, pochissima fantasia e scarso senso di responsabilità, fatte naturalmente le dovute eccezioni. La mia non vuole essere una critica, ma una rivalutazione del cittadino italiano e del popolo italiano, che si sarebbe meritato di meglio di coloro che si sono, di volta in volta, appropriati del potere.

Pierluigi Tajana

Como, 1992

SOTTO LA NAJA

Nacqui nell'anno 1910 e, nell'opinione mia e dei miei coscritti, la nostra generazione era una classe di ferro, e di ferro eravamo sul serio. Da bambini subimmo i terribili momenti della prima guerra mondiale, ed anche se tra i quattro e gli otto anni si è molto piccoli, fummo temprati dagli avvenimenti che si susseguirono. Non ho dimenticato la disperazione di mia madre, la nascita di mio fratello nel 1914, l'invasione tedesca del Belgio, e il richiamo di mio padre. Mi ricordo come se fosse ieri quando uscì dal distretto militare, in divisa di Sergente di fanteria, e mi buttai al collo di mia mamma gridando: "Non è mio papà! Non lo voglio più!". Nel 1915 anche l'Italia entrò in guerra. I primi momenti d'entusiasmo e successi effimeri fecero pensare ad una rapida soluzione. Invece: Caporetto, il terrore dell'invasione, stenti, fame, feriti, morti. La propria mamma è sempre la migliore, ma la mia era proprio eccezionale. Sola con due bambini, col marito al fronte, con vuoti di notizie spaventosi, si disperava dentro di sé, ma manteneva un sorriso rassicurante per noi. Non era facile trovare di che sfamarci, ma lei ce la faceva, riuscendo talvolta a procurarci anche qualche golosità. E poi venne la vittoria. Ricordo l'entusiasmo, e in seguito le proteste contro i reduci. I primi moti fascisti. Eravamo tutti permeati di Patria, Re, Duce, onore e gloria. Aspettavamo con ansia la fine degli studi per vestire la divisa militare e poterci fregiare dei gradi di Ufficiale. Finalmente arrivò il mio momento. Alla visita di leva fui qualificato abile, ed assegnato all'Artiglieria da montagna. Mi mancavano ancora due anni alla fine degli studi, e nel 1930 feci domanda per il Corso Allievi Ufficiali di Artiglieria venendo assegnato alla Scuola di Bra in Piemonte. E da quel momento cominciò la mia lunga vita d'attività militare, fra servizi di leva, richiami, guerra e prigionia, che vorrei farvi conoscere. Bra era una cittadina del vecchio Piemonte rurale, permeato di monarchia sabauda, ambiente brumoso e senza vita, o, almeno, a me appariva così allora. Giunto alla stazione chiesi della caserma degli Ufficiali di Artiglieria, ma non c'era alcuna possibilità di sbagliarsi, perché erano molti i giovani che prendevano quella direzione. La caserma aveva una facciata umida, enorme. Una garitta con una sentinella, munita di mantella, cappello alpino fino alle orecchie e un fucile. Non sapevo ancora che era un modello del 1891, e non avrei nemmeno immaginato che fino alla fine della seconda guerra sarebbe stato la dotazione del soldato italiano. Dicevo, una garitta, una sentinella che si mise sull'attenti al nostro passaggio, un grande portone, un cortile enorme attorniato da un porticato a colonne; tutto mi sembrò enorme. Un capo posto, supposi un Caporale, mi fermò e mi chiese la bassa di passaggio. Con grande sussiego indicò: "Il primo scalone a sinistra, primo piano a sinistra. Il piantone vi darà le istruzioni". Io ero un futuro Ufficiale, lui un semplice militare. A noi si doveva dare del "voi". Il "lei" era già stato bandito, perché per il fascio era un arcaico segno di borghesia. Noi facevamo parte del nuovo proletariato. Purtroppo, non ci sfiorò mai il senso del ridicolo. Avevamo abolito la stretta di mano, salutavamo con il braccio ben steso e, se necessario, accompagnavamo il saluto con un colpo di tacco. E pensare che dopo il 25 luglio 1943 nessuno era mai stato fascista. Vi assicuro che il senso di annullamento della personalità, che tutti quanti noi abbiamo provato in quella caserma, ci fece sfiorare da vicino il desiderio della morte. Eravamo in ottocento; alla fine del corso eravamo qualcuno in meno. Era la fine d'ottobre, piovigginava, faceva freddo, erano le cinque di sera; avevo il cuore gonfio da strozzare per la disperazione. Prima scala a sinistra. Era sotto il porticato, quasi in fondo al cortile. Salii gradini di pietra consumati e sbocconcellati; una ringhiera di ferro mal messa, il pianerottolo a sinistra, una porta senza battenti ed il piantone, un pezzo d'artigliere certamente alto più di un metro e ottanta. Io misuravo soltanto un metro e settanta, ed ero stato assegnato all'Artiglieria di Montagna, poiché in quell'anno in Italia i distretti di reclutamento per quest'arma non avevano un numero sufficiente di giovani sopra il metro e settantadue, altezza minima ammessa, e con una sufficiente prestanza fisica. Io avevo il fisico, ma non l'altezza. In dialetto friulano, mi fece capire di andare nella penultima camerata, un camerone diviso da tramezze. Non si atteneva al regolamento, non mi dava del "voi", ma del "tu", con un tono di paternalistica protezione. Era un anziano. Tra gli alpini, più che in qualsiasi altro corpo, l'anzianità fa grado. Capii che dovevo andare in fondo, scegliermi una branda, aprirla, e sistemarla in maniera che ce ne stessero sei contrapposte l'una all'altra, ed attendere che il Sergente Maggiore ci facesse scendere ai magazzini per l'assegnazione del materassino, delle lenzuola, delle coperte e del cuscino. Al primo piano c'erano due camerate, una a sinistra e l'altra a destra, divise dalla scala, dai lavatoi e dalle latrine che non sprigionavano, sicuramente, un effluvio di essenza di rose. Eravamo duecentocinquanta persone alloggiate in camerette da dodici brande. Mi affacciai alla penultima, già occupata da un gruppo di più o meno giovani, tutti rumorosissimi. Parlavano veneto. Mi videro e dissero: "Ciao, Bocia!". Ero tra i più piccoli, e così quello fu il mio nome per tutta la durata del corso. Quanto calore, quanta simpatia. Li ho persi di vista quasi tutti; certamente molti di loro avranno lasciato la pelle in guerra. Dicevo più o meno giovani, poiché per essere ammessi al Corso Allievi Ufficiali bisognava essere diplomati e quindi si dovevano avere venti o ventuno anni, oppure essere studenti universitari o laureati. Molti laureati avevano circa venticinque anni, alcuni anche ventotto. L'allegria era forzata, la tristezza incombeva, poiché ci sentivamo come bambini senza protezione. Alla scuola di Bra, la forza militare era rappresentata da cinque Batterie (in artiglieria la Compagnia si chiama Batteria), tre di campagna di cui due con cannoni da 75/27 ed una da 100/17, una da montagna con obici da 75/13, infine una pesante con cannoni da 149/35. Complessivamente eravamo duecento o duecentocinquanta militari per ogni Batteria. Io appartenevo alla terza di artiglieria da montagna; come gli alpini portavamo il cappello alpino con tanto di penna, e di questo eravamo molto fieri. Avevamo perso il diritto al rancio, perché eravamo entrati dopo le 16.00. Per le 21.00 dovevamo essere tutti in branda e in silenzio. Primo problema: fare la branda. Le lenzuola erano di juta o di canapa grezza, color marroncino. A parte la rigidità indomabile del tessuto, la loro rugosità ci mise a dura prova, martoriandoci tutta la notte. Io ero abituato alle lenzuola di lino comperate con l'occhio esperto di mia madre, e messe due volte in bucato, per renderle più morbide e senza appretto prima dell'uso. Ero stanco e infreddolito. Molti mi avevano imitato e si erano infilati sotto le coperte; quattro giocavano a carte, ma avrebbero smesso poco dopo, perché le luci si sarebbero spente. E pensavo, pensavo. Avevo perso tutte le velleità? Si ha un bel dire, ma, quando un individuo sente di essere sottomesso ad una strana ed incontrollabile volontà esterna, o si ribella o subisce. E si subisce, ma con angoscia indicibile. In quel momento suonò il silenzio. Il trombettiere di turno era veramente un maestro. Sapeva che eravamo reclute, al primo giorno di caserma, e ce la mise tutta. Non so chi aveva scritto quel brano di musica, ma certamente era un compositore di grande sensibilità. Piansi e mi addormentai. La sveglia alle sei del mattino, suonata sempre dal bravissimo trombettiere, fu immediatamente seguita dalle urla deliranti del Sergente Maggiore Ambrosi, che, chiamandoci con gli epiteti più strani, ci comunicò i tempi concessici: dieci minuti per l'uso dei servizi igienici e il lavaggio, cinque minuti per il riordino, pulizia branda e bottino. Alle 6.20, tutti in cortile per la prima adunata del giorno e prima dell'entrata in caserma. Dimenticavo, nei venti minuti doveva essere compreso anche il tempo della distribuzione e della degustazione del caffè. Questa immonda bevanda era distribuita dai piantoni di cucina, che si piazzavano all'uscita delle camerette con delle grosse marmitte, e ci riempivano a mestolate i gavettini d'alluminio. La distribuzione del caffè faceva parte di un rituale giornaliero: i piantoni urlavano, il Sergente Maggiore correva come un pazzo, criticando la nostra lentezza e promettendoci punizioni a non finire appena fossimo stati degnamente rivestiti di grigioverde. Intanto il tempo passava ed i venti minuti generosamente concessici erano ormai agli sgoccioli. Sembravamo tante pecore inseguite da cani. Non vi dico la discesa dalla scala. Tanta era la spinta che la ringhiera di ferro assumeva sempre più la forma di una pancia, in maniera davvero preoccupante. Tante volte mi sono chiesto come abbia fatto a non rompersi, visto che la stessa scena si ripeteva ogni mattina, ma evidentemente il progettista aveva tenuto conto dell'imbecillità umana. "Adunata! Adunata!". Era sempre Ambrosi che sbraitava: "Gli ultimi dieci saranno consegnati!". Ciò voleva dire saltare la libera uscita serale. Il cortile era grande, ma immaginate più di duecento individui, vestiti nella maniera più disparata, immaginateli moltiplicati per cinque, poiché cinque erano le Batterie adunate in quel mattino, immaginateli sbandati, sballottati, coperti di ingiurie, in attesa di essere divisi per cinque, sistemati nel giusto angolo del cortile, inquadrati per quattro ed in ordine di altezza. Era uno spettacolo assurdo! Nessuno riusciva a capire che cosa quegli energumeni volessero da noi. Così passò buona parte della mattinata. Io, con mia molta vergogna, figuravo fra i primi quattro della prima fila a causa della mia altezza. Ero basso, ma ero stato ugualmente ammesso a questo tanto ambito corpo. E così incominciò il calvario. "Attenti! Riposo! Più scatto! Attenti! Riposo! Vi consegno tutti! Questa sera niente libera uscita!". Era il primo atto vessatorio. Ci sembrava un'ingiustizia terribile. Non eravamo ancora in divisa ed eravamo già stati puniti. "Adesso mettetevi in fila che andiamo alla vestizione. Vengano avanti i primi quattro". Ovviamente erano i quattro più piccoli ed io facevo parte del gruppetto. Ai soldati, che erano addetti al magazzino, anziani, che avevano sulle spalle parecchi mesi di naja, non sembrò vero di poterci distribuire un equipaggiamento, in cui le divise fossero sufficientemente grandi da farci figurare come dei veri marmittoni. Le divise erano tre: una di tela per fatica, una ordinaria ed una da parata. Quest'ultima si differenziava dall'altra solo per i bottoni, che, anziché essere di metallo opaco, erano d'ottone lucido. Non sapevamo ancora di quante maledizioni li avremmo ricoperti, ogni volta che il Sottufficiale di turno ci avrebbe passato in rivista, e ciò succedeva tutte le sere, prima della libera uscita. I bottoni dovevano essere brillanti e lucidati col Sidol, tutte le sere, con l'ausilio della famosa stecca. La stecca era un aggeggio di legno, lungo circa sessanta centimetri, piatto, da un lato diviso in due, in modo da poter infilare i bottoni e preservare il panno della divisa da eventuali macchie di liquido. Era l'attività tra le più odiate. La vestizione è stata allucinante: oltre alle tre divise, eravamo forniti di due fasce, e su questo argomento si potrebbe scrivere un romanzo; le calze, nel Regio Esercito, all'epoca mia, non esistevano, per i piedi c'erano solo le cosiddette pezze da piedi. Erano grandi tovaglioli di tela, e ne avevamo quattro per ciascuno. Le fasce erano di due tipi: le fasce sagomate, per la divisa da parata e le altre ordinarie, non sagomate. Per queste ultime ho impiegato circa un mese per imparare ad assestarmele decentemente, ma per quelle sagomate non c'era alcun sistema che funzionasse. Dopo pochissimo si sfilavano perché avevo un polpaccio piuttosto sviluppato, su cui non c'era verso che resistessero. Ho trascorso i primi tre mesi del corso, presentandomi all'adunata per la libera uscita con le fasce ordinarie in tasca, in modo tale che, appena uscito, potessi velocemente sostituire. Tra le cose della vestizione comparivano anche: un cappello alpino, una mantella, due paia di scarpe chiodate, un paio di tela, da riposo, due pancere di lana, un'altra maledizione, perché erano obbligatorie ed erano un vero supplizio; due maglie di lana, che erano, effettivamente, di lana di pecora, ma non si sa di quale razza. Comparivano, inoltre, un telo tenda, che non era ancora mimetico, una spazzola per abiti, una per scarpe, una per capelli ed un pettine, una borraccia ed una gavetta. La gavetta era un recipiente in alluminio, di una strana forma, che, nella mente del suo ideatore, doveva inserirsi nell'equipaggiamento del soldato, mentre in realtà era scomoda da portare ed era difficile da pulire. La gavetta, con relativo coperchio, faceva da contenitore per il rancio, e il coperchio serviva per il resto. La gavetta degli artiglieri da montagna era più grande, sa Dio il perché, e ci sentivamo quasi privilegiati per questo trattamento speciale, ma non ci rendevamo conto che la quantità di rancio era la stessa, e la nostra gavetta, più profonda, era così ancor più difficile da pulire. Completava l'equipaggiamento un *alpenstock*. Ed intanto tutta questa roba si accumulava, dovendo essere inglobata in un grosso zaino in tela e in un tascapane dello stesso tessuto, per finire, una volta in caserma, nel bottino. Bottino, termine forse tramandato dal conte Biancamano di Savoia, quando si divertiva in imprese piratesche. "Ricordatevi che tutto quanto vi é stato dato, è dello Stato, vi è stato affidato in prestito d'uso, é scrupolosamente elencato ed é sotto la vostra responsabilità". In questo modo si concluse l'equipaggiamento. Una firma e di corsa in camerata per la sistemazione di tutta quella mercanzia. Scene da Ridolini. Immaginate tutta quella roba trasportata lungo il cortile. In camerata si presentava un altro problema: sopra la branda era posta una mensola a muro su cui doveva essere posto in perfetto ordine tutto ciò che ci avevano dato, perché se non lo fosse stato, la punizione sarebbe stata assicurata. Volutamente ci trattavano da deficienti; c'era qualcuno che piangeva dalla rabbia. La nostra personalità era annientata ed eravamo solo all'inizio. Mezz'ora di tempo per la sistemazione del tutto, ed adunata in cortile con la divisa di fatica, quella di tela, scarpe da riposo e cappello alpino. Chi non ha vissuto questa mezz'ora non può immaginarsi la comicità e la tragedia della situazione. La divisa era per me larghissima, per altri stretta; il cappello alpino orribile nella sua forma originale, con la penna di tacchino o di gallina ben piantata verticalmente, a me arrivava alle orecchie. Eccoci tutti in cortile in divisa per la prima adunata. "Muoversi! Allinearsi per quattro in ordine d'altezza!", ed io ero naturalmente in prima fila. Non riuscivo a stare serio, eravamo di una comicità tale che, se per caso ci avessero visti, Stanlio ed Olio si sarebbero certamente vergognati della loro arte. Per noi, invece, fu una tragedia! Eravamo tutti giovani di buona famiglia, diplomati o laureandi, alla mercé di beceri Sergenti e Sergenti Maggiori, che per ben sei mesi misero a dura prova i nostri nervi. Primi tentativi d'addestramento in ordine chiuso: "Attenti! Riposo! Scattare! Più rigidi, pappemolle! Più svelti!". Quanti giorni ci sono voluti per ottenere da noi una parvenza militaresca! Le attività erano varie: marcia in ordine chiuso, ginnastica, addestramento con le armi, quali fucili, cannoni, mitragliatrici; addestramento con gli animali, cavalli e muli; ed infine pulizie alla caserma, alle camerate, ai cessi, alle armi, ai muli, ai cavalli e per concludere la pulizia personale. Poveri figli di papà! Era proprio naja: termine meraviglioso che ci calmava lo spirito. Dimenticavo di parlarvi di un'attività fondamentale per passare ad Ufficiale di Complemento: lo studio teorico. Le aule erano poste in una palazzina esterna alla caserma sopra le scuderie ed i maneggi e qui trascorrevamo solitamente il pomeriggio. Il secondo pomeriggio fummo, infatti, mandati in aula e qui trovammo un vero Ufficiale, un anziano Tenente non d'accademia, ma proveniente dalla gavetta. Da Sottufficiale vi era giunto senza dubbio per qualche merito. In fondo era un buon diavolo! Il primo che non ci voleva sfottere, ma ci voleva, con la sua scarsa cultura e con discorsi fiume, convincere dei nostri doveri verso il Re (tutti in piedi!), il Duce e la Patria. Sembra impossibile, ma eravamo inconsciamente permeati da questi valori quasi tutti, io compreso, forse perché in famiglia, tutti bravi borghesi per la pelle, non si preoccupavano di fare dell'opposizione. Mugugnavano sì, ma in sordina. Ed eccoci alla distribuzione della Sinossi. Termine tirato fuori dalla Bibbia, forse all'epoca del Generale La Marmora. Comunque la Sinossi era l'insieme dei libri di studio dai quali avremmo dovuto apprendere l'arte militare, la strategia, la tattica, i regolamenti, il tiro ed un sacco di altre cose non solo utili, ma anche indispensabili, che, da come vedevamo noi, potevano risalire all'epoca di Napoleone, e comunque frutto di menti di Ufficiali di Stato Maggiore. I libri erano stampati dal Poligrafico dello Stato su carta certamente non di Fabriano. All'uscita dell'aula ci aspettava l'armeria. Momento importantissimo: la dotazione dell'arma. Fucile modello 1891, calibro 6,5 con caricatore a cinque colpi, a ripetizione manuale e baionetta innestata sullo stesso, per l'assalto all'arma bianca. Assalto all'arma bianca! Il solo pensiero fa correre un brivido nella schiena. Eppure durante la prima guerra mondiale quanti giovani sono morti con la baionetta innestata al grido fatidico di "Savoia"? Quelle morti atroci a quanti saranno rimaste sulla coscienza? Allora mi è certo passato per la mente qualche pensiero del genere, ma soltanto dopo aver visto tante morti, tante sofferenze ho potuto ben realizzare cosa significasse la guerra. L'ora del rancio veniva segnalata dal trombettiere che, con la fatidica frase: "La supa l'è cota!", ci avvertiva che dovevamo precipitarci con la solita velocità in cortile, per la solita sistemazione per quattro, per il solito: "Attenti! Riposo! Coperti, non vedete che sembrate un branco di pecore? Attenti!". Mettersi in fila indiana in silenzio ed entrare in mensa. La mensa, uno stanzone per Batteria, tavoloni in legno, panche in legno lungo i tavoli. Avrebbero dovuto darci dei piatti d'alluminio, ma, per il momento, non c'erano, quindi il cosiddetto rancio ci fu scodellato nella gavetta e nel relativo coperchio. Ci avevano comunque avvertito, quindi eravamo tutti in possesso della gavetta e del relativo coperchio, del gavettino e delle posate. Il menù non era certo dei migliori, avevamo però la certezza che il lunedì, oltre alla solita sbobba o ai tubi, ossia ai maccheroni, c'era il cotechino; il martedì mammut, ossia pancia di bue; il venerdì sgombri, ovviamente nel rispetto dei Patti Lateranensi. A ciò si aggiungeva la razione di pane in pagnotte; erano due del peso complessivo di un chilo e duecento grammi. Alcuni di noi avevano dei fisici eccezionali, tuttavia, la maggior parte della razione finiva nei rifiuti. A proposito di rancio, ricordo una sera nella quale ci propinarono del cibo guasto o intossicato dal pentolame di rame. Quasi tutti gli Allievi Ufficiali, dopo atroci dolori di pancia, seguiti da corse di cento metri, si scaricavano nelle latrine, fino alle loro capienze, in camerata, sulle scale, nel cortile o dove si poteva. Eravamo veramente preoccupati, ma più preoccupati di noi erano i nostri comandanti, che correvano da tutte le parti con laudano e pastiglie varie. Questa situazione si trascinò per tutta la notte e il mattino seguente. Risultato: due morti e molti in infermeria per parecchi giorni. Quando scoppiò questa sorta d'epidemia era domenica, che per me coincideva con la visita di mio padre e dei miei due fratelli. Mio padre rimase talmente impressionato che voleva riportarmi a casa a tutti i costi, imprecando col Sergente di guardia, poiché non riusciva a capacitarsi del come si potesse accettare una situazione simile. Io, però, fortunatamente ero dei meno intossicati. Molti, invece, dovettero subire delle lavande gastriche effettuate da un'equipe di medici giunti per l'occasione. Erano già passati quindici giorni, ed i cinque mesi e mezzo che mancavano alla fine del corso ci sembravano un'eternità. Avevamo già fatto delle esercitazioni col nostro pezzo di artiglieria; la prima volta che lo prendemmo dall'armeria rimasi molto male, perché mi sembrava davvero di dimensioni ridicole, e per un pezzo d'artiglieria mi aspettavo ben altro. L'obice da 75/13 era allora il pezzo in dotazione per le artiglierie da montagna; era stato fabbricato dalla *Skoda* cecoslovacca nell'anno 1906, ed erano armi di preda bellica della guerra del 1915-1918. Non avrei mai pensato di ritrovarmi nel 1940 ad usare questi pezzi durante la guerra d'Albania. Il nostro obice era someggiabile, cioè trasportabile a dorso di mulo; naturalmente era smontabile in diversi pezzi, di peso sopportabile per quel magnifico animale che é il mulo. Quanta intelligenza, quanta pazienza, quanta forza ha dimostrato questo quadrupede, in tanti anni di onorato servizio presso il Regio Esercito! Fu nel 1992 che il Generale Fulvio Meozzi, comandante il IV Corpo d'Armata alpino, ha comunicato che il mulo sarebbe andato in pensione e che sarebbe stato sostituito dal motocarretto da montagna. Dopo cento anni di servizio il mulo si merita tutta la nostra riconoscenza ed ammirazione. Non vi nascondo che quando lessi sul giornale questo annuncio, riportato con un bellissimo articolo di Giulio Nascimbeni, mi sentii preso da nostalgia e senz'altro, come me, si sentirono molti altri militari assegnati a conducenti. Per più di otto anni ebbi modo di considerarlo l'essere più sensibile ed intelligente che sia esistito sotto la naja. L'obice, dicevo, era smontabile in sei pezzi, di cui i più pesanti erano la testata, 110 chili, e la bocca da fuoco, 98 chili. La Batteria aveva a disposizione quattro pezzi; l'organico era formato da sette Ufficiali: il comandante, un comandante in seconda, due Ufficiali ai pezzi, uno alle salmerie (solito termine militare per indicare i trasporti e nel nostro caso muli e conducenti, addetti al trasporto munizioni e viveri), un Ufficiale medico ed uno veterinario. Una forza imponente, trecentoventi persone e centocinquanta muli. C'erano la pattuglia comando, quella osservazione e quella collegamento, servizio sanitario ed i mitraglieri. Quattro Squadre erano destinate ai pezzi, quattro alle munizioni, altrettante alle salmerie e due, invece, ai servizi. Noi, come Allievi Ufficiali, dovevamo, a turno, essere assegnati a tutte le squadre, e, naturalmente il periodo più duro era quello ai pezzi: dovevamo montare e smontare l'obice con la massima velocità e precisione; dovevamo imparare il puntamento, il caricamento, e la messa in batteria. Il momento più terribile si presentava quando dovevamo trasportare i pezzi a spalla; bisognava mettersi più di un quintale addosso e camminare, se non si voleva essere derisi, specie dai soldati anziani che seguivano il nostro addestramento. La prima volta che mi piazzarono sulle spalle la testata, mi sentii letteralmente schiacciato, quando poi mi fui assicurato che le gambe mi reggevano, con molta circospezione e paura, tentai il primo passo. Al pensiero che dovevo raggiungere il muro più vicino mi sentii morire, ma l'orgoglio fa miracoli, perché, pur di non far la figura del pappamolle, riuscii ad arrivarci. Costatai dopo che quella fatica che mi era sembrata immane, poteva essere considerata una barzelletta. Durante il servizio di prima nomina, infatti, i miei artiglieri trasportarono a spalle i quattro obici sul Monte Cevedale, affannandosi per arrivare per primi al rifugio Casati. Dovevano farlo da soli, poiché il sentiero, con pendenza da capogiro, non permetteva il passaggio che ad un uomo alla volta, e con molta circospezione, poiché, in certi punti, il terreno era coperto di neve ghiacciata. Successivamente facemmo conoscenza con i quadrupedi, alle scuderie. Erano fuori dalla caserma ed erano sotto la sorveglianza e governo, ed è il termine più appropriato, perché accudire i muli era detto governare, dei cosiddetti anziani, gli artiglieri vicini al congedo. Gli anziani artiglieri ci guardavano con commiserazione, si rendevano conto della fifa che avevamo. I muli erano tutti legati alle mangiatoie, accostati l'uno all'altro senza spazio che li separasse. Noi dovevamo passare in mezzo a loro per arrivare alla mangiatoia e riuscire a slegarli. Sembravano dei muri invalicabili: erano delle bestie magnifiche, altissime, con dei fianchi poderosi. Non avevo mai pensato che dei muli potessero avere una tale mole e statura. Mentre li guardavamo impressionati, partirono gli ordini: "Allineatevi ognuno dietro ad un mulo ed al segnale di entrare portatevi con decisione all'altezza della testa del mulo ed il più rapidamente possibile, perché il mulo tira calci. Una volta davanti potete stare tranquilli, poiché, diversamente dai cavalli, i muli difficilmente mordono; staccate il mulo dalla mangiatoia e a partire dal primo convergete tutti a sinistra e uscite in cortile. Là teneteli allineati e calmi. Ognuno di loro ha un nome, leggetelo sopra la mangiatoia e ricordatelo, fatevelo amico chiamandolo ed accarezzandolo. Vi lasceremo qualche minuto per entrare in confidenza con l'animale, dopo di che gli artiglieri di servizio vi consegneranno una cavezza col morso, perché voi la sostituiate a quella della scuderia. Andando agli abbeveratoi dovremo attraversare il paese ed il mulo obbedisce più facilmente avendo il morso". Cosa non sia successo in quell'ora nella scuderia e fuori, non é descrivibile, erano scene degne di essere filmate. Muli che scappavano, Allievi che cercavano di squagliarsela, i Sergenti che urlavano come dei forsennati. I veri artiglieri ridevano a crepapelle ed erano, però, gli unici ad aiutarci, ad un bel momento, ad allineare alla meno peggio quelle povere bestie che, da mesi, erano nelle stalle ed uscivano con dei conducenti che riuscivano a comandarli soltanto con la voce. Comunque il peggio era passato ed il fatto di fare una passeggiata con il mulo ammansito e per di più alla briglia ci tranquillizzò. In pochissimo tempo capimmo che quelle bestie erano molto più intelligenti di noi. Li portammo agli abbeveratoi, e prima di riportarli alla scuderia, attaccammo loro al collo la musetta, un sacchetto pieno di biada, e ci sembrò che con il loro atteggiamento volessero quasi ringraziarci. La biada era il cibo preferito, perché nelle mangiatoie nella stalla, c'era solo fieno. Il giorno dopo rifacemmo la stessa esperienza, ma questa volta fu decisamente meglio, anche perché ognuno di noi si ricordò il nome del mulo, con il quale cominciammo ad avere un rapporto affettuoso. Quel giorno c'insegnarono a preparare la lettiera e a governare il mulo con brusca e striglia. La brusca era una grossa spazzola di saggina con un nastro di tela trasversale che fungeva da impugnatura, la striglia era un parallelepipedo di ferro con delle lame seghettate, saldate su di esso, ed un manico di legno. Tale aggeggio serviva a grattare il pelo dell'animale onde sollevargli la sporcizia e quella specie di forfora che gli si formava naturalmente. Brusca e striglia non rappresentavano un'attività semplicissima: bisognava ritmare i movimenti, procedere con diligenza e metodo e far passare tutte le parti del corpo partendo dal collo per arrivare alla coda. Ad operazione ultimata era il Sergente che dava l'approvazione, ma non era ancora finita, perché si doveva passare alla pulizia degli zoccoli del mulo e togliere con giudizio lo sporco accumulato tra il ferro, poiché i muli sono tutti ferrati, e l'unghia. All'uopo, già durante la vestizione, eravamo stati forniti di uno strano aggeggio, detto *Curasnet*, di cui non conoscevo l'utilità, che scoprii in quel frangente. Era una specie di cucchiaio d'acciaio tagliente per la pulizia dello zoccolo del mulo. Ci sembravano operazioni avvilenti, invece devo ammettere che quando operai nei reparti da Ufficiale, tutte queste conoscenze mi furono di grande aiuto. E un po' di giorni erano passati; sembrava incredibile, ma, pur continuando ad imprecare ed a lanciare, nel nostro pensiero, feroci invettive a quella massa di gente che ci comandava, cominciavamo a sentirci sempre più costretti a permettere al nostro cervello di sentirsi parte della massa. Si ha un bel dire di non farsi coinvolgere e rimanere se stessi; le cose ci venivano ripetute in continuazione e con tanta insistenza che l'onore, il Re, la Patria ed il Duce, non tanto come tale, ma come capo del governo (ci vollero alcuni anni per rimanere indifferenti di fronte alla pacchianeria di tale titolo), erano ideali di cui non si poteva dubitare, finché avessimo portato le stellette. Cominciavamo a sentire una certa fierezza di far parte del corpo dell'Artiglieria da Montagna; cominciavamo a marciare ben allineati, coperti, a fare le conversioni, a fermarci al comando dell'alt, con simultaneità e con un colpo di tacco tale da sembrare un mortaretto. Quando poi tornavamo dalle ore di studio ed avevamo i libri sotto braccio, battevamo una manata sugli stessi tanto da rendere più efficace l'effetto. Il nostro Sergente Maggiore ne andava così fiero che ci faceva fermare sempre di fronte alla mensa Ufficiali, perché capissero che era veramente bravo. E qui scoprimmo che avevamo modo di vendicarci; infatti, quando il Sergente rompeva troppo, partiva un segnale dalla coda, molto sottovoce: "Ghandi", sinonimo di resistenza passiva, che faceva sì che all'alt nessuno di noi battesse i tacchi, in modo da far figurare il passaggio di un reparto "fantasma". La prima volta che applicammo questo trucco ottenemmo un formidabile risultato: il Sergente Maggiore sbiancò in volto e rimase assolutamente senza parole. Il regolamento non comportava il colpo di tacco: se lo facevamo, era solo per dar lustro a chi ci comandava. Non poté, quindi, farci alcun'osservazione, ma soltanto qualche tentativo di rimprovero, e, avendo subito più di una volta questo affronto, stabilì di non dare più l'alt davanti al Circolo Ufficiali, ma dalla parte opposta. Ricominciammo le esercitazioni con i muli, relative al caricamento del pezzo del cannone sul dorso del mulo. La prima difficoltà era quella d'imbastare il mulo, ossia di mettergli il basto, un arnese a guisa di sella, che si mette sulla schiena della bestia, studiato in modo tale da poterci mettere i pezzi dell'arma. Il basto era alquanto pesante, ed il suo sollevamento all'altezza della schiena dell'animale, che, nella maggior parte dei casi, non stava fermo, non era certo un'operazione di poco conto. Qualcuno si è beccato qualche calcio. Tutto quello che facevamo era oggetto di critica. Certamente eravamo maldestri, ma non era poi tutto da criticare. Purtroppo non eravamo ancora abbastanza sicuri da potercene strafregare. Eravamo delle reclute impaurite, ancora dei giorni dovevano passare perché ci rendessimo conto di quanta impreparazione ci fosse nell'addestramento del soldato. Le conseguenze di questa mancanza manageriale, oggi posso chiamarla così, si sentì e fu subita durante il pe-riodo bellico, ed io ne so qualcosa. Vedevamo molte cose che non andavano, e due volte alla settimana avevamo il diritto di metterci a rapporto dal Capitano per esporre le nostre ragioni. Fu così che decisi di parlare con il mio superiore per esporgli un problema: i tempi a noi concessi, per qualsiasi bisogno corporale o altro, era limitatissimo, per cui ci si doveva arrangiare. Il guaio era che a disposizione per i nostri bisogni c'era un nu-mero assolutamente inadeguato di latrine. Mi misi a rapporto. Aspettai il mio turno ed entrai in fureria. Impacciato, mi misi davanti al Capitano sull'attenti, feci il saluto a braccio ben teso e balbettando esposi le nostre necessità. Il Capitano mi guardò dall'alto al basso, poi mi apostrofò: "Voi che siete qui da quindici giorni, vi permettete di reclamare dei servizi che datano dal 1867, e che sono stati sufficienti per i vostri nonni e per i vostri padri e voi, ancora reclute, venite con delle pretese assurde". Utilizzò sempre il "voi", perché il "tu" era stato abolito per gli Allievi Ufficiali. "Restate consegnato per tre giorni. Andatevene e non venite più a rapporto perché io ho cose ben più importanti a cui pensare". "Signorsì!", salutai alla meglio, e feci per uscire. "Allievo, tornate immediatamente; ripetete il saluto, ma chi vi ha addestrato? I giorni di consegna saranno sei, avvertite immediatamente il vostro Sergente Maggiore!". Ero attonito, mi ero messo in un bel guaio. E cosa avrebbe detto il Sergente Maggiore, avrebbe aggiunto qualche giorno in più? Il privarci della libera uscita comspondeva per noi ad una gravissima punizione. Fuori ci eravamo, infatti, organizzati prendendo una camera in affitto in tre o quattro, nella quale ci si lavava, ci si cambiava, cose che si facevano per tentare di dimenticare le vessazioni quotidiane. Sei giorni mi sembrarono un'eternità! E li scontai tutti. Nella caserma quasi vuota, le serate non passavano mai, mi sentivo terribilmente triste, non avevo neanche la morosa a cui scrivere. I giovani di oggi sono molto più intraprendenti, di quanto lo fossimo noi; abbiamo avuto qualche avventura, ma con le fidanzate c'era poco da scherzare. O matrimonio o niente! Erano altri tempi, più belli, più brutti, non so; so solo che quelle sere furono certamente poco allegre. Le Batterie di artiglieria da montagna avevano, se ben ricordo, una forza di circa trecento, trecentoventi uomini ed una dotazione di centocinquanta muli ed una decina di cavalli, poiché gli Ufficiali montavano a cavallo. Così, come Allievi Ufficiali, dovemmo fare scuola di equitazione. La scuola di Bra aveva una nutrita scuderia di cavalli, poiché dovevano essere impiegati per l'addestramento di ben mille futuri Ufficiali. Alla vestizione, per questo motivo, ci avevano dotati anche di speroni, di cui noi andavamo veramente fieri, ancora inconsapevoli di quante maledizioni molti li avrebbero riempiti. Io, fortunatamente, da mezzo contadino, qual ero, la mia famiglia aveva, infatti, una casa in campagna, ero molto affiatato con le bestie e non avevo nessuna paura né dei muli, né dei cavalli, anzi, mi piacevano moltissimo. Non avevo mai fatto scuole di equitazione, ma per me, anziché una fatica o un terrore, entrare nella scuderia, prendere la bestia e giungere al maneggio, era motivo di piacere. Avevamo preso confidenza con i muli, ma sui muli non si saltava in groppa. Al maneggio andavamo in cinquanta per volta; i cavalli erano rimasti inattivi per molto, poiché fra un corso e l'altro passavano dei mesi, per cui erano terribilmente irrequieti, qualcuno scalciava e qualcuno, addirittura, mordeva. Mi ricorderò sempre di uno spassosissimo napoletano di nobile lignaggio, Mastellone, che scappò ai margini del maneggio gettandosi a terra, piangendo, urlando, con spiccato accento napoletano, supplicando il Capitano perché non avrebbe mai avuto il coraggio né di montare a cavallo, né di scendere in maneggio. Fu una scena indimenticabile! Anche per noi non era però tutto facile. Tenere il cavallo per la briglia, appoggiare le mani sulla groppa, volteggiare e trovarsi in sella ad un cavallo che non stava fermo, non era cosa cosi semplice. Qualcuno si trovò dalla parte opposta, a qualcuno fuggi il cavallo, non pochi erano in sella aggrappati alla bell'e meglio, al galoppo fuori e dentro la pista. Era uno spettacolo da Waterloo. Comunque, malgrado l'inizio non edificante, qualcuno di noi finì il corso con un addestramento a cavallo di buona qualità; avremmo forse potuto tentare qualche concorso ippico. Fra questi, modestamente, c'ero anch'io. É stata una passione che non mi ha mai lasciato, pur non avendola potuta realizzare con molta frequenza. Verso la fine del corso, uscivamo tutti a cavallo, per avventurarci in percorsi fra i boschi molto piacevoli. Tutto ciò avveniva, non perché il corso lo prevedesse, ma perché l'Ufficiale che aveva il compito di addestrarci, era un appassionato cavallerizzo, e proveniva dal *Savoia Cavalleria*. Ciò sta a dimostrare come la volontà del singolo e l'assunzione di responsabilità possano modificare la stupida e retrograda burocrazia di molte nostre istituzioni. Durante la mia lunga permanenza nell'esercito ebbi modo di assumermi spesso delle iniziative, sia pur lodevoli, ma non ammesse dal regolamento e dalla cieca e stupida routine. Molte volte, per questo, provocai le ire di alcuni campioni d'arretratezza mentale. Non mancherò più tardi di citare qualche episodio. Arrivò così il momento in cui il nostro Capitano comandante giudicò la Batteria sufficientemente addestrata da poter uscire dal portone della caserma in pieno assetto di guerra, compresi gli obici e l'equipaggiamento, il tutto someggiato sui nostri simpatici muli. La preparazione, per questa prima uscita, iniziò con un'ora di anticipo sulla solita sveglia, con un accorrere in camerata dei nostri aguzzini, che non facevano altro che creare confusione fra noi, poveri marmittoni, alle prese con lo zaino ed il tascapane nei quali dovevamo far stare tutto il bottino. Sicuramente non potete lontanamente immaginare quale mucchio di roba stava sul pavimento e che doveva essere assolutamente alloggiata in quel maledetto zaino. Abbiamo appreso molto più tardi una tecnica geniale: scoprendo prima il giorno di affardellamento, cercavamo, in libera uscita, di far sparire una parte di ciò che era difficile fare entrare nello zaino. Le cinghie rigidissime non entravano nelle anse e non era tutto sistemato; lo zainetto, che doveva servire per i viveri ed i mezzi d'emergenza, ne fece le spese. In marcia ci avrebbe dato un fastidio enorme a tracolla e così gonfio. E non era finita: dovevamo arrotolare una coperta nel telo da tenda, che poi, una volta ben piegato, doveva essere attaccato in alto e sui fianchi dello zaino. Dimenticavo di dirvi che portavamo la divisa accollata, e che al collo dovevamo avvolgere una striscia di tela bianca, a mo' di prete, come cravatta. Era una sorta di cappio che tentava di strangolarci. Eravamo tutti impediti nei movimenti, e sudati per la fretta. Finalmente fu tutto pronto da mettere sulle spalle. Quando si trattò di mettere lo zaino sulle spalle furono dolori! Pesava enormemente e si faceva fatica ad alzarlo, ma allo zaino doveva essere ancora aggiunto il tascapane, il moschetto e l'*alpenstock*. Avevamo le scarpe chiodate e sul pavimento di cemento era facilissimo scivolare, così l'arrivare alle scale senza ruzzolare era una vera prova di equilibrismo. Avevamo sulle spalle, compreso il moschetto, sicuramente più di quaranta chili; mi sono spesso chiesto perché volessero renderci ridicoli e degni di commiserazione ad ogni costo. Una volta in cortile, con la massima celerità, ognuno di noi doveva svolgere il ruolo assegnato. I conducenti alla scuderia per prelevare i muli, alcuni ai pezzi, altri in armeria per preordinare gli obici per il someggio, i mitraglieri alle due mitragliatrici pesanti. Le mitragliatrici, fin d'allora, erano o *Fiat* o *Breda* del medesimo calibro, l'otto, ma con carica diversa; imparai questo durante la guerra in Albania, poiché regolarmente arrivavano munizioni per le *Breda* a chi aveva le *Fiat*, e viceversa. Eravamo giovani, ma già ci chiedevamo del perché dovessimo subire un addestramento così assurdo, che provocava in noi un forte risentimento per tutto ciò che riguardava i militari. E finalmente fu tutto a posto, e si uscì dal portone della caserma; dovevamo essere marziali: passo cadenzato, allineamento perfetto. I cittadini di Bra dovevano essere fieri dei loro amati Allievi Ufficiali di artiglieria. Ogni anno quest'uscita era molto attesa. Dallo sguardo della gente si capiva cosa provavano per noi, nelle donne e nelle anziane era evidente un sentimento di pena. A distanza di tempo rivedo noi ragazzi, carichi come muli, che camminavamo a fatica su una strada carrozzabile, non asfaltata, perché l'asfalto non esisteva ancora, e solo le strade più importanti avevano il manto costituito di un misto di catrame e sabbia. Avevamo la schiena curva, in mano tenevamo l'*alpenstock*, come un manico da scopa, con il moschetto che non voleva sistemarsi e che doveva essere rimesso al suo posto quasi ad ogni passo, col cappello alpino che scendeva fino alle orecchie e con un gruppo di energumeni di Sottufficiali che, per dimostrare alla gente la loro levatura, continuavano ad insultarci con epiteti che se fossero stati rivolti a loro sarebbero dovuti essere moltiplicati per dieci, come efficacia. Molti di noi proprio non ce la facevano, cominciavano a scadere dalla colonna, e si appoggiavano ai paracarri, rifiutandosi di proseguire. I nostri comandanti imprecavano e infierivano, ma poi facevano depositare, su un carretto destinato a questo scopo, l'armamento e lo zaino, liberando l'Allievo dal suo peso, ma non dal marchio di pastafrolla che lo avrebbe contrassegnato per buona parte del corso. Non avevamo fatto molti chilometri, ma a noi era sembrato un percorso lunghissimo, mentre i nostri Ufficiali caracollavano a cavallo. Finalmente ritornammo in caserma. La solita routine: conducenti alle scuderie ad accudire i muli, altri all'armeria per pulire i pezzi, quindi in camerata per la sistemazione del bottino, pulizia personale e rancio. Quella sera, pochi di noi uscirono in libera uscita; la branda non era mai parsa così allettante. I sei mesi, che c'erano sembrati un'eternità, erano passati. Agli esami finali, salvo pochi, potemmo fregiarci del grado di Sottotenente di Artiglieria da montagna. Avevo così raggiunto la meta più alta dopo il diploma di perito tecnico serico. Dopo aver penato tanto per il raggiungimento del grado di Sottotenente, con mio grosso disappunto non me ne importava più nulla. Prima di iniziare il corso, avevo una mentalità ancora infantile, permeata da troppa ingenuità. I miei miti erano crollati completamente durante quei sei mesi. Mi accorsi di avere uno spirito terribilmente pratico e critico: non ammettevo le complicazioni di cose semplici. Se mi avessero lasciato fare avrei rivoluzionato tutto il metodo d'insegnamento del corso. Dovevamo uscire dal corso quali comandanti di uomini, con grandi responsabilità. Ne siamo usciti con il cervello all'ammasso. Credere, obbedire e combattere! Per chi e contro chi? Per il Re in prima persona? Mi vengono i brividi; ma solo a distanza di lustri, poiché in parte ci avevamo creduto. Per il Duce? In fondo era il meno peggio. Per la Patria? E qui ti voglio. Che cos'è la Patria? È un qualcosa che, una volta stabiliti dei confini, unisce la gente più disparata, con mentalità agli antipodi, che poi si permette di pretendere un impero, perché altri, con sistemi pirateschi, da tempo se ne sono impadroniti con arroganza e presunzione? Ben venga un'Europa di regioni che lasci libero sfogo alle etnie di autogovernarsi. Io, in ogni modo, da novello Sottotenente d'Artiglieria da montagna, ero, per lo meno, fiero di ricevere una divisa nuova fiammante, con la quale scendere al caffè per sentirmi qualcuno. La divisa era ordinata, dalla maggior parte di noi allievi, all'Unione Militare, importante azienda specializzata in confezioni militari, che, anticipando i tempi della società dei consumi, mandava i suoi commessi viaggiatori al corso, ad accalappiarci con un ordine che impegnava i nostri genitori a sborsare una cifra sicuramente non indifferente. Due divise, una ordinaria ed una da parata; una mantella azzurra e di panno meraviglioso, una mantella davvero importante; due paia di stivali ed un sacco di ammennicoli. L'esercito, nel frattempo, aveva modificato l'antica uniforme da chiusa ad aperta. E ciò comportava una spesa ulteriore, perché, secondo quelli dell'Unione, il risvolto del collo avrebbe necessitato un maggior quantitativo di stoffa e di lavoro, quindi un costo maggiore. Contestammo, ma i buoni genitori pagarono. E arrivò il giorno fatidico tanto sospirato e tanto sofferto. Ultima adunata per la foto dei promossi Ufficiali. Tutti in cortile, in tenuta da parata. Era stata predisposta dal fotografo una specie di gradinata, perché tutti i duecento entrassero nella foto ricordo. Iniziò ad urlare: "Stringetevi! Più a destra! Più su! Fermi! Fatta!". Fummo così immortalati, rompemmo le righe ed andammo tutti in camerata per la consegna delle armi e del bottino. Il Regio Esercito regalava la tenuta di fatica in tela, un paio di scarpe ed il cappello da alpino. Per essere un po' più presentabili avevamo già fatto lavare la tenuta di tela, e l'avevamo fatta aggiustare da delle nostre amiche molto gentili ed abili nel cucito, conosciute durante il corso. Particolare cura venne da noi dedicata al cappello alpino, che, con sapienti stirature ad umido, avrebbe mantenuto quella ammaccatura da *gris*, cioè da anziano, caratteristica del congedato. Avevamo inoltre acquistato un'importante penna d'aquila che, per le sue particolari dimensioni, avrebbe dovuto dimostrare che eravamo veramente degli artiglieri da montagna in attesa di rivestire la sospirata divisa da Ufficiale. E finalmente arrivai a casa fra tutti i miei. Baci, saluti, abbracci. Naturalmente i più attaccati e curiosi erano i miei due fratelli minori. Erano trascorsi solo sei mesi, ma vi assicuro che, ancora oggi, pensandoci, mi sembrano i mesi più lunghi della mia vita. Forse pensate che io esageri, ma ci avevano fatti diventare dei robot. Ai miei tempi non conoscevamo neanche il termine, ma vi assicuro che era realmente appropriato. In questo momento siamo nel febbraio del 1992, in periodo elettorale. Vi chiederete cosa c'entri questo con il mio intendimento di scrivere un diario sulla mia vita trascorsa come militare. Vorrei solo far capire che da ottant'anni ad oggi, cioè da quando sono venuto al mondo, gli italiani, se non avessero avuto, sempre con le dovute eccezioni, degli emeriti coglioni a capo delle amministrazioni pubbliche, che determinarono tutte le nostre disgrazie, non ci troveremmo in questa situazione di sfascio in cui oggi noi annaspiamo. Pensate se i Savoia fossero rimasti in Francia, se il buon Mazzini avesse avuto degli attributi più consistenti, se il Papa si fosse stabilito permanentemente ad Avignone, se Garibaldi si fosse arenato a Quarto, se Maria Teresa ci avesse permesso di autogovernarci con un governo che ricalcasse quanto il suo staff aveva dimostrato di saper fare. Chissà, forse avremmo schivato la prima guerra mondiale, non avremmo certamente sentito parlare di fascismo, avremmo fatto nel 1942 una magnifica esposizione universale [il riferimento è ovviamente, all'*E 42*, che non si tenne a causa della guerra, NdC] senza l'apporto di Mussolini. Avremmo un magnifico presidente che né esterna né piccona; un benessere economico che eviterebbe la delinquenza; le varie mafie ci farebbero ridere e potremmo affrontare con più realismo il grosso problema della droga. Ecco perché evidenzierò le cose storte, ben raramente di poco valore, che, se evitate, ci avrebbero salvaguardato dal cadere in un abisso senza fondo. Datemi un punto d'appoggio e vi solleverò il mondo! Date agli italiani degli Uomini con la U maiuscola e forse non avrebbero sollevato il mondo, ma avrebbero certo fatto dell'Italia la nazione più ambita del mondo. E d'altra parte chi, pur con tutti i nostri disastri, non sceglierebbe l'Italia come luogo ideale per viverci? Il Corso Allievi finì, tornai a casa e mi misi la divisa. La sfoggiai fra gli amici, e la mantella azzurra era uno specchietto per le a lodole per pollastrelle di mia conoscenza. Mi sentivo importante. Ma la naja non era finita, il servizio di prima nomina era alle porte ed anche la mia importanza si sarebbe molto ridimensionata.

LA PRIMA NOMINA

Trascorsi ben pochi giorni a casa, dopo essere uscito dalla caserma degli Allievi Ufficiali di artiglieria di Bra, infatti fui raggiunto dall'ordine di presentazione, quale Sottotenente, a Bergamo, al 2° Reggimento di artiglieria da montagna presso la caserma Colleoni. Non mi aspettavo di dover ripartire così subito e, seppur contrariato per la fine della licenza, ma molto emozionato, mi accinsi a preparare tutto il mio equipaggiamento. Nel frattempo mi ero fatto fare dal nostro falegname una cassetta di legno someggiabile. La forma e le dimensioni erano state il frutto di dettagliate discussioni fra noi Allievi Ufficiali. Evidentemente i calcoli non furono sbagliati, e questa cassetta mi seguì dappertutto, a Bergamo e nei vari spostamenti, nei richiami sul fronte francese e in Albania. Fu così che con molte peripezie ed intelligenti depositi presso i comandi di tappa, riuscii a farla imbarcare per il ritorno in Italia ed é tuttora depositata nel solaio di casa mia. Arrivai a Bergamo, entrai in caserma e mentre la sentinella si metteva sull'attenti, domandai dell'Ufficiale di guardia, che si presentò immediatamente. Era una recluta da poco arrivata, come me, così facemmo subito amicizia e mi feci dire come avrei dovuto comportarmi, e a chi mi sarei dovuto presentare. Mi spiegò che sarei dovuto andare al comando della 31ª Batteria e presentarmi al suo comandante, Capitano Alessandroni. Mi sentivo impacciato, ma non certo impaurito come quando osai disturbare il Capitano Jallonghi della 3ª Batteria per le latrine a Bra. Non ero perfettamente a mio agio. La divisa mi cadeva bene, gli stivaloni erano perfettamente lucidi, ma non riuscivo proprio a familiarizzare con la sciabola e non sapevo come portarla. Era una magnifica sciabola alla D'Artagnan; la guerra era finita da più di dieci anni e forse allora nessuno si sarebbe mai aspettato che ne sarebbe seguita un'altra. Alcuni di noi la definivano "manico di scopa" e facevano di tutto per non portarla a spasso. Dovevamo appendere le sciabole, mediante appositi cinturini con anelli, ai pantaloni, oppure mettere sottobraccio l'impugnatura e viaggiare con le mani all'altezza del fodero. Al problema sciabola si aggiungeva un pensiero fisso: dopo aver salutato dovevo togliermi il cappello alpino? A Bra non me l'avevano insegnato, ma avevo capito come funzionava la mentalità militare, e non volevo assolutamente essere ripreso sul mio modo di comportarmi. Il Capitano, mi parve un simpatico marchigiano, mi accolse con molta cordialità e mi mise subito a mio agio. Parlammo del più e del meno, mi spiegò gli orari di quello che, dal giorno successivo, sarebbe stato il mio servizio, e mi lasciò libero per la mattinata. Il pomeriggio sarei dovuto ritornare per essere presentato al Colonnello comandante Santovito. Uscii dalla caserma abbastanza soddisfatto del mio primo approccio col 2° Reggimento d'artiglieria da montagna di Bergamo. Approfittai per fare quattro passi nel corso principale della città, il *senterù*, pronunciato in bergamasco, dialetto simpaticissimo a noi comaschi che, ai bergamaschi, siamo un po' affini per mentalità. Anche noi scendiamo dalle valli e ci sentiamo orgogliosi di avere una provenienza contadina. Accettai, quindi, il loro ostrogoto che assimilai facilmente dalle reclute, che dovetti addestrare e che spesso mi fecero perdere le staffe, perché non si sforzavano di farsi capire, ma, addirittura, accentuavano sempre di più la parlata. Comunque questo non mio facile approccio mi permise di incontrare delle persone meravigliose. L'esempio e la capacità di coloro che li avrebbero comandati avrebbero fatto di loro soldati fra i migliori d'Italia. Nel primo pomeriggio ritornai in caserma. Dopo il solito attenti della sentinella, mi feci accompagnare dal Capitano Alessandroni. Bussai, entrai e sentii subito una grande cordialità nelle sue parole: "Ah, sei qui! Accomodati e dà un occhio a quelle scartoffie. Sono i compiti dell'Ufficiale di picchetto, leggile attentamente perché domani di picchetto dovrai montare tu. Leggi poi l'ordine del giorno di domani, poiché da adesso comincia il tuo servizio. Io, intanto, finisco di riempire queste cazzate e poi, appena ci chiamerà, andremo dal Colonnello comandante Santovito, che vuole conoscerti". Dentro di me pensavo: "Cazzate!

Ho lasciato a Bra tutte le stronzate?" Povero illuso. L'eccezione conferma la regola; infatti, ne vidi delle belle. D'altra parte anche il Capitano era un ufficiale effettivo e aveva dovuto subire l'Accademia per parecchi anni, con i relativi risvolti di mentalità. Fortunatamente il corso Ufficiali di complemento era durato solo sei mesi, tempo insufficiente per eliminare la forza di rigetto. Accidenti, avrei avuto bisogno di parecchio tempo per riuscire a leggere tutti i regolamenti che mi aveva messo sul tavolo. Mi misi di buzzo buono; non so quanto tempo fosse trascorso, finché venni interrotto da un piantone che, mandato dal Colonnello, ci invitava ad andare da lui. Ero piuttosto emozionato e notai che anche il Capitano dimostrava un certo disagio. Si alzò, si rassettò la divisa, prese il cappello alpino, gli tolse le ammaccature, diede uno sguardo agli stivali e con fare burbero mi disse: "Ti raccomando, presentati con marzialità!" Allora avevo ragione, anche lui era contagiato dalle stellette. Lo avevo sentito parlare molto bene del colonnello Santovito, molto affabile, intelligente ed un vero gentiluomo. Ed era proprio così. Ebbi modo di conoscerlo meglio durante il periodo che passai come Ufficiale di prima nomina sotto il suo comando. Il Capitano mi precedeva, bussò ed entrammo salutando tutti e due con un saluto perfetto, e io rimasi più immobile che potevo, sull'attenti. Ci sorrise e ci fece sedere. Si rivolse subito a me e disse: "Benvenuto al 2°, guarda che é un magnifico Reggimento, con un passato glorioso; sono certo che anche tu aiuterai a continuare la tradizione. I primi tempi ti sembreranno, qualche volta, difficili, ma quando ti affiaterai coi soldati ti accorgerai di quanto siano in gamba gli italiani, soprattutto quando scendono dai monti. Imparerai più tu da loro, che non loro da te. Sei di Como, una gran bella città! Io sono il Colonnello comandante ed ho delle grosse responsabilità; sono molto impegnato, ma tu, ogni volta che lo ritenessi necessario, vieni, perché mi farà piacere sentirti. Capitano, c'è altro? Allora grazie della visita ed arrivederci a presto". Rifacemmo il saluto marziale ed uscimmo dall'ufficio comando e scendemmo in cortile. Il comandante non aveva quasi rivolto la parola al povero Alessandroni; si vede che non lo stimava molto! Alessandroni era a disagio, perché il sottoscritto era stato trattato con molta affabilità; senza dubbio si chiedeva chi io fossi e con quale raccomandazione fossi arrivato fin lì. Fatto sta che, durante il mio servizio alla 31ª Batteria, pur avendo preso iniziative poco conformiste, spesso e volentieri, ed avendo fatto andare sulle furie il mio capitano, egli non fece altro che dirmene di tutti i colori: mi chiedeva chi credevo di essere, mi diceva che non avevo inventato io l'esercito, che non vedeva l'ora del mio congedo, che certi atteggiamenti sapevano molto di anarchia. Nonostante tante minacce e parole non prese mai seria iniziativa contro di me e non subii provvedimenti disciplinari. L'indomani mattina, alle 7.00, cominciò per me la responsabilità del comando. Il mio Reggimento di artiglieria da montagna, ora Alpina, era composto da due Gruppi, in fanteria detti Battaglioni, il Gruppo *Bergamo* e il Gruppo *Vicenza*. Ogni Gruppo era diviso in tre Batterie, o Compagnie. La mia, aveva come Capitano Alessandroni, e la 32ª Acquistapace, una carissima persona ed un magnifico Ufficiale, l'eccezione che conferma la regola, per quanto riguarda gli Ufficiali effettivi. Questo è un giudizio, certamente personale, ma basato sulle molte persone da me incontrate e conosciute, durante la mia non breve permanenza sotto la naja. Le reclute del *Bergamo* provenivano dalle valli bergamasche, comasche e valtellinesi. Erano veri montanari, con una prestanza fisica eccezionale. Il minimo di altezza era un metro e settantadue che per allora era, di gran lunga, al di sopra della media. Erano per la maggior parte boscaioli, e moltissimi di loro erano contrabbandieri, i cosiddetti "spalloni". Camminatori allenatissimi, capaci di trasportare sulle spalle carichi di oltre cinquanta chili. Potevano camminare al buio per notti. Questi erano i soldati che io, Sottotenentino di primo pelo, avrei dovuto fronteggiare, al mio primo giorno di servizio. Il reclutamento coincideva, come periodo, alla mia nomina come Ufficiale. Per questo, in quel mattino, alle 7.00, mi trovai con duecentocinquanta uomini, schierati al comando di due Sergenti, che, dopo averli messi sull'attenti ed aver ordinato loro: "Baionetta!", mi presentavano le armi. Devo aggiungere che, fra di loro, il 25% erano anziani. Il reclutamento allora, per ragioni di necessaria presenza, veniva fatto per il 75% in primavera, e l'altro 25% in autunno. In questo modo, al congedo del primo scaglione, la caserma non rimaneva sguarnita, ma presidiata da questi anziani, chiamati *veci*, che si sentivano investiti di una certa autorità, sia per la loro anzianità di servizio, sia per loro presunzione. Così, al mio primo giorno di comando, mi trovai di fronte a questi individui. Dovevo mostrare loro che della loro penna fuori ordinanza e del loro cappello acciaccato, proprio me ne facevo un baffo, e se il loro atteggiamento strafottente mi costringeva a reagire, avrei preso i primi provvedimenti senza farmi intimorire. Il Sergente ordinò il presentat'arm, li squadrò, poi, con una rincorsa cadenzata e con un perfetto saluto, urlò: "31ª Batteria *Bergamo* agli ordini!". Salutai a mia volta e dissi: "Sergente, ordini il pied'arm!". E diedi il riposo. Non ero preparato al discorsetto, ma, pur essendo molto timido – dicono, del resto, che i timidi in certe circostanze diventano leoni, o forse mia mamma dal cielo mi aiutò – in quel frangente acquistai sufficiente coraggio da non far brutta figura. Dovevo fingere di sapere tutto, e specialmente di non avere dubbi su quel che avrei voluto che facessero. In questa circostanza mi venne in mente Bra, quando le rare volte in cui presenziava un Ufficiale alle nostre esercitazioni, ci scaricava. Era sempre il Sottufficiale che lo cavava dall'impiccio. Così, forte di questo ricordo mi rivolsi al Sergente e gli dissi: "Sergente!". "Comandi, signor Tenente!", rispose. "Sentite, anziché stare qui in caserma, non sarebbe meglio portarli in piazza d'armi, dove c'é più spazio per le esercitazioni ad ordine chiuso?" dissi. "Come volete, signor Tenente, ma bisogna lasciare una squadra per il governo dei muli", rispose lui, e io conclusi: "Naturalmente, scegliete una squadra di conducenti e portate il resto in piazza d'armi, io vi raggiungerò subito". Li avevo scaricati! Andai di corsa da Donadoni, l'Ufficiale di picchetto, col quale ero entrato in amicizia il giorno prima. Subito gli spiegai la situazione e gli chiesi cosa avrei dovuto fare. Immediatamente, con sicurezza e fermezza rispose: "Raggiungili, ordina al Sergente di farli procedere in ordine chiuso, fa' fare tutto al Sottufficiale, intervieni sempre con autorità, ricordati del corso e di come il Sergente Maggiore Ambrosi ci rompeva le scatole, rompile anche a lui, digli che non va bene niente, fa' ripetere continuamente le stesse cose e, ogni tanto, da' qualche ordine anche tu, ti raccomando, a piena voce, i soldati sono molto sensibili agli ordini ben dati. Ti servirà d'allenamento. Il tuo Capitano Alessandroni verrà certo a vedervi. L'attenti, il baionetta e il presentat'arm devono essere ineccepibili e squillanti. Quando compileranno le tue note caratteristiche vedrai che la cosa più importante e che colpisce i nostri superiori é il modo di farli scattare. Se poi fai i calcoli di tiro più o meno bene non interessa, perché anche loro masticano ben poco quest'arte. Te ne accorgerai quando andremo ai tiri!". In pochi minuti mi aveva dato delucidazioni chiarissime sul mio modo di comportarmi e sulle priorità da osservare per fare la figura del perfetto Ufficiale. Mi chiesi come facesse a saperne più di me. Venni poi a sapere che era il figlio di un Maresciallo d'artiglieria. Raggiunsi la Batteria e feci quanto mi aveva consigliato. Il Sergente che, sotto sotto, mi aveva già classificato un *ghirba*, recluta, di sottecchi mi guardava meravigliato. Ero certo che dentro di sé andava cercando un modo per farmela pagare. Tornammo in caserma senza che il Capitano si facesse vedere. Il giorno dopo fui di picchetto d'onore per un funerale con il Sergente Andreani, lo stesso della piazza d'armi. Al mattino alle sette, ora entro la quale noi Ufficiali, specie se di complemento, dovevamo essere già in servizio, stavo facendo il mio primo giro d'ispezione in caserma. La sveglia era suonata alle sei e mezzo, quindi i soldati erano già adunati in cortile in tenuta adatta alle mansioni necessarie per lo svolgimento dell'ordine del giorno. A me, quale Ufficiale di giornata, il Sergente doveva presentare il reparto. Andreani, impeccabile, ordinò l'"attenti" per ben tre volte, dopo aver dato il relativo riposo ed aver detto peste e corna alle povere reclute ancora addormentate e spaurite. Capii che, prima che io mi presentassi, parecchi improperi e minacce erano già stati sciorinati. Comunque i tre "attenti", con me presente, dovevano essere presi come uno sfottimento verso di me.

Andreani mi si avvicinò e fece un saluto impeccabile. Gli ordinai di scegliere venticinque uomini fra i più anziani e di farmeli trovare pronti per le nove, per presenziare al funerale di un Ufficiale. Gli altri due Sergenti avrebbero provveduto al resto della Batteria, al governo dei muli e delle scuderie e, con quelli rimanenti, sarebbero andati all'armeria. Avremmo fatto conoscere loro le mitragliatrici *Fiat* in nostra dotazione. Spiegai che, in caso di bisogno, mi avrebbero trovato in armeria. Mi rivolsi, infine, ai soldati e dissi: "Vi raccomando di prendere molto sul serio l'addestramento ed i compiti a voi assegnati, poiché non ho intenzione di lasciare impunite le vostre mancanze!". Ero proprio un pulcino, di fronte ad uomini che sentivo sorridere, sotto i baffi, del mio tentativo di rendermi importante; d'altra parte dovevo tenere duro, guai se avessi dimostrato la minima esitazione. Diedi il riposo e me ne andai. Salii le scale per raggiungere la fureria. Lì trovai il Capitano comandante, che non si dimostrò così cordiale come il giorno prima. Era di cattivo umore, oppure era già subentrata in lui quella mentalità di sospetto per la quale la cordialità fra noi doveva considerarsi bandita. Purtroppo la seconda ipotesi si rivelò la più veritiera. Fra lui e me non è mai corso buon sangue. Sicuramente era un individuo poco aperto e non molto simpatico, pur essendo un ottimo alpino ed un camminatore infaticabile. Mi trattenei in fureria a leggermi parte dei regolamenti e, nel frattempo, entravano uno ad uno gli altri Ufficiali componenti il comando di Batteria. L'organico era composto di sette individui: il Capitano comandante, il sottocomandante, tre subalterni, un medico ed un veterinario. La Batteria di artiglieria alpina ha un organico così numeroso, perché, in caso di mobilitazione, viene staccata dal Gruppo e dal Reggimento e si mette a disposizione dei Battaglioni Alpini, e, pur avendo una gestione assolutamente autonoma, è legata al Comando di Gruppo. Conobbi così i miei compagni, tranne il medico ed il veterinario, e scoprii che il Tenente sottocomandante era un Ufficiale di accademia, mentre gli altri erano di complemento. Tutti avevano incarichi che variavano di giorno in giorno, secondo le necessità. Nel frattempo erano arrivate le nove. Mi precipitai in cortile e trovai il picchetto d'onore, in perfetta tenuta. Gli artiglieri erano stati scelti con oculatezza. Mi sembravano più alti del solito, dei pezzi di ragazzi. Tutti perfettamente allineati per quattro, uscimmo dalla caserma. Il Sergente affiancava la prima fila ed io era di lato al Sergente. Ero veramente piccolo rispetto a loro ed avevo le gambe più corte. Calzavo un magnifico paio di stivali rigidi che avevo fatto fare da un celebre calzolaio specializzato a Milano e che, già allora, erano costati non poco a mio padre. Mi stavano un po' stretti sul polpaccio. Il Sergente se ne accorse e trovò il modo per vendicarsi. Fece allungare il passo al Plotone ed accelerare l'andatura, per mettermi a disagio. I miei polpacci si erano gonfiati in modo tale che sembrava volessero sfondare il cuoio. La casa dell'Ufficiale morto non era molto distante, ma non sapevo se ce l'avrei fatta. I polpacci cominciavano a dolermi in maniera insopportabile, la mia camminata diventava sempre più rigida ed il Sergente non rallentava il ritmo a bella posta. Mi accorsi che qualche soldato aveva visto la situazione in cui mi trovavo; erano *veci*, e per loro le *ghirbe* dovevano pagare lo scotto. Mi venivano quasi le lacrime agli occhi, stringevo i denti, ma non potevo assolutamente mollare. Mi sembrava di avere le gambe di legno. In fondo alla via vidi un capannello di gente che si stava radunando; finalmente eravamo arrivati. Feci accostare il Plotone vicino ad un marciapiede e mi rivolsi al Sergente dicendogli: "Prendete voi il comando! Io vengo subito; se tardassi, incolonni il Plotone al corteo funebre, io, comunque, sarò di ritorno fra pochi minuti!". Mi sembrava impossibile riprendere a camminare, ma ci riuscii. Ebbi la fortuna che nei pressi c'era un posto per la sosta dei taxi, mi precipitai sul primo e, raccomandando la massima celerità, mi feci portare nella camera dove alloggiavo. Mi trascinai su per le scale, entrai in camera, mi lasciai cadere su di una sedia e tentai di sfilarmi gli stivali col relativo cavastivali. Niente da fare, ormai i polpacci avevano fatto corpo unico con la guaina dello stivale. Volente o nolente dovevo tagliare i gambali. "Perdonami, papà!", pensai, "Vuol dire che i prossimi li comprerò con i miei risparmi!". Presi le forbici e tagliai. A fatica calzai gli stivali d'ordinanza, che, per fortuna, erano lucidi ed erano molto più comodi. Uscii di volata, mi precipitai sul taxi, che avevo fatto attendere, e raggiunsi il Plotone che in quel momento si stava incanalando nel corteo funebre. Il Sergente non guardò me, ma i miei stivali e fece un sorriso, lo guardai a mia volta e mi misi a ridere. Da quel momento diventammo amici e ci proteggemmo l'un l'altro tanto da rendere la naja divertente. Il Sergente Andreani era un magnifico montanaro della Val Gandino; molto intelligente, il vero tipo di valligiano "scarpe grosse, cervello fino". Al rito funebre il nostro Plotone d'onore fu pari alla fama del 2° artiglieria di montagna. Al cimitero un perfetto presentat'arm, naturalmente ordinato da me. Tenni presente le raccomandazioni di Donadoni, la tonalità fu ineccepibile tanto che sentii qualcuno che diceva: "É piccolo, ma si fa sentire!". Avrei preferito non sentire quella voce: l'essere definito "piccolo" mentre ero di altezza normale mi scocciava; erano i miei colossali artiglieri, ad essere fuori dal normale! Ritornati in caserma, le solite formalità, il solito "rompete le righe" e tutti furono in camerata. Rimasi a tu per tu con Andreani. Per simpatia gli diedi del "tu". "Mi volevi proprio sfottere? Non sono caduto per terra per miracolo! Chissà come avreste riso!", gli dissi. "Mi scusi, signor Tenente, non avrei riso e mi sarebbe spiaciuto, ma lei (anche lui mi dava del "lei" e non il "voi" prescritto dal fascismo: era un segno di grande rispetto) ieri, in piazza d'armi, mi ha veramente rotto le scatole". Era un modo di esprimersi che non avrebbe mai osato usare con il nostro comandante, ma aveva capito che, fra noi, era nata una spontanea simpatia, non disgiunta da altrettanto rispetto. Andreani mi fu di grande aiuto durante il periodo di servizio, e me ne diede dimostrazione immediata dandomi un suggerimento sul mio servizio per l'indomani, infatti mi disse: "Signor Tenente, lei domani è di giornata, vero? Allora, anziché alle sette, entri in caserma alle sei e ne vedrà immediatamente delle belle! Le razioni di latte, caffè, cacao e zucchero sono state calcolate dal regio governo con una certa larghezza, tanto che invece dello schifo che distribuiscono, la colazione del mattino potrebbe essere accettabile. Domani mattina, se seguirà il mio consiglio, si renderà conto di quel che succede. Vedrà! Se poi riuscirà ad ovviare a questa situazione, la considerazione dei suoi soldati per lei aumenterà di molto. Certo susciterà un pandemonio! Salvo i soldati, li avrà tutti contro! Anch'io dovrei esserle contro perché il mio caffèlatte, il mattino, è veramente delizioso. Tanti auguri!". Cosa dovevo fare? Come Ufficiale di giornata era anche mio compito evitare le disfunzioni ed i soprusi. Quindi, alle sei del mattino sarei stato certamente in caserma, costasse quello che costasse! Il mattino seguente, e notare che ero solo al mio terzo giorno dalla mia prima nomina, alle sei entrai in caserma e, defilandomi, mi avvicinai alle cucine. Da dietro ad una colonna vidi quello che stava succedendo. Un gruppo di artiglieri faceva capannello fuori dalle cucine; si capiva che erano da poco caduti dalle brande, senza giacca, senza fasce, con le scarpe slacciate, ma tutti muniti di capaci recipienti. Intanto, da tutti i lati della caserma continuavano ad arrivare altri soldati. Finalmente i cucinieri aprirono le porte della cucina, e tutta quella masnada si dispose con molta disciplina in fila indiana. Entrarono i cucinieri, i quali versarono un fumante caffè e latte nei recipienti, presentati con molto garbo per essere riempiti. Lasciai che i primi tre si fossero serviti e mi presentai davanti a loro. Diedi l'attenti in modo da immobilizzarli. Li lasciai un attimo sbigottiti, diedi il riposo e li feci allineare dietro di me. Chiamai il capo cuciniere e gli ordinai di stare vicino a me, chiamai un altro cuciniere e gli feci rintracciare l'Ufficiale di picchetto ed il capo posto. Domandai cosa rappresentava quella corvèe. Il cuciniere, un Caporale, mi rispose impaurito che non c'entrava per nulla in quella cosa, che erano tutti piantoni ed attendenti di Ufficiali, Sottufficiali ed uffici di comando. Gli chiesi: "Caporale, ti sembra una distribuzione regolare?" e lui: "Signornò!". Al che dissi: "Ah, bene! Aspettate qui fino all'arrivo del capo posto, intanto rimanete sull'attenti". Nel frattempo arrivò l'Ufficiale, anche lui con la divisa non completamente a posto, che subito chiese: "Cosa sta succedendo?" e io: "Guarda tu stesso e te ne renderai conto! Intanto fa accompagnare in prigione il Caporale capocuoco". Al capoposto, che nel frattempo era arrivato, intimai di prendere un brogliaccio, un taccuino, ed una matita, affinché segnasse i nomi di tutte quelle persone. Mi allontanai poi col Tenente, che mi disse: "Tu sei matto, scatenerai un putiferio!". Altro che putiferio! Per cominciare, quella mattina, il caffè era ottimo. Ho calcolato che quel sopruso costava al povero marmittone cinque volte meno di zucchero, quattro di caffè e tre di latte, e vi assicuro che era un calcolo per difetto. La voce del mio blitz si sparse quasi in tempo reale. Anche in guerra, Radio Fante ci informava parecchio tempo prima che i Comandi di Stato Maggiore facessero in tempo a far pervenire gli ordini. Il privato è sempre gestito meglio del pubblico! La mia fama salì alle stelle! Quello che mi aveva predetto Andreani si verificò puntualmente. Capii immediatamente che la mia truppa mi guardava con molta simpatia. Qualcuno, di nascosto, osò esternarmi la sua approvazione con un "Bravo Tenente!". Naturalmente tutti i beneficiari di tale sopruso finsero di essere estranei o dimostrarono verso di me un certo distacco. Dovevo andare in fureria, e che cosa mi avrebbe detto il buon Alessandroni? Mi lasciò entrare e subito sbraitò: "Cosa ti salta in mente di fare la sceneggiata di questa mattina? Se ti eri accorto che c'era qualcosa d'irregolare, prima dovevi avvertirmi e, poi, sarebbe bastato prendere dei provvedimenti in cucina senza alzare tanto polverone! Sei appena arrivato, cosa credi di fare?". E io di rimando: "Mi scusi, Capitano, ma credevo che fosse compito dell'Ufficiale di giornata intervenire subito di fronte a soprusi di questo genere. La prossima volta non mancherò di avvertirvi. Intanto stenderò un verbale con la lista di tutti i partecipanti a questa straordinaria distribuzione". Questo lo fece esplodere: "Ma sei impazzito? Tu non farai un bel niente, penserò io ad avvertire chi di dovere!", così io risposi: "Ma io ho fatto mettere in prigione il capocuciniere, cosa faccio con lui?". Al che il Capitano rispose: "Gesù Cristo, anche questo dovevi fare? Non fare più niente, sistemerò io tutto il disastro, e, ti prego, non farne parola con nessuno!". "Va bene, se lo dite voi, sta bene! E se mi chiamasse il Maggiore Rossi o il Colonnello Santovito?", chiesi. E lui concluse, sempre più irritato: "La vuoi finire? Non ti chiamerà nessuno, stanne pur certo. E adesso fa' l'ispezione delle camerate che sono un letamaio. Quello avresti dovuto fare!". Sì, forse avrei dovuto fare quell'ispezione, ma ero soddisfatto. Ovviamente pensavo che prima o poi me l'avrebbero fatta pagare. Salii alle camerate, due immensi stanzoni disposti su due piani, con una capienza di più di cento brande ciascuna. All'entrata d'ogni camerata, c'era sempre il Caporale di servizio, responsabile dell'ordine e della pulizia delle stesse. Appena entrato, oltre alla puzza, di cosa, non ve lo dico, intollerabile, rimasi disgustato dalla sporcizia e dall'incredibile disordine che regnava ovunque. Sbottai: "Senti, Caporale, perché non metti la maschera antigas? Muovi le chiappe e fa aprire le finestre. Chi è il Sergente di giornata? Chiamalo subito!". Ovviamente speravo non fosse l'ormai mio amico Andreani. Continuai ad urlare: "Non ti sei accorto che qui è tutto uno schifo? Dove sono gli uomini di ramazza? Adunali subito! Io attendo sulle scale finché si potrà respirare qui dentro. Nel frattempo sulle scale stava arrivando il Sottufficiale di giornata, che, fortunatamente, non era Andreani, ma uno di quelli a cui la mattina stessa avevo tagliato la succulenta razione di caffè e latte. Subito mi si presentò innanzi e mi disse: "Comandi, signor Tenente! Stava molto sulle sue, leggevo sul suo viso quello che il Capitano mi aveva già detto: "Chi ti credi di essere, te ne accorgerai!". Ricordai la promessa che ci eravamo fatti al corso, di non dimenticare mai i soprusi subiti da buona parte dei Sottufficiali che allora ci comandavano. Quel Sottufficiale mi andava a fagiolo; avrei cominciato da lui. "Si può sapere dove siete stato fino ad adesso? Entrate lì! Vi sembra possibile uno sconcio simile? Sono le otto e mezza; torno alle undici e se tutto non sarà come io giudicherò debba essere, voi resterete consegnato per un numero di giorni in proporzione inversa alla vostra diligenza!". Ogni volta che diedi un ordine tenni ben presente il consiglio dell'Ufficiale di picchetto: voce, voce! Il Sergente era impettito sull'attenti: "Signorsì, sarà fatto!". Me ne andai e raggiunsi la mensa Ufficiali a bermi un caffè, sperando di non incontrare il Capitano; trovai, invece, il Capitano medico, un uomo già piuttosto anziano, molto simpatico, come me appassionato giocatore di bridge. Appena mi vide, mi sorrise dicendomi: "Oh, Tenente, l'hai fatta grossa stamattina! Per fortuna a me non piace il latte, altrimenti anziché il caffè ti avrei fatto pagare una grappa!". Puntualmente, alle undici, mi presentai all'ingresso della camerata; ad attendermi, con aria soddisfatta, stava il Sergente di giornata che mi fece un bel saluto e mi fece controllare le camerate. Era veramente appagato dal suo lavoro e me ne congratulai. Ma, forte della promessa fatta a Bra, quella doveva essere la mia prima vittima. Gli chiesi, così, di accompagnarmi ai lavatoi ed ai gabinetti. Lo vidi sbiancare, ma con un filo di voce disse: "Signorsì!". Le camerate erano niente, a confronto al lerciume che qui regnava, allora mi rivolsi a lui con voce severa: "Sergente, cosa mi dice?". E lui, affranto: "Signor Tenente, ho fatto bene le camerate e non ho avuto il tempo di provvedere al resto". "Bene, gliela faccio buona, intanto questa sera resti consegnato!", ordinai, "Faccia la comunicazione al posto di guardia e, domani, di prima mattina, si precipiti qui. Si ricordi che voglio che tutto luccichi. Intesi? A domani". E me ne andai. Sicuramente mi ero fatto un nemico. Era quasi mezzogiorno e m'incamminai alla mensa Ufficiali, dove cominciavano a giungere Ufficiali di ogni grado, visto che solo pochi non usufruivano di tale servizio, cioè quelli che abitavano vicino, con la famiglia. Ero curioso di sapere se sarebbe intervenuto il Colonnello comandante e se mi avrebbe detto qualcosa. Arrivò leggermente in ritardo e passò proprio vicino a me; noi, nel frattempo, eravamo scattati sull'attenti ed il Colonnello, quasi anticipandoci, diede il riposo, per farci capire che in quel frangente non era necessaria la gerarchia. Mentre passava vicino a me, mi guardò e tradussi il suo sguardo in parole: "So tutto, lasciamo perdere, tu, malgrado la divisa, resterai un borghese". Dopo la mia scorribanda in cucina, il caffè migliorò notevolmente, per lo meno per un po' di tempo; certamente, con più circospezione, qualche canale d'uscita sarà certo stato escogitato. Io, dopo quel giorno, non ho più dovuto montare come Ufficiale di giornata; chissà per quale motivo, avevo sempre altri servizi. Durante il Corso Allievi Ufficiali, avevamo già fatto il giuramento con una formula che, letta oggi, fa venire i brividi, ma che a noi, allora, non faceva né caldo né freddo, ad eccezione di qualcuno che proveniva da una famiglia contraria alla monarchia ed al fascismo e che, se poteva, non nascondeva il suo modo di pensare. A Bra, durante il giuramento ci fu chi, al posto di dire "Giuro!", urlò "Culo!", cosa che poteva costare molto caro e che per noi era simbolo di vero coraggio. Malgrado pensassero che avessimo portato il cervello all'ammasso, avevamo ancora tanto spirito goliardico da vendere. Come giovani Sottotenenti dovevamo ancora giurare fedeltà. La cerimonia avveniva con grande solennità nel salone d'onore della caserma, alla presenza di tutti gli Ufficiali. Eravamo una quindicina di noi Sottotenenti, e altrettanti che avevano già giurato. Un Ufficiale più anziano ci aveva preventivamente adunato per spiegarci le formalità del giuramento. Ognuno di noi doveva presentarsi al tavolo del Colonnello, salutare, sguainare la sciabola, porgergliela reggendola con due mani, ritornare sull'attenti, leggere il giuramento, che era scritto su di un elegante cartoncino che ci era porto dal colonnello stesso, avvicinarsi al tavolo, firmare su un foglio che non avremmo nemmeno letto, ritornare in posizione, riprendere la sciabola, fare due passi indietro e, qui sta il guaio, tirare due fendenti, rinfoderare la sciabola, salutare, infine eseguire un bel dietro front e tornare con gli altri. Il primo se la cavò decentemente, ma con il secondo cominciò lo spettacolo. Teneva nella sinistra il cartoncino su cui non aveva capito che era scritta la formula del giuramento. Cominciò: "Giuro di essere fedele al Re ed ai suoi reali successori per il bene della patria ... inseparabile..." e cominciò a farfugliare. Sommessamente, gli suggerivamo di leggere cosa c'era scritto sul foglio, finché il Colonnello, spazientitosi, urlò: "Ma non vede che ce l'ha scritto in mano?! Legga!". Fu una scena veramente comica, non sbottammo in una risata solo per non umiliarlo. In un modo o nell'altro il rito finì e rientrò nei ranghi. Ma non era finita! Giurarono altre quattro o cinque persone, poi un collega, al momento del saluto, con la sciabola, avendo mal calcolato le distanze, menò un fendente sulla scrivania del Colonnello, facendo tremare un grosso calamaio, che non si rovesciò solo perché era posto nella parte opposta del tavolo. Qui le risate non poterono più essere trattenute. La cerimonia con-tinuò e continuarono le comiche. Eravamo quasi alla fine ed un altro candidato al giuramento, ormai sicuro di avere fatto un'ottima figura, non riuscì a rimettere la sciabola nel fodero. La lama si fermò a metà e non ci fu verso di smuoverla. Al malcapitato non restò altro che agguantare la sciabola per la lama e tornare fra i ranghi. Doveva essere una cerimonia solenne, e si trasformò in una farsa. Scendemmo poi tutti al circolo Ufficiali, dove ci aspettava un rinfresco che fu largamente rimpinguato dalle bottiglie di spumante che i tre malcapitati furono costretti ad offrirci. L'allegria era condivisa da tutti, anche dagli Ufficiali effettivi, e questo è tutto dire. Ci hanno detto che mai, negli annali del Reggimento, la cerimonia del giuramento é passata senza qualche difficoltà. Così abbiamo giurato due volte la fedeltà al Re, ed ai suoi reali suc-cessori per il bene inseparabile del Re, del Duce e della Patria... Letto oggi é un giuramento orripilante, ma allora si poteva inserire magnificamente nell'atmosfera fatta d'aquile romane, di *alalà*, di labari, gagliardetti e di italiani in orbace. A distanza di tanti anni non posso esi-mermi dal ritornare a quei tempi e fare un'autocritica. Come la pensavo allora? Potevo essere considerato un fascista? Ero nato con il fascismo, e avevo nove anni quando ci furono i primi moti fascisti nel 1919. Da ragazzo assistetti a qualche manifestazione squadrista e ad una purga fascista. Abitavamo in via Adamo del Pero, vicino alla farmacia Orsenigo. Una mattina mia mamma mi ci aveva mandato a comprare un flacone di magnesia. Il mondo è sempre andato avanti a mode, allora si usava purgarsi due volte alla settimana ed una volta al mese era necessario l'olio di ricino. Oggi i nostri luminari, con un tale trattamento, ci darebbero pochi giorni di vita. Entrai in farmacia e, con me, entrarono vociando quattro individui in camicia nera, stivaloni e con in testa un fez nero. Mostravano anche un teschio di metallo, mi ricordo che già allora mi fece una certa impressione. Spingevano in farmacia un ometto terri-bilmente impaurito. Mi sembrava molto anziano e molto magro. Mi misi nell'angolo del banco e assistetti a tutta la scena con una certa paura. Uno di loro si rivolse al farmacista: "Dottore, tirate giù la bottiglia di olio di ricino, abbiamo bisogno di purgarlo dalle idee di Lenin! Versate un bel bicchiere! No, é troppo piccolo, più grande!". Il buon dottor Orsenigo che certo in quel tempo (dico in quel tempo, perché poi lo diventarono tutti o quasi), non era fascista, cercò di tergiversare, ma alla vista della rivoltella che uno di loro estrasse, eseguì subito gli ordini. Cambiò il bicchiere e cominciò a versare cautamente l'olio di ricino. Si sentì rimbrottare da uno di loro: "Dai, lo riempia! Quanto costa? Dai, pagalo!" e rivolgendosi al malcapitato "E adesso bevi!". Poveruomo, lo bevette tutto. Appena finito i quattro energumeni se ne andarono. Il dottor Orsenigo uscì dal banco ed aiutò il poveretto a reggersi in piedi. Cercò di tranquilliz-zarlo, dicendogli che la dose era terribilmente abbondante, ma che più che scaricarsi davanti e dietro, non avrebbe potuto fare. So che tante sono state le bravate di questo genere a Como, ma certamente gli episodi più violenti, con morti e feriti, nella nostra zona sono stati pochis-simi. Como, da sempre, ha cercato di evitare gli eccessi di ogni genere. Altro tipo di violenza era quello di prendere l'individuo colpevole di comunismo o di antifascismo e dipingergli la faccia, dopo avergli fatto gridare "Viva l'Italia" con una vernice tricolore. Me lo diceva un mio amico, maggiore di tre anni di me, che era l'imbianchino ufficiale. Gli dicevano: "Pittore, procedi!". Trainava su di un triciclo tre barattoli con i tre colori, immergeva il pennello e procedeva. Tutti questi episodi non erano sicuramente edificanti, e non mi portavano ad essere un fascista convinto. In famiglia poi mio padre si diceva socialista riformista. Allora si parlava molto di riformismo; era evidente che a molti non andava la situazione attuale, ed avrebbero voluto cambiarla. Mio padre non era quindi un fascista, e al limite avrebbe meritato anche lui una purghetta. Mio zio Antonio era una persona importante, direttore della *Banca Tajana e Perti*, fondata da mio nonno e dal signor Perti, che si trasformò poi in *Banco Lariano*. Mio zio, essendo una personalità, doveva tenere il piede in cento scarpe; era un liberale vecchio stampo, quindi, assolutamente contrario a certe avventure socialistoidi, ma sapeva destreggiarsi molto ed io lo ammiravo; anche la sua influenza mi portava a non respingere il movimento che stava allora nascendo. Dai dieci ai sedici anni frequentai la scuola nazionale di setificio, e non ebbi nessuna idea politica, ma il fascismo faceva grandi passi e cercava di attirare la gioventù con ogni mezzo: gite popolari, campeggi e sport. Sorse il G.U.F., Gruppi Universitari Fascisti. Io ero iscritto ad una scuola superiore e potevo essere un socio. Mi iscrissi. Bisognava aderire anche alla Milizia Universitaria Fascista. Ne feci parte automaticamente. E qui cominciò la prima vestizione militare: dovetti comprarmi la divisa grigioverde con gli stivaloni. Penso che il fascismo, come tutti gli "-ismi'" del mondo, siano stati la manna di calzaturieri avveduti. Gli stivaloni attiravano moltissimo perché nell'esercito erano ancora in uso le maledette fasce. Ero così un Milite, sia pur universitario. Non fui né molto diligente, né molto presente. Cercavo di usufruire dei privilegi che mi venivano dalla mia qualifica per partecipare alle manifestazioni sportive, di gran lunga molto facilitate. Ero fascista? Direi di no. Ero italiano? Quello sì. Molto. Consideravo la Patria al di sopra di tutto. Patriota? Direi proprio di sì. Per imparare il francese mio padre mi mandò a Losanna, in Svizzera, durante le vacanze estive e là ero a contatto con degli svizzeri che mi chiedevano come facessimo a vivere in un paese senza libertà. Io, per tutta risposta, m'incavolavo a morte difendendo anche il fascismo. Il G.U.F. ci propose di partecipare a una adunata nazionale a Roma con la Milizia Universitaria, dove ci avrebbe accolto il Duce. Nonostante mio padre non fosse molto entusiasta, accettò di sovvenzionare questa trasferta. Partimmo in treno su vagoni di terza classe, in lunghissime tradotte, eravamo moltissimi, e provenivamo da tutta l'Italia. Qualsiasi adunata durante il fascismo era oceanica, ed anche noi non facemmo eccezione alla regola. Eravamo tutti studenti indisciplinatissimi; tutto ci sembrava lecito. Il viaggio durò moltissimo, il treno si fermava frequentemente e a lungo nelle stazioni. Eravamo indisponenti e maleducati; neanche io riuscivo a tollerare tutte quelle bravate. E pensare che eravamo la Milizia universitaria! Ne fecero le spese i vari buffet e ristoranti che si trovarono sulla nostra strada; sembrava che dal treno scendessero le cavallette. Intervenne la polizia a più riprese; ad un certo punto chiusero gli sportelli e non ci fecero più scendere finché non fummo giunti a destinazione. Sono venuto a sapere che Mussolini, messo a conoscenza di questi nostri deprecabili atteggiamenti, ne rimase imbufalito, tanto che, una volta a Roma e già adunati nel campo sportivo, ci fece attendere per ben due ore la sua comparsa. Quando arrivò, dall'alto del suo palco ci guardò per qualche minuto senza parlare, poi ci liquidò con un discorso che sembrava più un rimbrotto che un benvenuto. Voglio raccontare questo episodio non per se stesso, ma sempre in riferimento alla domanda relativa al mio essere fascista. Nello stadio, dopo una lunga attesa, successe di tutto: mugugni, sbandamenti, anche perché eravamo terribilmente stanchi, affamati, ma soprattutto assetati poiché faceva molto caldo. Imprecavamo un po' tutti. Ad un tratto dall'altoparlante si annunciò l'arrivo del Duce. Tutti, con una velocità incredibile, ritornarono nei loro ranghi, perfettamente inquadrati ed in silenzio assoluto, in attesa di Mussolini. Il Duce arrivò, con un passo da bersagliere salì sul podio e salutò con il braccio teso. Un boato: "Duce! Duce!". Sembravano tutti impazziti. E qui si ripresenta la mia domanda. Di fatto io ero lì, ma osservavo gli altri, perché non provavo proprio un bel niente, e mi chiedevo come facessero ad urlare come dei forsennati, considerando poi che poco prima le stesse persone avevano caricato il Duce di epiteti. Allora capii che non era Mussolini che non mi andava, ma l'esteriorità e la demagogia del regime, del quale apprezzavo solo l'ordine che aveva portato in Italia. Devo concludere, quindi, che, come buona parte degli italiani, ero un tiepido, poiché in definitiva stavamo tutti abbastanza bene, o per lo meno io stavo bene senz'altro, e quelli intorno a me altrettanto.

CAMPO INVERNALE ED ESTIVO

La vita militare, in caserma, era veramente debilitante. Con le reclute da addestrare e con la mia mentalità, non era facile essere di buon umore. Se avessi potuto fare a modo mio, probabilmente sarei riuscito a rendere la naja meno odiosa e forse avrei ottenuto risultati migliori. Ma non era possibile! Era massacrante comandare per tutta una mattinata i soldati in piazza d'armi, facendoli schierare con i soliti ordini: per quattro, per otto, avanti, dietro front, per fila sinist, di fronte allineati, baionetta, present'arm! E questa tortura durava per ore ed ore. Era una pena per loro e per tutti noi. Purtroppo non potevamo fare delle lunghe soste perché la piazza d'armi era proprio in vista delle finestre del comando. Mi consolava il fatto che, dopo pochissimi giorni, saremmo partiti per il campo invernale sulle Dolomiti, e questo pensiero mi allettava moltissimo. Anche l'addestramento venne orientato su schemi più pratici, quindi, non più in ordine chiuso, ma tutto in previsione di uno spostamento. Era un lavoro più pesante, ma pratico e vario. I soldati si sentivano meno dei numeri e incominciavano ad essere motivati. Motivazione: è stata la fissazione di tutta la mia vita militare e civile. Già al Corso Allievi Ufficiali avevo intuito che l'uomo ha la necessità di sentirsi qualcuno, anche se i suoi compiti sono modesti. Era un'intuizione che mi aiutò molto durante la mia vita: sia con i soldati che con gli operai ottenni risultati insperati. Purtroppo non sempre a militare, dove l'obbedienza doveva essere pronta, cieca ed assoluta, certe iniziative erano realizzabili. Dovevamo partire per il campo invernale. Ogni Batteria era indipendente; sia la 31ª che la 32ª erano destinate alle Dolomiti, ma in località diverse. Avremmo dovuto raggiungere Bolzano con la ferrovia e, da lì, ci saremmo smistati con i nostri mezzi cioè a piedi, per le varie località di destinazione. Di buona mattina alle cinque, suonò la sveglia ed ebbe inizio lo spostamento. Non é una cosa facile caricare i pezzi sui muli, portarli alla stazione, scaricarli e farli entrare nei vagoni. Qualche quadrupede aveva già fatto questa esperienza ed era più docile, qualche altro era nuovo o quasi. Si dice "mulo" di solito ad una persona testarda, ma vi assicuro che non c'è nessuno più mulo del... mulo! Poveri conducenti e poveri noi, che, malgrado i gradi, non potevamo esimerci dallo spingere quelle povere bestie sulle passerelle e nei vagoni. Una volta entrati bisognava riuscire a legarli agli anelli, e se non ci si riusciva erano guai. Fortunatamente allora non c'erano gli animalisti, perché, oltre alle bestemmie, volarono anche diversi colpi, poiché qualche artigliere non godeva di eccessiva tenerezza. Sistemati i muli e le salmerie, ritornammo in caserma per vedere se le truppe erano ben equipaggiate. Non era un compito facile perché il regolamento prevedeva che tutto l'equipaggiamento fosse caricato sulle spalle, ma come già era avvenuto con noi Allievi Ufficiali, non era stato studiato perché fosse ef-fettivamente realizzabile, ma perché il soldato al posto di essere efficiente, fosse solo vessato. Tutta la dotazione del vestiario doveva essere contenuta nello zaino, di telaccia rigida, dotato di fibbie non funzionali e con una capienza calcolata non certo in abbondanza. Una parte dell'equipaggiamento veniva lasciato in camerata più o meno nascosto e, purtroppo, la scelta dell'equipaggiamento, a secondo dell'utilità o meno dello stesso, era fatta con totale arbitrarietà. Un campo invernale non può essere affrontato con leggerezza, certi indumenti sono necessari e se mancassero sarebbero veramente guai. L'ispezione in camerata fu un disastro. La fretta ed il menefreghismo ci posero di fronte ad una realtà preoccupante, ma, purtroppo, non c'era niente da fare. Il treno non ci avrebbe aspettato, dovevamo intervenire? E qui cade con tragica proprietà il grido: "É naja!". Non se ne fece niente e partimmo per Bolzano. Le tradotte militari erano formate in genere da vagoni bestiame, comprendenti otto quadrupedi e quaranta uomini, e da qualche vagone di prima, seconda e terza classe. La prima Ufficiali superiori, la seconda per gli inferiori e la terza per i Sottufficiali. I poveri soldati erano nei vagoni bestiame, senza finestre e con porte scorrevoli chiuse, durante il tragitto. Non so se le cose stiano ancora così,

25

sicuramente fino alla fine della guerra niente era cambiato. Il viaggio avrebbe comportato anche la notte e, per trascorrerla meglio, agli uomini fu distribuita, come giaciglio, della paglia! Naturalmente i viveri erano a secco, galletta e scatolette di carne. A Bolzano arrivammo per tempo, l'indomani mattina. Era stata la prima esperienza, per molti uomini, di riposo sul tavolato ed avevano le ossa rotte. In genere quasi tutti i monta-nari ed i giovanissimi, con qualche scrollata di spalle, si trovarono presto in forma. Erano piuttosto di buon umore; avrebbero affrontato, per la prima volta, sotto le armi, un trasferimento tra le montagne coperte dal manto bianco della neve. Saremmo dovuti risalire, attraverso le mulattiere, fino a 1.100 metri, per raggiungere Castelrotto, sull'Alpe di Siusi, un bellissimo paesino nei pressi della Val Gardena. Come era stato previsto, non fu cosa da poco far scendere i muli dai vagoni. Finalmente fummo tutti pronti ed allineati per partire. Sulla carta la distanza non pareva molta, meno di trenta chilometri, ma bisognava considerare che le strade erano tutte mulattiere più o meno transitabili, tutte in salita e coperte di neve, spesso di trenta centimetri. Fu una fatica immane. Gli uomini erano stracarichi e pochissimo allenati. Non vi dico il sottoscritto! Il mio buon Capitano mi aveva assegnato come ufficiale di coda. Fra di me pensai che fosse un'ottima cosa perché me ne sarei rimasto per i fatti miei. Disgraziato! Non sapevo ancora cosa ciò avrebbe comportato. Dopo le prime due ore di marcia, cominciò la tragedia. L'Ufficiale di coda è responsabile del fatto che tutti procedano regolarmente ed alle dovute distanze, senza lasciar intercorrere troppo spazio fra i muli e gli uomini. Fu un disastro, perché molti proprio non ce la facevano più a marciare. Fortuna volle che avessimo qualche mulo scarico al nostro seguito, perché, altrimenti, anziché arrivare con due ore di ritardo, sarei arrivato il giorno dopo. Iniziarono le lamentele: "Signor Tenente, non ce la faccio più, mi lasci qui!". E io: "Dai su, alzati, dà a me il moschetto". Poi un altro ed un altro ancora. Per fortuna erano con me due Sergenti bravissimi, i quali mi aiutarono a tamponare la situazione. Molti, sfiniti dalla stanchezza, si erano buttati per terra; noi, un po' con le buone, un po' con gli epiteti più infamanti, riuscimmo a farli proseguire. Non tutti si fecero convincere. A qualcuno dovemmo togliere lo zaino e l'armamento, che agganciammo al basto dei muli di scorta. Per qualche altro fu addirittura necessario farlo salire sui muli. Non so se erano affaticati più loro o i due Sergenti ed il sottoscritto; arrivammo di notte, con due ore di ritardo sugli altri, e con il bel risultato di sentirmi chiedere dal mio Capitano se ci fossimo fermati a fare un sonnellino. Me l'aveva giurata fin dal primo giorno. Si sbagliava, comunque, se credeva che avrei receduto, alla prima occasione, dal mio modo di operare. Non mangiai neanche, mi defilai e, sul primo giaciglio, che trovai mi sdraiai vestito com'ero. Mi addormentai di colpo e l'indomani mattina il mio attendente, che mi aveva cercato tutta la notte, mi svegliò in tempo per permettermi di assestarmi e di inserirmi nel gruppo senza sollevare alcun sospetto. Ero affamato, mi ripresi con una scodella di caffè e latte ed una montagna di pane. Ho saputo poi, che, fin dall'arrivo della Batteria, i contadini dimostrarono una certa ostilità nei nostri confronti: si rifiutavano di aprire i fienili e le stalle che l'ufficiale addetto agli alloggiamenti aveva preventivamente fissato con il segretario municipale per il pernottamento della Batteria. Per esigenze militari, i paesi dovevano provvedere all'alloggiamento dei soldati, previa comunicazione tempestiva. Purtroppo, in Alto Adige, gli italiani non erano ben accetti! Si rifiutavano di capirci e volutamente parlavano tedesco. Forse la politica italiana non era stata, fin dall'inizio, la più avveduta! Erano tedeschi e tali volevano rimanere. Fu così che, quella sera, sugli alloggiamenti perfettamente assegnati e su ogni edificio, era apposta una scritta, che citava tutti gli articoli del codice e le modalità della presa di possesso; ma le porte rimanevano completamente sbarrate. Al nostro Capitano, dopo ripetute intimidazioni, regolarmente inascoltate, non rimase altra soluzione che far abbattere le porte. Fu un'operazione non troppo edificante, ma necessaria. E così, sull'odio si sarebbe accumulato nuovo odio. La tappa successiva sarebbe stata Selva di Val Gardena; la distanza era di una ventina di chilometri, ma i sentieri e le mulattiere erano state scelte volutamente impervie. Durante il percorso dovevamo anche mettere in batteria i pezzi, e simulare un'azione di guerra: trovare una posizione defilata e piazzare i pezzi in modo da poter colpire il nemico il più utilmente possibile. Era una manovra interessante, molto faticosa, ma, finalmente, qualcosa che dava la sensazione di indossare una divisa per qualcosa di concreto. Naturalmente, allora non si pensava proprio ad una nuova guerra. Io fui assegnato, un'altra volta, all'ingrato compito di Ufficiale di coda. Mi lamentai, ma il Capitano, sfottendomi, mi disse: "L'hai fatto così bene ieri, perché non dovresti farlo anche oggi, ti darò come aiuto un Tenente!". Sapevo benissimo che il giorno precedente questo Tenente era arrivato a stento in paese con gli altri. Fortunatamente i soldati dopo la sfacchinata si erano rinfrancati e non avemmo grossi guai. Devo dire che mi sono anche divertito. Avevo battuto il Capitano. Da Selva, attraverso il Passo Gardena, raggiungemmo Corvara, in Val Badia, dove erano fissati gli alloggiamenti per la notte. Fu un trasferimento tranquillo, la sistemazione fu eseguita senza problemi, la sera terminammo per tempo. Era l'ultimo giorno di carnevale e nel paesino avevamo notato che era in programma una festa danzante. Avevamo adocchiato anche due maestrine mica male! Ci si prospettava una serata allettante. A mensa l'allegria era contagiosa, ma alle 20.00 circa, un portaordini in sidecar smontò davanti all'albergo dove eravamo riuniti per la cena e consegnò un grosso plico al Capitano che, con aria preoccupata, lo lesse e convocò noi Ufficiali in una saletta vicina. Dal Comando di Divisione arrivò l'ordine di mobilitazione immediata; noi della 31ª dovevamo lasciare al più presto gli alloggiamenti e raggiungere, a tappe forzate, Bressanone. Venne suonato l'allarme per radunare tutti gli artiglieri, ci preparammo per la marcia e partimmo immediatamente. Potevamo soltanto immaginare cosa fosse successo. Hitler aveva accusato la Cecoslovacchia di angherie verso la popolazione tedesca allogena, e forse l'esercito tedesco stava per occupare parte di quella nazione. L'allerta italiano era, probabilmente, dovuto a quanto succedeva in Germania, visto che in quel periodo Mussolini non vedeva di buon occhio le mire espansionistiche del *Führer*. La Cecoslovacchia era stata in parte occupata. Noi ne pagammo per primi le conseguenze. L'allarme fu suonato di notte e fece molto effetto; i nostri artiglieri, esclusi i pochi ai posti di guardia, erano sparsi dappertutto. Era carnevale anche per loro! Erano nelle osterie davanti a bicchieri di vino, oppure in giro per il paese. Riuscimmo ad adunare la truppa con molta fatica; era notte e la luna non si era ancora levata. Il paese era illuminato pochissimo. Facemmo trasportare i muli sul piazzale e, con delle torce a vento, delle quali eravamo fortunatamente forniti, riuscimmo a rompere il buio tanto da permettere l'approntamento della Batteria. Ordinammo una ronda perché fossero recuperati tutti i soldati che mancavano all'appello. Alcuni erano ubriachi, così si ritrovarono con la testa sotto l'acqua gelata di una fontana. Finalmente, dopo un'ultima verifica, partimmo. Questa volta mi rifiutai categoricamente di fare l'Ufficiale di coda, ma il mio caro comandante stabilì che fossero fatti tre turni fra noi Sottotenenti. Pretesi il primo turno. I chilometri da fare erano una sessantina, di notte e per di più a tappe forzate. Sarebbe stato un trasferimento faticosissimo, ma non potevo immaginare quanto. Dopo la mezzanotte camminavamo quasi addormentati, qualcuno cadeva a terra e bisognava sollevarlo e rimetterlo nei ranghi. I muli procedevano imperterriti, povere bestie, e alla loro coda si attaccavano in molti. Era assolutamente proibito, ma cercavamo di chiudere un occhio. Fu una marcia estenuante; arrivammo dopo quindici ore. Alle quindici del giorno successivo eravamo a Bressanone. Eravamo distrutti, avremmo voluto sdraiarci e non alzarci più, ma si dovevano scaricare e sistemare i muli e cercare gli alloggiamenti per gli uomini. La caserma era troppo piccola e non era d'artiglieria, ma di fanteria; anche lì gli altoatesini non volevano saperne di collaborare. Appena arrivati, come benvenuto ci sentimmo dire: "Perché tanta fretta, vi aspettavamo per domani!". Li avremmo strozzati, anche perché non essendoci stati ordini, non sapevano dove metterci. Avremmo preferito, di gran lunga, continuare il campo tra le magnifiche valli delle Dolomiti, invece ci trovavamo in un paese totalmente inospitale. Non vedevamo l'ora che succedesse qualcosa, ma evidentemente la situazione internazionale si era raffreddata tanto che i nostri superiori, per evitare di perdere altri giorni, pensarono bene di farci tornare subito a Bergamo. Fu predisposta una nuova tradotta; caricammo il tutto e partimmo. Il mezzo fu ancora più lento, malgrado ciò ritornammo nella nostra caserma e riprese la solita vita. Aspettavamo soltanto che arrivasse il momento di partire per il campo estivo perché, da alcune indiscrezioni, avevamo saputo che doveva avere un itinerario interessante. Fortunatamente ebbi la possibilità di affrontare in quel periodo una nuova esperienza: a Boscomantico, vicino a Verona, avrebbe dovuto svolgersi un corso d'addestramento per Ufficiali, con oggetto le comunicazioni da terra agli aerei. Insaziabile di novità, feci in modo che questo incarico, come rappresentante del 2° Artiglieria di montagna, capitasse a me. Il Colonnello mi aveva detto che, se avessi avuto bisogno, mi sarei dovuto rivolgere a lui direttamente; così, con una faccia di bronzo, chiesi un colloquio. Mi accolse sorridendomi e capì al volo a cosa miravo. Con mia gioia sembrò disposto a venirmi incontro e, dopo due giorni, arrivò una bella busta gialla dal comando: il Sottotenente Tajana é comandato per sette giorni al campo di aviazione di Boscomantico, per addestramento trasmissioni terra-aereo. Insieme al foglio stavano tutti i documenti necessari e gli scontrini per il viaggio in seconda classe. Il trasferimento avrebbe comportato altri due giorni. Era una pacchia! Nove giorni senza vedere né il capitano né i muli. Andai in fureria per avvertire della mia partenza il giorno successivo. Il Capitano, all'oscuro di tutto, mi disse poche parole: "Fammi vedere! Dal Comando Reggimento! Ma chi ha dato loro il tuo nome? Va bene, divertiti. Sicuramente la Batteria non crollerà nel frattempo!". Mi strinse la mano calorosamente sorridendomi. In fondo era un buon diavolo, o forse pensò che io fossi un raccomandato di ferro. Credo proprio che questo dubbio lo abbia perseguitato per tutto il periodo del servizio, perché troppe volte avrebbe voluto strozzarmi e non lo fece! Arrivai al campo aviazione l'indomani verso sera. Mi ricevette il Maggiore comandante della Squadriglia di alta acrobazia della Regia Aeronautica. Ebbi un'accoglienza cordialissima, ma sembrava molto perplesso: "Un alpino? Ma cosa ci fai qui?". E io: "Sono venuto per il corso d'addestramento comunicazioni terra-aereo". Mi guardò ancora più dubbioso: "Ma quale corso? Certamente si sono sbagliati; qui non c'é nessun corso e non c'é neanche mai stato! Comunque le tue carte parlano chiaro; sei diretto qui e sei perfettamente in regola. Se vuoi restare restaci". Non aspettavo altro, mi spiegò dove erano alloggiati a Verona. Mi disse che sarei andato con loro per la notte. Mi presentò a qualche Ufficiale e Sottufficiale, tutti esperti piloti di alta acrobazia. Avevano in dotazione apparecchi *RO 2 bis*, biplani a due posti con il pilota davanti e l'osservatore o mitragliere dietro. Monomotori con motore stellare; le ali erano leggerissime, tenute da tiranti, e con la superficie in tela verniciata. Quella sera in albergo li conobbi quasi tutti: alpino di qui, alpino di là, mi sentivo la loro mascotte. L'indomani mattina, per tempo, andammo con i torpedoni dell'Aeronautica al campo. Ottenni il permesso dal Capitano di girare per il campo. In questo modo avrei potuto vederli all'opera. Uscii dal Circolo Ufficiali e mi piazzai vicino alla pista di partenza per assistere al decollo della Squadriglia; i piloti in pieno assetto di volo, tutti con il paracadute, raggiunsero gli apparecchi allineati sul campo. Avviarono i motori e, uno per volta, si misero sulla pista di decollo. I sei biplani furono in volo in pochissimo tempo. Fecero delle evoluzioni a loro capriccio ed al richiamo del caposquadriglia si allinearono perfettamente. E fu una sarabanda di evoluzioni, in picchiata, a volo rovesciato, a fuoco d'artificio, raso terra. Non erano certo velocissimi, sembravano più farfalle che aerei, ma erano meravigliosi. Non ho voluto perdere un attimo di quello spettacolo; mi sarebbe piaciuto partecipare a quelle esercitazioni, pensai anche di chiederlo al comandante, ma tergiversai, perché avevo una fifa maledetta. Non avevo mai volato ed avrei voluto saperne di più da qualche pilota. Mi avvicinai ad un Tenente che era appena sceso; mi complimentai con lui e mi spiegò che quello era ben poco rispetto a quello che avrebbero potuto fare, ma il comandante non permetteva di superare determinati limiti di sicurezza e velocità. Gli chiesi se, secondo lui, avrei potuto volare e mi consigliò di chiederlo direttamente al comandante. Aspettai il momento del pranzo alla mensa, quando erano tutti allegri e mi rivolsi a lui: "Comandante, posso volare anch'io?". Mi guardò e con mia sorpresa mi disse: "Dovrei dirti di no, perché il regolamento lo proibisce, ma sei un alpino e dovresti poter andare in alto. Domani mattina vedremo, ci penserò". Da una parte ero felicissimo, dall'altra ero terrorizzato, di notte mi svegliai parecchie volte, avevo paura: il battesimo del volo con quei disperati era sicuramente una follia. Usciti dall'albergo, il mattino dopo, sentii la voce del Capitano: "Alpino, allora si vola?". Ringraziai, ma mi sentii impallidire. Ormai era fatta. Al campo mi diedero un giubbotto di pelle, un caschetto e dei guanti, gli occhiali ed il paracadute. Me lo sistemarono sulle spalle e mi spiegarono le modalità d'impiego: "Se ti dovesse capitare, lanciati immediatamente, senza esitare: aspetta più che puoi e tira la maniglia. Il paracadute si aprirà e sarà una sensazione bellissima. Se pensi di essere troppo vicino a terra anticipa l'apertura. Hai capito? Adesso su, allegro, qui non é mai successo niente!" Avevo proprio la tremarella, mi pareva che le gambe non mi reggessero. Nel frattempo avevo sbirciato un Maresciallo con cui avevo parlato la sera prima e che pareva il meno spericolato. Mi stavo avvicinando al suo apparecchio quando sentii: "Alpino, vieni qui, il battesimo te lo voglio fare io!". Era il Tenente sottocomandante; non potei fare altro che ubbidire. Mi fece salire sull'aereo, mi sistemò sul sedile posteriore, mi agganciò ai tiranti e alle cinghie predisposte, mi guardò e con un sogghigno mi disse che durante il volo mi sarei dovuto tenere ben saldo perché non avrebbe voluto perdermi. Salì anche lui, avviò i motori e si avvicinò alla pista di decollo. Io, nel frattempo, mi ero già aggrappato alle maniglie a fianco del sedile. Avrei voluto fare il segno della croce, ma era troppo tardi. Si staccò dal suolo. Diresse il muso del velivolo in verticale, andavamo sempre più in alto ed io mi sentivo sempre più schiacciato sullo schienale del seggiolino e sempre più terrorizzato, in attesa di quello che sarebbe successo poi. Sporgevo fuori dall'aereo fino alla vita; come protezione avevo soltanto un parabrezza che mi divideva dal pilota. Non riuscivo a vedere l'altimetro, ma pensai che avessimo raggiunto i mille metri di quota, quando, di colpo, l'aereo virò e si diresse perpendicolarmente verso il suolo. La sua velocità massima era di 300 km/h, ma non so quanto abbia raggiunto in picchiata. Sfiorò una casa e risalì immediatamente compiendo, nel frattempo, diversi looping. Il mio stomaco cominciava a dare i numeri. Seppi poi che la casa sulla quale ci eravamo buttati in picchiata era quella della fidanzata del pilota, che era solito salutarla così ogni mattina. Di colpo, quasi senza accorgermene mi trovai in perfetta formazione. Il mio aereo si trovava all'estrema sinistra della Squadriglia. Sembrava che le ali si toccassero e mi sembrò veramente impressionante il fatto che gli aerei non si mantenessero perfettamente sullo stesso livello di volo, ma avessero un movimento continuo, dall'alto al basso e viceversa, dando l'impressione che le ali s'incastrassero l'una nell'altra. Non so quanti fossero stati i cambiamenti di formazione e relative evoluzioni che dovetti subire quella mattina tra voli rovesciati, looping, cambi di posizione, voli radenti al suolo, anche rovesciato. Ero sconvolto, giuravo che non avrei mai messo più piede su un aereo, e finalmente atterrammo. Scesi dalla scaletta barcollando, mi accasciai a terra e fui subito circondato dai vari piloti, che mi fecero togliere il paracadute e mi portarono in mensa perché brindassimo, a mie spese, per il mio battesimo dell'aria. Rimasi al campo per altri quattro giorni e gli ultimi tre fui costretto a volare con il solito spericolato Tenente, che mi fece subire tutte le sue evoluzioni. Riuscii comunque a superar la paura, tanto che gli ultimi due voli furono, nonostante l'ansia persistente, un vero godimento. L'ultimo giorno gli stessi piloti mi offrirono un rinfresco in nome della fratellanza fra l'aviazione e gli alpini artiglieri. Quando, mio malgrado, raggiunsi Bergamo e misi a conoscenza il Capitano del fatto che il corso d'addestramento non aveva avuto luogo, andò su tutte le furie: "Ma dove sei stato in tutti questi giorni?". "A Boscomantico, nel campo di aviazione. Non è stata una mia idea, ma del comandante della Squadriglia, se vuole può chiamarlo!", risposi. "Vattene via, fatti dire dal Tenente quello che devi fare e sappi che questa è l'ultima che ti faccio passare liscia!", mi rimbrottò lui. Me ne andai, ma non prima di essermi preso tutti i libri e dispense, che mi diede il Capitano, affinché, da autodidatta, imparassi a ricevere ed inviare tutti i messaggi con i mezzi fino ad allora a disposizione. Ricominciò la solita monotona, noiosa, vita di caserma. Per la fortuna di tutti si stava avvicinando il periodo in cui savremmo partiti per il campo estivo. Dovevamo partire da Bergamo, naturalmente a piedi, raggiungere le Prealpi, le Alpi, la catena del Cevedale e dell'Ortler, la Val Venosta per arrivare a Bolzano. Presto cominciò la preparazione logistica e militare. Tutto l'armamento doveva essere perfettamente approntato, dagli obici, alle mitragliatrici, ai fucili. Tutto doveva essere splendente. Ai muli si distribuì anche della biada. La fatica da affrontare non era da poco; ai soldati, niente di speciale, la solita sbobba: tubi e ancora tubi. Erano, comunque, tutti gagliardi perché apprezzavano la novità. Si usciva da quelle quattro mura in cui, giorno per giorno, si contavano le ore per il congedo. Sembrava che la caserma fosse rinata; si faceva a gara perché ciascuna delle due batterie facesse l'uscita più marziale e la figura migliore. Era nato il cosiddetto spirito di corpo; é cosi nuovamente dimostrato che l'uomo agisce con un certo spirito solo quando si sente giustamente motivato. Le esercitazioni furono frequentissime fino al giorno della partenza. Dovemmo raggiungere, attraverso strade carrozzabili, il lago d'Iseo. Erano parecchi chilometri e la fatica fu immane, ma avevamo fatto esperienza del campo invernale e sapevamo che le tappe successive sarebbero state più sopportabili. Da Lovere in poi le cose andarono meglio anche perché cominciava la montagna; la meta successiva era Vilminore, in Valle di Scalve, sul fiume Gleno. Lo attraversammo all'imbrunire e fummo impressionati dallo squarcio in cima alla montagna, causato dalla rottura della diga di Gleno, avvenuta qualche anno prima. La diga era letteralmente scomparsa, rimaneva, soltanto, sulla destra, la casa del custode. Immediatamente a valle, la natura era intatta, poiché l'acqua, come convogliata da un idrante, si era diretta sul lato sinistro della vallata, causandovi uno squarcio e la totale distruzione della vegetazione. La massa d'acqua si diresse in basso, ma si rifletté e colpì l'altro lato della valle, provocando un disastro come il precedente. Il paese di Vilminore, rimasto nel mezzo di questa enorme massa d'acqua, fu così risparmiato. Il disastro a valle fu uno dei più grandi dell'epoca. Pensando a tutta quella gente cosi duramente colpita, le nostre fatiche sembrarono affievolirsi. Nonostante la seconda tappa dovesse essere più agevole, ci furono parecchi ritardatari e impiegammo diverso tempo per ritornare tutti al completo. Fortunatamente il giorno successivo sarebbe stato di sosta; dovevamo ritemprarci, perché la prossima meta era il Colle dell'Aprica. In pochi eravamo a conoscenza della fatica che ci sarebbe toccata, altrimenti il giorno dopo molti avrebbero marcato visita, ovvero si sarebbero dichiarati ammalati. Giungemmo all'Aprica e l'indomani fummo a Ponte di Legno e, attraverso il Gavia, discendemmo a Santa Caterina Valfurva. Qui sostammo un paio di giorni perché dovevamo prepararci ad un'impresa, che solo la mente spericolata del mio Capitano aveva potuto concepire. L'impresa consisteva nel raggiungere il passo del Cevedale attraverso i ghiacciai di Solda per arrivare poi a Solda. Era un itinerario già difficile per gli uomini con tutto l'armamento, compresi ovviamente i pezzi d'artiglieria, ma era una vera temerarietà, per non dire pazzia, volere attraversare i ghiacciai con i muli. Le guide alpine continuavano a sconsigliare il Capitano, ma, secondo lui, lo si poteva fare. E si fece. La preparazione per quest'impresa fu, in effetti, molto scrupolosa. Una squadra al comando del nostro Capitano partì per una prima ispezione sul posto. Facevano parte della stessa alcune guide alpine che sconsigliarono, ancora una volta, di far passare i quadrupedi in zone cosi impervie e transitabili solo, con molta cautela, da uomini preparati. Il Capitano ribatté sistematicamente che, durante la guerra, gli artiglieri riuscirono a portare sull'Adamello un obice da 110, tutto d'un pezzo, e quindi ce la potevamo fare anche noi qui. Aggiunse che nelle gallerie scavate nel ghiacciaio furono trovati degli asinelli sardi, mummificati, utilizzati per il trasporto delle munizioni. Le guide erano informate di questo fatto, ma sostenevano che non si potevano paragonare i due ghiacciai. Tutto fu vano. Verso sera arrivò la squadra che aveva controllato le effettive difficoltà dell'impresa. Il Capitano non accettò gli ultimi tentativi per farlo desistere dal suo progetto; ammise soltanto che effettivamente i seicento metri di dislivello fra il Rifugio Pizzini ed il Casati potevano essere difficoltosi a causa della neve, ma volle a tutti i costi che i muli facessero parte della spedizione. Concesse solo che i muli fossero trenta anziché tutti i componenti dell'organico, stabilì, inoltre, che gli animali sarebbero stati scarichi e gli obici sarebbero stati portati a spalla. Il resto dei muli sarebbe proseguito, scendendo a Bormio e dal passo dello Stelvio ci avrebbero raggiunto a Solda. Per attraversare il ghiacciaio era consigliabile avere a disposizione delle slitte per il materiale e gli obici, poiché sarebbe stato pericolosissimo per gli uomini procedere sul ghiacciaio con un tale peso addosso. Si pensi che la testa dell'obice pesa 116 chilogrammi, la bocca da fuoco ne pesa 96, e che tali parti del pezzo non sono distribuibili e devono essere portate da un solo uomo. L'esercito stava, in quel momento, sperimentando delle slitte studiate per i trasporti su neve e, venuti a conoscenza di questa nostra traversata, ce ne fecero avere dei campioni. Per prudenza noi pensammo di portarci appresso anche qualche slitta da fieno di quelle usate dai contadini del luogo per i loro trasporti invernali. Dovemmo anche munirci di robuste assi di legno, poiché qualche crepaccio era in fase di apertura. A Santa Caterina, dove sostammo due giorni, ci occupammo del materiale che era oltre che pesante ed ingombrante, molto difficile da sistemare sui basti dei muli. Dal paese al rifugio Pizzini la mulattiera è praticabilissima, quindi i muli poterono essere caricati con pesi superiori al previsto e di materiale non usuale. Trasportavano le assi, le slitte non smontabili dei contadini, che ci davano non pochi grattacapi. Giunti al campo base tutto questo materiale doveva essere distribuito con criterio ed affidato alle squadre i cui comandanti sarebbero stati re-sponsabili del suo trasporto. Si doveva salire a quota 3.500 metri dopo aver superato i seicento metri che dividevano i due rifugi. Le squadre sarebbero state divise per pezzo; quattro squadre ed una quinta destinata ai trenta muli scarichi. Di buon mattino fu data la sveglia e partimmo da Santa Caterina; eravamo piuttosto carichi di entusiasmo, tutti ci ren-devamo conto della temerarietà e della novità dell'impresa. Radio Fante ci informava che eravamo sulla bocca di tutti. Dopo una nuova ispezione si rese necessario inviare una squadra che scavasse delle trincee nella neve oltre il passo, e disponesse anche le assi sui crepacci per il transito delle slitte e dei muli. Ognuno di noi aveva un ruolo ben preciso, io, tra l'altro, ero il responsabile del superamento della scoscesa salita; vi assicuro che fu un'ardua impresa. Feci anch'io un sopralluogo sulle piste che avremmo dovuto affrontare il giorno seguente, e mi augurai che tutto andasse liscio. La prima cosa da fare era la scelta dei muli e dei loro con-ducenti. In questo mi fu di grande aiuto il mio amico Sergente; fummo veramente severi, talvolta anche a malincuore, perché, scartando un animale, era scartato, di conseguenza anche il conducente, che poteva essere un soldato veramente affidabile. Facemmo scendere in paese i muli in esubero con l'unica consolazione espressa nelle parole: "L'è naja!". Il mattino tentai la salita con cinque muli senza carichi; la neve cominciava ad essere molle. Alla prima asperità un mulo si rifiutò di continuare; provammo con un altro, ma il risultato fu pressoché identico. Il mulo é una bestia molto intelligente e tante volte si arrampica come una capra, ma sotto i suoi zoccoli deve sentire un solido appiglio, altrimenti fa proprio il mulo e non si muove. Era necessario dunque aspettare la notte, perché la neve gelasse ed il quadrupede si sentisse più sicuro. Andai dal Capitano per informarlo e mi sentii dire, come del resto mi aspettavo, che a lui non gliene fregava un bel niente che i muli passassero di giorno o di notte, purché passassero. Col gelo le cose sarebbero dovute andare meglio, e per forza, perché il responsabile di quell'operazione ero io ed il comandante non aveva mancato di sottolinearlo. La sveglia fu data che era ancora buio; le squadre preordinate si piazzarono dietro i loro carichi in attesa del comando. Mi godetti lo spettacolo; il mio calvario avrebbe avuto inizio solo in serata. Fu uno spettacolo veramente entusiasmante; i vari pezzi d'artiglieria erano stati affidati ai loro serventi, che sembravano compiere una gara podistica, ognuno volendo piazzare per primo l'obice sul ghiacciaio. La zona del Cevedale era frequentatissima dai turisti che quella mattina sostavano, in punti strategici, per applaudire quei magnifici soldati che, con carichi di cento chili, riuscivano a procedere quasi di corsa. La salita aveva una notevole pendenza ed alcuni punti erano coperti da neve alta. Il sentiero in determinate zone era quasi scomparso. Era avvincente osservare quei magnifici soldati che sfruttavano al massimo le loro forze e che chiedevano il cambio il più tardi possibile. Per otto carichi erano previsti sedici uomini, in modo che si potessero dare il cambio l'un con l'altro per riprendere fiato. Dobbiamo al Padre Eterno se qualche situazione non si sia risolta in tragedia: chi fosse precipitato da quella scarpata, indubbiamente non si sarebbe ritrovato vivo. La gara, perché di fatto era una gara, si concluse in un tempo che non avremmo mai sperato; il Capitano, volendo essere ottimista, aveva preventivato il doppio delle tre ore che, invece, impiegammo per trasferire i pezzi e montarli davanti alla capanna Casati. Fu un vero successo. Tutti esultavano. Io, invece, non avrei dovuto. Il Capitano, non appena vide che avevo lasciato la mia postazione per seguire il trasferimento, andò su tutte le furie: "Ricordati che se i trenta muli non saranno al passo in mattinata io ti faccio fucilare! Cosa sei venuto a fare fin quassù?". Questa volta aveva proprio ragione, mi precipitai verso la discesa, non dimenticando che una ulteriore verifica del percorso mi sarebbe stata utile per la notte, quando avremmo dovuto affrontare la nuova fatica con i muli. Durante il ritorno pensai tra me che fosse utile chiedere dei volontari, perché più fossimo stati, meglio sarebbe stato per aiutare i muli a superare il pendio. Mi seguirono una quindicina di ragazzi. Giunto alla Pizzini, il mio amico Sergente venne a dirmi, scon-solato che non era proprio riuscito a far muovere i muli, pur scambiandoli fra loro. Lo incoraggiai dicendogli che il tempo era bellissimo e che durante la notte avrebbe sicuramente gelato, inoltre c'era il rischio della mia fucilazione! Gli dissi di preparare le torce a vento, di farsele prestare, in caso di necessità, anche dal custode della capanna. Gli dissi di far preparare i conducenti ben coperti e di preparare i copertoni, che, di fatto, non avevo ancora pensato come utilizzare. I copertoni erano teloni molto robusti ed impermeabilizzati, che servivano per coprire i carichi posti sui muli, specie se alimentari o di munizionamento. Feci un giro d'ispezione ed entrai nella capanna. Qui si era riunito un folto gruppo di turisti e di militari che parlavano dell'impresa compiuta da quegli stupendi artiglieri da montagna; concordavano nell'affermare che il soldato italiano, quan-do è ben diretto, non ha rivali al mondo. Feci in modo che quella sera i soldati godessero di un piatto caldo al di fuori del normale, sistemai dei piantoni e delle sentinelle e lasciai riposare gli altri fino a mezzanotte. A quell'ora non fu necessario alcun sollecito perché tutti erano pronti ad affrontare il costone. Il terreno si era rassodato e la neve era completamente gelata e poteva sopportare pienamente il peso del mulo. Partimmo certi di non trovare difficoltà. Effettivamente il primo tratto, di poche centinaia di metri, andò liscio, ma, improvvisamente, il mulo di testa s'impuntò e non ci fu niente da fare. Oltre alla cavezza, gli ponemmo delle corde attorno alla pancia in modo da poterlo trainare sui due lati, ma fu peggio, anziché procedere, incominciò a rinculare mettendo in difficoltà il mulo che lo seguiva. Tutti mi guardavano ed il Sergente provvidenziale, dopo che gli avevamo chiesto che cosa avremmo potuto fare, ebbe un'idea folgorante: "E se provassimo a stendere al suolo i copertoni e li facessimo marciare sopra di loro?". Mandai subito a prenderli giù alla Pizzini. Era l'ultimo tentativo. Nel frattempo sollecitai i conducenti, perché parlassero con i muli e cercassero di placare il terrore che avevano accumulato. Voi riderete, ma gli animali hanno una sensibilità incredibile. Sono certo che sia valso molto più questo nuovo atteggiamento che non quello fatto di urla e di invettive. Arrivarono i teloni; la stesura non era facile; il sentiero era scosceso e strettissimo ed i teloni dovevano essere passati a monte e stesi con molta cautela davanti ai mulo. Provammo con il primo. Dissi al conducente che se l'animale si fosse mosso avrebbe dovuto continuare il più possibile. Il telone era lungo meno di due metri; potete immaginare quale fatica immane sarebbe stata la nostra se l'animale avesse camminato solo sul copertone. Il primo mulo passò, superò il telone e sembrò ben avviato, ma, improvvisamente, cominciò a tremare dopo una decina di metri e si fermò nuovamente. Era lo stesso un successo. Pensammo di distanziare un mulo dall'altro di qualche metro, poi di stendere un altro telo in modo da invitare il convoglio a prendere confidenza con il percorso. Ottenemmo qualche risultato. Anche noi ci smaliziammo e le cose sembrarono indirizzarsi per il verso giusto. Cercavo di coordinare la marcia come meglio potevo. Avevamo preso un ritmo di marcia accettabile, ma fu un lavoraccio: togliere i teli, che erano trenta, e rimetterli a posto con le mani gelate. La temperatura era scesa a cinque gradi sotto zero. Cominciava ad albeggiare e dopo sei ore, anche se sembravano ventiquattro, fummo in vista della Casati. Ce l'avevamo fatta; ci vennero tutti incontro. Il Capita-no mi venne incontro e mi abbracciò: "Hai visto che ce l'avete fatta?". In fondo non era cattivo. Il nostro fu sempre un rapporto di amore e odio. Non ne potevamo più, entrammo nella capanna, bevemmo qualcosa di caldo, cercammo un posto per stenderci e dormimmo parecchie ore. Il mattino dopo ci aspettava una nuova, faticosa e pericolosa impresa. I muli sul ghiacciaio non incontravano difficoltà di percorso, ma sarebbe subentrata la nostra paura e la nostra responsabilità. Avremmo dovuto incontrare i crepacci già individuati e coprirli con le assi, sperando che nel frattempo non se ne fossero aperti altri. Eravamo nel momento del grande disgelo e potevamo aspettarci di tutto. Avevamo i muli, ed il pianoro poteva essere affrontato con pochissima difficoltà. Il discorso non valeva per la discesa verso la seraccata del ghiacciaio di Solda, che era molto scoscesa e stretta. Non fu possibile caricare sul mulo nemmeno il basto, poiché in certi punti avrebbe potuto battere contro la parete e far precipitare l'animale. Anche per gli artiglieri che avevano mostrato tanto ardore, questa impresa non fu scevra di difficoltà. I pezzi ed il materiale dovevano essere trasportati attraverso il ghiacciaio e calati sul successivo, operazione che si prospettava lunga e pericolosa data l'estensione e l'acci-dentalità dei due ghiacciai. Pensammo di utilizzare le slitte che avevamo portato e, in primo luogo, quelle dateci dall'esercito. Avevano volanti, snodi, pattini speciali, freni, cinghie ed un sacco di cose complicate. Non fu facile sistemarci l'obice. Provammo a spostarla a spinta, ma non ci diede alcun affidamento, provammo con altre due, ma il risultato fu identico, se non peggiore. Dovemmo ripiegare sulle robuste e semplici slitte contadine, fatte con tanto buon senso! Caricammo tutto su queste ultime e procedemmo, senza difficoltà, per il percorso stabilito precedentemente. Arrivammo così alla fine del ghiacciaio del Cevedale ed all'inizio della discesa della seraccata di Solda. Il materiale venne scaricato dalle slitte e tutto fu risistemato, secondo le squadre utilizzate per la Pizzini e per i bravi artiglieri cominciò il calvario del trasporto a spalle. Si trattava di una discesa e, quindi, di un minor sforzo fisico, ma richiedeva una fermezza di nervi ed un coraggio non comuni, perché ci si affacciava nel vuoto. Qui non si pensava alle gare fra i pezzi, i tempi non premevano e tutta l'attenzione era dedicata alla prudenza onde evitare tragici incidenti. Tutto andò liscio, salvo la perdita di una ruota del secondo pezzo che, sfuggita di mano durante un cambio, partì come un razzo nel vuoto senza riuscire nemmeno ad individuare dove fosse caduta. D'altra parte, in ogni caso, non avremmo potuto raggiungere quell'immensa distesa di ghiaccio che si presentava come una foresta gelata dell'inferno dantesco. I muli, povere bestie, sembravano allegri, passeggiavano senza carichi e senza il terrore della notte precedente. Credo che abbiano pensato che una tale passeggiata fosse una ricompensa per l'exploit della notte precedente. Al rifugio Città di Milano, potemmo congratularci per l'esito di questa impresa straordinaria. Dopo la faticaccia dei giorni precedenti, permettemmo a tutti gli uomini, pur non dimenticando la normale attività di servizio, di godersi un meritato riposo per una giornata. Il tempo era propizio, il sole era caldissimo e la località stupenda. La nostra impresa non passò inosservata, sia l'attenzione militare che civile fu oltremodo interessata. Nei giorni successivi ne parlarono anche i giornali; i pittori Beltrami e Molino fecero apparire sulla *Domenica del Corriere* e sulla *Tribuna Illustrata*, le loro prime pagine a colori, rappresentanti magistralmente gli artiglieri, i muli e le armi trasportate attraverso i ghiacciai. La 31ª Batteria del Gruppo *Bergamo* passò così alla storia. L'indomani si scese a Solda, dove preparammo un bellissimo accampamento, per sostare qualche giorno. Ricominciarono così le noiose formalità del servizio militare. Il Capitano, anziché dimostrare soddisfazione, era di umore pessimo; avevamo perso una ruota dell'obice e alla conta dei copertoni, risultò che su trenta sei erano andati persi. Ovviamente il responsabile dell'accaduto ero io e mancò poco che non mi mandasse indietro a recuperarli. Non me l'ordinò, ma per poco non lo fece. Essendo stato accusato risposi: "Ma, signor Capitano l'impresa é stata importante e ritengo che il centro mobilitazione di Bergamo non crolli per una perdita simile! Stenda un rapporto e, se dovessero fare delle difficoltà, sono disposto ad andare io stesso da Sua Maestà Vittorio Emanuele a spiegargli come stanno le cose!". La prese ridendo, ma dimostrò anche un certo astio e mi rispose: "Sì, certo, con la faccia di bronzo che ti ritrovi, ne saresti senz'altro capace! Comunque mi capiti a proposito!". Rizzai le orecchie, mi chiedevo cosa stesse architettando ancora. Mi disse: "Fra quattro giorni dobbiamo essere in Val Venosta ed ho pensato che sarebbe bene fare un'esperienza attraverso il passo dell'Ortler, sotto la capanna Prayer e scendere a Trafoi, per completare la nostra esperienza sui ghiacciai. Sarebbe interessante portare la batteria a 3.000 metri e ridiscendere. Domattina prendi con te una squadra di uomini con pale e picconi, se necessario usa anche le mine, per allargare la pista in modo che si possa passare con tutta la batteria e con i muli col carico normale". Porca miseria, era sempre pronto a fregarmi. Cosa potevo dire? "Signorsì, Capitano!". Avevo già pensato di godermi quei tre o quattro giorni di villeggiatura in quel bellissimo paesetto che é Solda, in un alberghetto delizioso, come tutti gli alberghi ereditati dagli austriaci, invece nisba. Solda era a 2.000 metri, Prayer a 3.000 metri e Trafoi a 1.500 metri Una passeggiata per un turista, ma una maledetta scarpinata per i poveri artiglieri da montagna e specialmente per il sottoscritto. Feci buon viso a cattiva sorte; scelsi il solito sergente ed una decina di veri montanari delle valli bergamasche. Erano anche pratici di mine, nel caso fosse stato necessario far saltare qualche sperone di roccia. Partimmo alle sei del mattino. La mulattiera era ben tracciata per tutta la parete est della montagna, ma alla svolta a sinistra, la mulattiera in certi tratti si restringeva tanto da rendere impossibile il passaggio dei muli. Non tornammo indietro subito e, per scrupolo, controllammo se fosse necessario far brillare qualche mina. Gli speroni erano troppi per poter arrivare alla capanna Prayer, che non distava molto e da cui si dipartiva il sentiero per Trafoi. Solo nel caso in cui avessimo rinunciato alla Prayer avremmo potuto con molta fatica e molta prudenza, scendere sulla destra e raggiungere più in basso la mulattiera sul versante ovest. Bisognava scendere e riferire al Capitano che ovviamente sbraitò non appena mi vide: "Fammi il santissimo piacere, se anche gli speroni sono tanti, falli saltare. Voglio assolutamente passare dal sentiero della Prayer!". Gli ordini non si discutono; l'obbedienza doveva essere pronta, cieca ed assoluta. Quante bestialità ed infamie furono compiute con la comoda scusante: era un ordine! E per me fu un ordine. Il mattino ripartimmo pronti a far brillare tutte le mine necessarie. Devo premettere che non sapevo proprio niente di mine, mentre i miei uomini erano veri maestri. Giunti sul posto feci preparare i fondelli ed innescare tre mine. Chiesi: "Cosa facciamo? Le facciamo brillare una per volta?". La risposta fu pronta: "Ma no, signor Tenente, abbiamo una miccia abbastanza abbondante; facciamone brillare tre per volta così facciamo prima. Il passare dietro il costone, ogni volta, per ripararci ci farebbe perdere troppo tempo". Mi disse ciò l'artificiere che sembrava saperla più lunga di tutti. Non ero molto convinto, ma senz'altro ne sapeva più lui di me. Diedi il permesso e di lì a poco era tutto pronto Ci portammo dietro il costone e diedi l'ordine. Si sentì un boato enorme, un polverone da non vedere più nulla e uno scroscio incredibile, sembrava che fosse crollata metà montagna. Temendo il peggio, corsi sulla cresta a vedere cosa fosse successo. Non potevo credere al disastro che avevamo combinato. Se prima non potevano passare i muli adesso non sarebbero passati neanche gli uomini. Alla capanna Prayer vedemmo il custode ed altra gente sbracciarsi, e con tutta probabilità ci lanciavano le più virulente invettive. Chiamai a raccolta gli uomini. Inveii contro quei disgraziati, che essendo esperti avrebbero potuto evitare quel disastro. Non restava altro che rendere il sentiero transitabile. Feci arrampicare un soldato fino al rifugio per placare le ire del custode, facendogli tutte le nostre scuse e promettendo che entro sera avremmo risistemato il tutto. Fu un'ottima idea mandargli il messaggio; l'infuriato custode si placò e venne a controllare che non scappassimo e che mantenessimo la nostra promessa. Ci mettemo di buona lena, e in parte con le mani e in parte con pale e mazze che ci prestò il custode, riuscimmo a rendere la strada agibile. Verso sera eravamo sfiniti, e ci accordammo con il custode, stabilendo che il giorno successivo saremmo tornati per completare l'opera. Il sentiero aveva guadagnato in transitabilità, ma per i muli non c'era niente da fare. Bisognava tornare dal capitano spiegargli l'accaduto, del resto era stato lui a proporre le mine e a comunicargli che i muli non potevano passare. Arrivammo a Solda che era già buio. Il Capitano lasciò detto che lo raggiungessi subito, non appena fossi arrivato. Era salito al Grand Hotel, così avrei dovuto fare un'ulteriore camminata per sentirmi dare dell'incapace e dell'incompetente. Lo vidi subito nell'atrio e mi venne incontro sorridente: "E allora?". Mi misi a rapporto: "Signor Capitano, abbiamo combinato un disastro!". E lui, preoccupato: "Come, un disastro?". "Pensavamo che la montagna fosse friabile, ma non così tanto, ne è partita mezza ed il sentiero della Prayer è scomparso!", risposi. Lo lasciai volutamente pensare, e poi, dopo essermi sentito dire che se qualcuno doveva andare in galera, quello ero io, aggiunsi: "Ma, signor Capitano, le mine sono state suggerite da voi. Comunque, signor Capitano, non si preoccupi, abbiamo lavorato come negri ed il passaggio è ripristinato. Domani torneremo a finire il tutto. Anche a detta del custode del rifugio l'accesso sarà migliore di prima. Purtroppo niente da fare per i muli". L'avevo tranquillizzato: "Va bene, va bene", mi disse, "passeremo sulla sinistra da dove mi hai detto che si può passare". Si era tanto allarmato che quella soluzione gli andò ora perfettamente a genio. Gli spiegai che anche quel passaggio avrebbe presentato delle difficoltà, e sarebbe servita molta prudenza, perché il terreno era friabilissimo ed era molto scosceso. La mulattiera fu sistemata il giorno dopo. La Batteria partì come programmato per Trafoi ed il trasferimento fu completato senza inconvenienti. Il nostro campo estivo stava per concludersi. Percorremmo tutta la Val Venosta ed a Merano caricammo tutto: muli, obici ed attrezzature varie, su una tradotta prenotata apposta per noi. Dopo un giorno ed una notte ebbe inizio lo scarico a Bergamo. C'inquadrammo alla perfezione, poiché pensavamo di fare una sfilata trionfale, ma la gente ci osservò sfilare con molta simpatia, ma sembrò non dare molto peso alla nostra impresa. Entrammo in caserma e lì, final-mente, si mossero un po' tutti ad accoglierci, anche con qualche battimano. Il Colonnello invitò tutti noi Ufficiali alla mensa per un rinfresco, e alla truppa fece preparare un rancio speciale.

AGLI ARRESTI!

Eravamo tornati dal campo tutti pieni di salute, abbronzati e molto soddisfatti. I soldati erano particolarmente contenti perché per loro "la andava a pochi", secondo il gergo militare. Dopo venti giorni sarebbe, infatti, andato in congedo il primo contingente, il più numeroso, rappresentante circa i due terzi della forza mobilitata. Il Gruppo avrebbe avuto per un po' di tempo a disposizione la cosiddetta forza minima, fatto che non avrebbe disturbato nessuno se il parco muli non avesse preso la scabbia. La scabbia é un acaro che penetra nella pelle degli animali, talvolta anche in quella degli uomini, e provoca dei disturbi che rendono il soggetto intollerante ed inappetente. Poveri muli, erano abbruttiti e molto magri. Volevo molto bene ai muli, per questo, interessandomi presso il nostro veterinario, sapevo quasi tutto su come curarli. Era necessaria una grande pulizia, una pomata speciale data con criterio, e molta perseveranza nel governare gli animali con brusca e striglia. Una volta che l'animale fosse stato ben pulito, bisognava cospargere con molta diligenza la pelle dell'animale con la pomata antiscabbia. Avevo trovato motivo d'interesse nel cercare di guarire quei poveri quadrupedi. Ma era un compito improbo; i soldati alla soglia del congedo erano, per la maggior parte, in-governabili. Cercai di pretendere la pulizia delle scuderie, ma la brusca e la striglia, fatta a dovere, erano una questione di volontà, che proprio non c'era. Facevano il movimento solo quando si sentivano controllati ma non mettevano la forza necessaria per esercitare una pressione che fosse di giovamento, oppure rimanevano fermi, appoggiati ai muli. Era as-solutamente necessario trovare un incentivo, ma con la truppa pronta al congedo non c'era niente da fare. Forse sarei riuscito ad attuare il mio piano, quando la caserma fosse rimasta pressoché vuota. Per allora mi accontentai delle lettiere pulite in scuderia. Il congedo dei *veci* é sempre stato interessante, con i saluti, le grida d'esultanza che nascondevano talvolta un po' di nostalgia, e le divise, naturalmente di tela e da fatica. All'esercito sarebbe costato troppo lasciare loro quella da parata. Chissà che recupero economico poteva fare il *R.E.I.* con la divisa usata ed inservibile dei congedanti, ma era così! La divisa di tela era stata comunque ritoccata e perfettamente stirata, ma degno di nota era il cappello alpino, ricoperto di patacche, con ammaccature artistiche e con una penna degna di un faraone. Gli alpini congedanti erano bellissimi, giovani, allegri e prestanti. I rimasti erano invece terribilmente immusoniti, visto che a loro sarebbe rimasta tutta la faticosa routine di caserma ed il congedo era ancora molto lontano. Lasciai passare un paio di giorni per verificare e valutare gli artiglieri che erano rimasti in caserma, poi, considerando che i muli in scuderia erano centoventi, pensai che se avessi affidato a due squadre di venti uomini il governo dei muli e avessi proposto dei validi incentivi, forse sarei riuscito ad ottenere qualcosa. Si trattava di assegnare sei muli per uomo su due turni. L'incentivo sarebbe stato decisamente anticonformista, tanto che decisi di non accennarlo al capitano. In breve, sei muli sarebbero stati presi in consegna da due artiglieri; a turni di otto ore, avrebbero dovuto foraggiarli, abbeverarli, pulirli, disinfettarli, curare le lettiere. Quando, a loro giudizio, tutto fosse stato accettabile, mi avrebbero chiamato e se tutto, a mio giudizio, fosse stato a posto, avrebbero avuto la possibilità di rimanere in libera uscita fino all'ora della ritirata. Il turno del mattino sarebbe stato più avvantaggiato, ma, siccome gli uomini ruotavano, si sarebbero automaticamente compensati. Calcolai che sarebbero occorse sei ore di diligente lavoro per ottenere un risultato soddisfacente. Cominciammo subito e mi parve che l'esperimento potesse dare risultati positivi. Naturalmente avevo istruito le squadre perché non ne parlassero con anima viva e non si facessero assolutamente notare, mentre erano in libera uscita. Erano ragazzi svegli e non erano necessarie molte parole! In fondo, erano pienamente soddisfatti e non volevano interrompere quel si-stema, inoltre si stavano sempre più affezionando ai muli ed erano soddisfatti nel vederli divenire ogni giorno più belli e più nutriti. Era uno spettacolo stupendo entrare in scuderia e vedere tutto lustro e pulito e quei magnifici animali che sembravano appena usciti da un salone di bellezza. Avevo quasi deciso di far tornare tutto alla normalità, ma sapevo che ai soldati sarebbe spiaciuto dover rinunciare a questa piacevole routine. Io, però, non ero tranquillo e temevo qualche grana; infatti, sembrava l'avessi previsto, il mattino dopo entrai in caserma e vidi il Maggiore Rossi, comandante il Gruppo *Bergamo*, sbracciarsi ed urlare come un forsennato, rivolgendosi a due Sottufficiali della 32ª. Non potevo sentire cosa dicesse, ma potevo immaginare cosa avesse dovuto sopportare poi, povero Capitano. Finalmente lo vidi dirigersi verso le nostre scuderie ed io, fingendo di vederlo solo all'ultimo momento, gli andai incontro e lo salutai in modo impeccabile: "31ª Batteria agli ordini, signor Maggiore!". Era talmente adirato che quasi mi ignorò e, come un fulmine, entrò in scuderia. Si fermò, si girò e mi disse: "Ma Tenente, come è possibile?". Ed io, da finto tonto: "Cosa, signor Maggiore?". E lui: "Non ho mai visto muli così belli, e non sono scheletrici come quelli della 32ª! Come avete fatto?". "Signor Maggiore, é tutto merito loro", risposi, rivolgendomi ai soldati, "sono quindici giorni che sgobbano e sono fieri del loro risultato, anche i nostri muli erano pieni di scabbia e denutriti". Lui rispose: "Siete stati molto bravi, ma come mai alla 32ª non hanno saputo fare lo stesso?". A questo punto avrei dovuto stare zitto, invece continuai: "Loro non hanno usato il mio metodo ad incentivo!". Mi guardò sbalordito: "Cosa? Cosa vuoi dire, spiegati meglio!". Così spiegai la mia suddivisione in due squadre, il lavoro dedicato ai muli ed alla scuderia. Ma il Maggiore non era ancora soddisfatto: "E l'incentivo? Tu hai parlato di incentivo!". Risposi: "Vede, signor Maggiore, una volta che il lavoro è stato eseguito correttamente, e ciò necessita circa sei ore, il loro compito è finito, così li lascio andare in libera uscita!". Il Maggiore divenne paonazzo, sgranò gli occhi ed esclamò: "Cosa? In libera uscita? In libera uscita? Ma fino a quando?". E io: "Fino alla ritirata!". "Ma tu sei impazzito, in libera uscita senza permesso", continuava a sbraitare, "ma ti rendi conto: quaranta artiglieri, durante la giornata a bighellonare per le vie della città. É inaudito, ti rendi conto di quale pazzia hai fatto? L'esercito italiano ha quasi un secolo e tu, ultimo arrivato, vorresti sconvolgere i regolamenti". Mi sembrava di risentire il Capitano Jallonghi, quando mi misi a rapporto per la carenza di latrine. "Ma il tuo Capitano è al corrente di questa trovata?", chiese. "Signornò!", risposi. "Interrompi immediatamente questa pagliacciata e ritieniti agli arresti!", concluse. Fece per allontanarsi, ma ritornò indietro, dicendomi: "Ma tu sei Tajana, quello dell'ispezione alle cucine?". "Signorsì!", risposi. "Meriteresti la fucilazione! Ci rivedremo!", disse, e finalmente se n'andò. Forse aveva ragione. Purtroppo anche l'esercito era un organismo di stato. Adesso, però arrivava, per me, il bello. Mancavano dieci giorni alla fine della mia prima nomina ed ero terrorizzato dal fatto che mi facessero allungare la ferma. La prima cosa da fare era andare dal Capitano e raccontargli tutto quello che era successo. Non ero per niente tranquillo. Salii al primo piano, bussai ed entrai. Il Capitano era seduto; gli raccontai tutto quello che avevo fatto e ciò che mi aveva detto il Maggiore, ed egli mi disse: "Ma tu, le grane, vai proprio a sceglier tele! Ti ha messo agli arresti? Certamente mi chiamerà e sentirò anche io le mie. Intanto se ti ha dato gli arresti va' subito in camera e non uscire, ti manderò a dire qualcosa dal tuo attendente! Ma, dimmi un po', i muli sono proprio così belli e quelli della 32ª fanno proprio così schifo?". Al che risposi: "Questo non lo so, certamente i nostri sono una meraviglia, andate a vederli!". "Ma perché non mi hai detto niente?", mi chiese. "Perché mi avrebbe proibito l'esperimento e i miei muli sarebbero stati schifosi come alla 32ª!", dissi. Mi rispose: "Non fare troppo lo spiritoso e preparati ad una bella strigliata. Ma quando la capirai che qui non sei fra i borghesi, noi siamo militari e dobbiamo rispettare e far rispettare le tradizioni! Va', mi auguro di rivederti presto!". Ho capito perfettamente quello che mi voleva dire, ma non avrebbe potuto leggere nel mio pensiero: ma quali tradizioni, io vedevo solo arretratezza, mancanza di buon senso, disorganizzazione! Non s'immaginava neanche, il povero Capitano, di quanti disastri fu causa in guerra quella tradizionale mentalità. Non ero per niente allegro, mi avviai verso l'uscita e trovai il mio amico Sergente che mi incoraggiò e mi promise di venirmi a trovare. Mi diressi verso la camera, che avevo in affitto con un Ufficiale mio collega, spaventato all'idea di dover rimanere chiuso lì dentro per dei giorni, e non sapevo neanche quanti. Fra di me pensavo che non sarei mai riuscito a rispettare la consegna, ed avrei corso un ulteriore rischio. Come Ufficiale del Regio Esercito, non ero un gran che. Il mio attendente mi raggiunse quasi subito, era un ragazzo della Val Seriana, mi voleva molto bene; per lui ero il modello d'Ufficiale. Ho sempre rispettato la personalità dell'individuo, non gli avevo mai fatto pulire gli stivali, lo lasciavo libero quando desiderava. Pretendevo solo una cosa che mi curasse il cavallo che solitamente montavo e questo era fatto con molta cura. Gli attendenti erano proprio il retaggio lasciatoci dal Medioevo. Erano trattati dagli Ufficiali effettivi, e talvolta anche da quelli di complemento, come veri e propri servi della gleba. "Oh, signor Tenente, è vero che è agli arresti?", mi disse, "Sapesse come sono arrabbiati i miei compagni, vorrebbero fare una manifestazione di protesta!". Al che risposi subito: "Per amor di Dio, va' di corsa dal Sergente Andreani e digli che se fanno qualcosa del genere gli mozzo la testa! Digli che rischio la corte marziale! Corri e poi fammi sapere. Tornando, passa sotto, al ristorante, e fammi portare una pastasciutta con un secondo. Di' loro che sono affamato. Va' corri, grazie, ciao!". Il mattino dopo mi svegliò un colpo alla porta; era un artigliere del *Bergamo*, latore di una grande busta gialla. Me la porse e mi pregò di firmare la ricevuta su un grosso registro. Lasciai che se ne andasse e con grande trepidazione la apersi e lessi la comunicazione a firma del comandante della 31ª Batteria: "In considerazione del vostro stato di servizio e della vostra solerzia nello svolgere lo stesso, considerata l'inesperienza su alcuni regolamenti militari, data la prossima fine del vostro servizio di prima nomina, vi comunico che i vostri arresti sono stati limitati in giorni tre a partire dalla data di ieri. Il Capitano ecc. ecc.". Non riuscivo a crederci. Possibile che il Maggiore dopo tutte le minacce e gli improperi avesse rinunciato ad una punizione esemplare? Ebbi la conferma solo in seguito di ciò che avevo pensato subito, ossia che ci aveva messo lo zampino il Colonnello. Mi era andata bene. Il mio congedo avrebbe rispettato le scadenze. Dopo due giorni ritornai in caserma; il Capitano si comportò come se non fosse successo nulla ed io affrontai quell'odiosa vita. Mancavano ormai solo dieci giorni all'addio alle armi; il tempo non mi é mai sembrato così eterno. E venne il giorno del congedo, con me altri Ufficiali avevano finito la ferma e, come consuetudine, alla mensa fu allestito un rinfresco in nostro onore. C'erano tutti. Vedevo con la coda dell'occhio il Maggiore Rossi e, incredibilmente, appena mi vide, si avvicinò, e sorridendo mi disse: "Ti è andata bene. Se fosse stato per me a quest'ora saresti in fortezza, ma ti confesso che raramente ho visto dei muli così belli. Cosa farai da borghese?". "Spero di lavorare con mio padre, ha un ufficio di rappresentanza tessile", dissi. "Per fortuna non ha una scuderia!", rispose, "ti faccio i miei migliori auguri!". Ringraziatolo, mi sentii sollevato. In seguito anche il Colonnello non mancò, sorridendo, di ricordarmi le mie trovate, e aggiunse: "Mi hai incuriosito, non so da quanto tempo non andavo alle scuderie, ma alla tua sono voluto andare. Effettivamente, se trovassimo degli incentivi regolamentari, chissà se otterremmo risultati simili anche in altri settori. I muli erano veramente belli! Ti faccio i miei migliori auguri!". Dopo il congedo, mi vennero consegnate anche le note caratteristiche, note che dopo i rapporti dei vari Ufficiali venivano sintetizzate dal Colonnello. Mi dispiace non averle conservate, erano molto belle e da questo ebbi conferma che la punizione affibbiatami era stata annacquata dall'intervento del simpatico Colonnello. Pensavo che quel giorno sarebbe stato per me motivo di gioia, invece non lo fu. Tutti quei mesi in divisa mi avevano provocato delle solenni arrabbiature, ma furono anche motivo di grande soddisfazione. Il servizio militare non formava dei combattenti, perché l'addestramento essenziale era molto scarso ed inadeguato, ma aiutava moltissimo per la formazione della personalità dell'individuo. Dopo due giorni a casa, ero tanto assorbito dalla vita civile che i mesi trascorsi a militare mi sembravano lontani anni.

Il richiamo

Era l'agosto del 1934; ero tornato proprio un borghese, assorbito totalmente dalla mia nuova attività di rappresentante di aziende tessili. Lavoravo con mio padre, uomo abilissimo sia per competenza tecnica che per capacità commerciale, integerrimo, apprezzato dalla clientela e dalle case rappresentate, ma conservatore incallito. La contabilità era ancora su enormi libri mastri, c'era ancora il copia lettere con la tela bagnata ed il torchietto da pressione. Io, per coerenza con i miei principi innovatori, intervenni, pur essendo appena entrato in ditta, per adottare dei sistemi più moderni di gestione. Mio papà era terrorizzato, diceva di non riuscire più ad orientarsi, ma, alla lunga, mi diede ragione. Ero tutto preso dalla mia nuova attività presso le clientele ed impegnato in questa ristrutturazione dell'ufficio, quando arrivò una busta gialla dal Distretto Militare: "Il Sottotenente di Artiglieria da montagna, Pierluigi Tajana, deve presentarsi immediatamente al centro mobilitazione di Merano, completo di equipaggiamento e divisa". Rimasi sconcertato. In quei giorni, la stampa si occupava parecchio della Germania, delle annessioni attuate da Hitler verso le regioni confinanti, ma era ben lontano da noi il pensiero che ciò potesse sfociare in una mobilitazione generale. Purtroppo non c'era niente da fare. Il giorno successivo, con i miei documenti alla mano, partii per Merano. Lì trovai qualche Ufficiale che già conoscevo e che come me era stato chiamato senza essere stato informato della destinazione assegnatagli. Ci venne comunicato di attendere fino al mattino del giorno seguente per le comunicazioni di servizio. Radio Fante cominciò a funzionare: Mussolini si sarebbe opposto all'eventuale *Anschluss* all'Austria, anche a costo di intervento armato. Questa era la ragione del nostro richiamo. Ci mancava anche quella! Eravamo, comunque, abbastanza tranquilli perché Hitler non era ancora tanto forte da poter ignorare una così tempestiva e plateale presa di posizione. Il mattino ognuno di noi fu destinato a delle Batterie che già stavano per prendere posizione ai confini dell'Austria. Fui assegnato ad una Batteria dislocata a Moso, in Val Passiria, un bellissimo paesino dell'Alto Adige. Sarebbe stata una villeggiatura abbastanza piacevole e me ne rallegrai. La Batteria era comandata da un anziano Capitano di complemento, molto cordiale, ma un po' frastornato. Aveva ricevuto l'ordine di attestarsi con la Batteria nella valle ed attendere ulteriori informazioni. Certamente, da come era stata predisposta la Batteria, non si poteva pensare ad alcuna azione militare; per di più avevamo i pezzi di artiglieria, ma di munizioni neanche l'ombra. Il nostro era un reparto isolato, quindi il nostro spiegamento poteva essere considerato al limite un corso di addestramento. Ne facemmo oggetto di chiacchiere, poi da persone disciplinate, quali eravamo, ci dividemmo i compiti e ci divertimmo ad inventare degli eventuali nemici. Il mio incarico era quello di scegliere un buon osservatorio, seguendo le regole imparate al corso. Si giocava alla guerra. Non sapevo ancora che se tutti insieme avessimo imparato come ci si deve muovere in caso di effettiva necessità, avremmo potuto evitare certe fesserie. La bellezza della Val Passiria fu per me, amante della montagna, uno stimolo per scorrazzare in lungo ed in largo. E tutto andò bene per un paio di giorni. Sapevamo che non poteva durare, ma il fatto di dover sgomberare con la massima rapidità e raggiungere, a marce forzate, Senales, nella valle omonima, proprio non ci allettava. Questo purtroppo era l'ordine che avevamo ricevuto ed era perentorio. Ci mettemmo in marcia; dovevamo ridiscendere la Val Passiria, risalire per un tratto la Val Venosta e imboccare la Val Senales, che, per quanto dicevano i conoscitori del posto, era una valle ancora più bella di quella che stavamo lasciando. Era una pur magra consolazione, ma anche una simpatica prospettiva. Eravamo quasi in Val Venosta quando, in fondo ad un rettilineo, vedemmo venirci incontro un reparto someggiato che, sicuramente, doveva essere un'altra Batteria di artiglieria da montagna. E lo era: era la nostra Batteria gemella che giungendo da Senales, stava recandosi a Moso. Non ci volle molto per capire che stavamo facendo un gran polverone per dare l'impressione di essere in molti. Era naja! Quando incrociammo l'altra Batteria facemmo una sosta che permise a noi Ufficiali uno scambio di considerazioni sugli ordini che avevamo ricevuto. Valeva la pena di prenderle così seriamente o dovevamo fare le cose più comodamente e creare più polvere possibile senza fare stancare né uomini né muli? Il parere fu unanime. Consigliammo loro di piazzare i pezzi fuori dal paese, senza scegliere luoghi strategici e noi avremmo fatto altrettanto, perché probabilmente ci saremmo dovuti spostare un'altra volta. Ci salutammo e proseguimmo senza fretta verso la nuova postazione. Successivamente ci fu ordinato di spostarci per ben tre volte in valli confluenti nella Val Venosta. Trascorsero così venticinque giorni, che furono una vera vacanza; le Batterie rientrarono nelle loro sedi ed io fui nuovamente congedato. Ripresi la mia attività da civile in attesa di nuovi avvenimenti. La guerra d'Abissinia fu l'inizio di quella tragica infatuazione che travolse così dolorosamente il popolo italiano. Se avessimo preso allora una solenne batosta, avremmo perso tutta quell'arroganza che portò l'Italia alle successive scelte che la precipitarono in un baratro di cui risentiamo ancora oggi le conseguenze. Eppure in quei tempi eravamo tutti esaltati. Io stesso, avendo saputo che erano stati richiamati degli Ufficiali di artiglieria per l'Africa, corsi al Distretto Militare per far la domanda come volontario. Ma la mia chiamata non arrivò mai, tanto che un bel giorno andai al distretto per rendermi conto di questo lungo ritardo. Mi dissero che presso i loro uffici non era arrivata nessuna domanda. Non potevo nemmeno insistere perché avevo affidato ad un mio amico, con cui avevo compilato anche la sua domanda, l'incarico di consegnarla. Telefonai per sincerarmi dell'avvenuto inoltro ed ebbi una risposta ambigua. Seppi poi che la mia domanda, come la sua, erano cadute nelle mani di sua mamma, che le aveva stracciate senza esitazione. Mi arrabbiai moltissimo, avrei voluto prendere le mie ragioni, ma poi, pensando che se fosse stata mia madre avrebbe fatto lo stesso, non ne feci nulla, anche perché in quei giorni erano circolate voci che i nostri soldati avrebbero impiegato contro gli abissini i gas asfissianti. Questo mi disturbava moltissimo. In questo modo evitai l'Africa Orientale. A Mussolini andò bene, e così l'Italia conquistò il suo impero, ed il nostro sovrano aggiunse a tutte le patacche di Casa Savoia, anche quella di imperatore. Arrivò anche la guerra civile spagnola. Già da allora deprecai il nostro intervento. Non facemmo neanche una buona figura! L'Europa, nel frattempo, era preoccupata degli atteggiamenti di Hitler che si era incorporato i Sudeti, aveva invaso l'Austria ed aveva mire sulla Polonia. Fra Germania ed Italia era stato siglato il Patto d'acciaio; Mussolini, che non voleva essere da meno del *Führer*, s'impadronì di quel disperato paese che era l'Albania. L'Europa si stava mobilitando ed all'inizio d'agosto partirono le prime cartoline. Anch'io ricevetti la cartolina precetto, che mi ordinava di presentarmi al centro di mobilitazione del Gruppo d'artiglieria da montagna del 4° Reggimento di Cuneo, Gruppo *Val Tanaro*, a Mondovì. In quegli anni avevo frequentato un corso di avanzamento a Cuneo e poi a Savigliano in Piemonte, per un periodo di venti giorni, e da Sottotenente ero divenuto Tenente. Anche lì, le delusioni furono grandi. Mi aspettavo che dopo le esperienze belliche in Africa, in Spagna ed in Albania, il corso a cui avremmo partecipato fosse finalmente serio ed aggiornato. Vi partecipammo solo in tre. Un architetto di Roma, anche lui Sottotenente, un pittore di Como, mio carissimo amico, già Tenente anziano ed il sottoscritto. Fu uno spasso. I preposti al corso se ne fregavano egregiamente, anche perché avrebbero potuto ampliare le nostre conoscenze ben poco, poiché il pezzo di artiglieria su cui dovevamo aggiornarci era il solito 75/13, preda bellica della guerra 1915-1918, visto e rivisto durante il Corso Allievi e i richiami. Non diedi molta importanza al richiamo, poiché pensavo che la Germania si sarebbe ben guardata dallo scatenare una guerra; cercava di allargare i confini del suo stato con molta furbizia; consideravo Hitler più un salvatore del popolo che un conquistatore, come si sarebbe rivelato in seguito. Come me, la pensavano quasi tutti. C'era appena stato il Congresso di Stresa, con i quattro grandi dell'Europa e sembrava che la mediazione di Mussolini, malgrado avesse già aderito al Patto d'acciaio, sarebbe stata determinante. Il motivo per cui la partenza mi dava qualche dispiacere era dato dal fatto che, questa volta, lasciavo a casa mia moglie in attesa del mio primo figlio. Alla Stazione vennero tutti a salutarmi, erano in molti, poiché la mia famiglia era piuttosto numerosa, e non posso nascondere che, in quell'occasione, mi sono commosso parecchio. Ricordavo quel lontano 1915, quando vidi per la prima volta mio papà con la divisa. Non fu, quindi, una partenza molto allegra. Mentre ero sul treno mi chiedevo il motivo per cui mi mobilitavano in Piemonte; il mio centro di mobilitazione era a Bergamo, al 2° artiglieria e non al 4°. La seconda preoccupazione riguardava il fatto che il Gruppo a me assegnato era un Gruppo Valle. Ciò significava che i gruppi con nominativi di città erano già mobilitati. Soltanto nel periodo di guerra vengono formati nuovi reparti e nel caso di truppe alpine sono chiamati col nome di Valli i più vicini al Reggimento di origine. Il 4° era a Cuneo e la Val Tanaro é nel suo circondario. Arrivai a Mondovì la sera tardi e cercai alloggio in un alberghetto della cittadina; la sera ottenni informazioni sull'indirizzo del Centro Mobilitazione e le notizie sull'arrivo dei militari. Girai per il paese e rimasi stupito nel vedere un sacco di richiamati che circolavano per le vie con divise in parte militari e in parte borghesi, con atteggiamenti sbracati e non certo militareschi; qualcuno aveva a tracolla anche il moschetto. Ma chi li lasciava circolare in quel modo? Purtroppo l'indomani mattina mi sarei dovuto rendere conto del perché. Alle 8.00 mi presentai al Centro. Mi indicarono l'ufficio del comando, bussai ed entrai. Alla scrivania un anziano Capitano mi fece cenno di entrare, lo salutai e gli porsi la cartolina di precetto. Mi salutò con molta cordialità, sfogliò un registro e mi assegnò al reparto munizioni e viveri del Gruppo *Val Tanaro*. "Munizioni e viveri?", dissi, "Ma io vorrei essere assegnato ad una Batteria!". Lui mi rispose: "Purtroppo ora non é possibile, in seguito potrai forse chiedere il trasferimento; per ora non é possibile, mi spiace! D'accordo?". Dovevo essere d'accordo per forza, cosa altro avrei potuto fare? "E dove sta il reparto?", chiesi. "É in Mondovì alta, lì troverai trecento uomini già vestiti ed equipaggiati, e centocinquanta muli completi di basti ed ammennicoli vari. Aspetta un momento che ti do la distinta degli artiglieri e di tutto il materiale, ivi compreso l'armamento. Da questo momento sarai il responsabile del reparto!", mi rispose. "Signor Capitano", iniziai, "Se non mi sarà consegnato tutto quello che sta scritto su questi fogli non mi assumo alcuna responsabilità!", ma egli mi disse: "Va' a Mondovì alta e non fare troppo il pignolo, siamo in fase di approntamento, ognuno di noi dovrà arrangiarsi come può, ma vedrai che troverai tutto!". Chiesi ancora: "Troverò qualche Ufficiale che mi presenterà il reparto?". Il Capitano concluse: "No, Ufficiali no! Sei tu il primo, gli altri arriveranno fra breve, per la verità avrebbero già dovuto essere qui. Va' e fammi sapere se ci fossero novità!", concluse. Mi feci prestare una bicicletta ed arrancai fino a Mondovì alta. Alla caserma fui preso quasi dal panico: una marea di soldati sbracati, qualcuno sdraiato per terra, con il fucile abbandonato, qualcuno appoggiato al muro. Entrai e nessuno si accorse che ero un Ufficiale. Ne chiamai uno a caso e gli chiesi se per caso c'era qualche Sottufficiale. Senza troppo scomporsi fece cenno di sì, mi disse che erano al campo sportivo dove avevano portato i muli. Ed io dovevo essere il responsabile di quest'armata Brancaleone? Andai al campo. Altro spettacolo allucinante. Ai bordi del campo avevano piantato due pali in due file e lì avevano attaccato i poveri muli sporchi. Alcuni avevano ancora il basto. Qui stavano tre soldati di guardia, uno dei quali, sdraiato al sole, senza giacca, manco si accorse della mia presenza. Ero talmente sconcertato che non sapevo proprio come comportarmi. Del Regio Esercito non avevo una grande opinione, ma lì lo sfacelo rasentava i limiti dell'incredibile. Finalmente un Sergente mi vide e mi venne incontro. Mi salutò molto rispettosamente e mi chiese se ero io che dovevo prendere il comando di quel reparto. Alla parola reparto andai su tutte le furie: "Ma, Sergente Maggiore, questo lo chiama reparto? Non ha mai visto un accampamento di zingari? Preferirei prender il loro comando che la vostra banda di incoscienti!". "Signor Tenente, ha tutte le ragioni, ma non è colpa nostra se il centro di mobilitazione ha fatto pervenire qui il vestiario, l'equipaggiamento e l'armamento, dandoci il compito di provvedere alla vestizione! Pensavamo che quei disgraziati capissero la necessità di eseguire quello che pretendevamo da loro; un bel momento ci è sfuggito tutto il controllo e questo è stato il risultato!", mi rispose. "Ma io me ne vado. Torno al centro di mobilitazione e rifiuto di prendere il comando di questo casino!", esclamai. "Signor Tenente, ma cosa succederà con questi disgraziati in giro per il paese? Adesso chiamo gli altri tre Sottufficiali, tre Caporali maggiori, che mi sembrano in gamba ed al rancio, che sarà fra due ore, pretenderemo un comportamento militare. Certamente dovrà arrivare qualche altro Ufficiale e vedrà che, con un po' di buona volontà, tornerà tutto nei ranghi", rispose il Sergente. Per fortuna in Italia, oltre ad un sacco di incoscienti, c'è anche della gran brava gente. Quel Sergente maggiore era uno di quelli. La sua dedizione quasi mi commosse, ed accettai il suo suggerimento. "Va bene. Chiama in riunione i Sergenti ed i Caporali che tu hai scelto e poi assieme concorderemo il da farsi. Ma se io accetto il comando mi rendo responsabile di tutto. Che ne so del materiale e di tutto l'equipaggiamento? E delle armi?", dissi. "Ho consegnato le armi e di quelle ho la matricola ed il nome dell'artigliere a cui le ho assegnate. Il resto del materiale è stato chiuso nei magazzini ed ho ordinato che non sia toccato finché il reparto non funzionerà a dovere", rispose pronto il Sergente. Da questo Sergente Maggiore ho ricevuto una lezione di comportamento esemplare, della quale gli sono grato ancora oggi. La riunione fra Sergenti e Caporali fu abbastanza interessante. Erano quattro Sergenti e cinque Caporali, tutti richiamati e più giovani di me, tutti piemontesi. Ci capimmo subito. Ero responsabile di circa trecento uomini e centocinquanta muli. Pensammo di dividere la forza per otto, a ciascuno di loro assegnai circa quaranta uomini e venti muli. Dopo la distribuzione del rancio avremmo fatto suonare dal trombettiere l'adunata e li avremmo fatti allineare nel campo sportivo. Queste decisioni non rispettavano le regole militari, ma pensai che era l'unico mezzo per ricreare l'ordine nel più breve tempo. Non fu un compito facile. Al suono dell'adunata, qualcuno non si mosse, qualcun altro, con molta calma, cominciò a muoversi. Feci ripetere il segnale d'adunata e, più per curiosità che per buona volontà, la maggior parte si radunò nel centro del campo sportivo. Intanto, con la coda dell'occhio, vidi un soldato che se ne stava bellamente seduto appoggiato ad un palo, e che sembrava non avere la minima intenzione di muoversi. Feci suonare un'altra volta l'adunata. Il soldato non mosse un passo, come se fosse sordo. Allora scattai, mollandogli una violenta pedata nel sedere, e gridandogli: "L'hai sentita la tromba?". Il soldato mi guardò attonito, dicendomi: "Ma signor Tenente, mi ha messo qui lei a custodia dei muli!". Mi sarei sparato; l'unico che mi aveva ubbidito era stato da me ricompensato con una pedata! Mi scusai con lui e tornai alla mia adunata, che, nel frattempo, i Sergenti ed i Caporali erano riusciti a rendere presentabile. Quel mio sfogo di rabbia fu per me una lezione per il futuro. Mi capitò spesso di rammentare l'episodio, moderando la mia impulsività. Feci un discorso molto duro. Avrei preteso disciplina, dignità di comportamento e vestiario impeccabile. Presenza ventiquattro ore su ventiquattro, salvo permessi, niente libera uscita finché l'inquadramento non fosse accettabile. In caserma c'erano le prigioni e, se fosse stato necessario, le avrei riempite. Non credo di aver suscitato molta simpatia. In seguito facemmo la divisione per gruppi al comando degli otto a cui destinavo, man mano, ordini di addestramento e manutenzione dei muli, delle armi e dei materiali. Il fatto di aver tolto la libera uscita suscitò un pandemonio. Malgrado queste proibizioni alcuni se ne fregarono e uscirono. Al ritorno furono mandati immediatamente in prigione. Qualcuno aveva già fatto reclamo, tanto che mi mandarono a dire se avevo intenzione di istituire un carcere. Dopo cena andai a sfogarmi col Capitano comandante il Centro di Mobilitazione. Sapevo che abitava con la famiglia nei locali dislocati sopra i magazzini del centro. Mi accolse con molta cordialità; lo pregai di scusarmi e gli dissi peste e corna dell'organizzazione dell'esercito. Non sapeva come calmarmi, mi disse che capiva benissimo il mio stato d'animo perché faceva quell'ingrato lavoro da sempre.

Non proveniva dall'accademia, ma dalla gavetta, quindi il suo massimo grado sarebbe stato quello di maggiore. Non sarebbe stata una grande carriera, ma adempiva ai suoi doveri con molta coscienza. Quella confusione non era stata creata da lui: gli erano piombati addosso quei richiamati per i quali aveva l'ordine della vestizione e per i reparti la consegna di tutto l'armamento ed equipaggiamento. Certo sarebbe stato meglio attendere la formazione dei reparti, ma quelli erano gli ordini. Per le alte sfere sulla carta era tutto chiaro, quindi, non poteva fare altro che attenersi a quanto era stato disposto. Con calma, e con una punta di rassegnazione, mi disse: "Devono ancora presentarsi tre Ufficiali e tutt'oggi non ho ancora avuto nessuna segnalazione; credi, faccio quello che posso! Sono anche malandato di salute: ho una terribile bronchite che non mi dà tregua, se continuerà, dovrò marcare visita. Tu sei un bravo ragazzo, fra pochi giorni avrai un reparto di cui andare fiero. Gli artiglieri da montagna sono i migliori soldati del mondo a condizione che siano ben diretti. Sta' certo che ce la farai! Se hai bisogno torna pure da me che farò tutto quello che posso per aiutarti. Non mollare e fa' il duro, in fondo anche i tuoi soldati preferiscono la disciplina al casino! Adesso ti saluto perché ho anche un po' di febbre. Ciao e arrivederci". Me ne tornai in albergo, e a mezzanotte feci un'ispezione in caserma. Due Sergenti con la guardia in perfetto ordine facevano il loro servizio. Chiesi loro se c'erano novità e in risposta mi riferirono che le prigioni rigurgitavano di puniti: "Siamo stati ai suoi ordini; man mano che tornavano in caserma li facevamo accomodare qui dentro!". "Benissimo, domani mattina faremo i conti con loro. Siete stati bravi, tempo tre giorni e potremo ammorbidire le consegne; ne é convinto anche il capitano del Centro", risposi. Passarono quindici giorni ed al mio reparto fu assegnato un Sottotenente di prima nomina, un bravissimo ragazzo che mi aiutò molto a formare il reparto che finalmente era stato organizzato a dovere e funzionava perfettamente. I soldati avevano cominciato a conoscermi e, oso affermare, forse mi volevano anche bene e mi apprezzavano. Capivano che non ero un castigamatti, ma il classico burbero dal buon cuore. Pretendevo soprattutto l'ordine, la disciplina e la pulizia, che andavano tutto a loro vantaggio. Facevo in modo di rendere accettabile la noiosa vita del militare. Concedevo loro permessi a condizione che rispettassero i limiti al minuto. Trascorsi quei giorni come un sonnambulo; quando si pensava che ormai fosse instaurato l'ordine, ci inviavano altri soldati di età e di addestramento totalmente diversi. Le classi dei richiamati andavano dal 1910 al 1916, moltissimi invece erano uomini del 1903. Buona parte erano sposati con figli; gli ultimi vennero accompagnati dalle mogli. C'era da disperarsi. Fortunatamente arrivò anche un altro Ufficiale che incaricai di ricevere i nuovi arrivati, senza farli riunire con gli altri, cercando di essere comprensivi con loro, ma durissimi nel fare rispettare la disciplina. Poi avrei deciso io quando sarebbe stato il caso di metterli con gli altri. Cominciavamo ad avere un reparto meno alla Brancaleone e non avevo intenzione di inquinarlo. Ora avevamo in forza trecentocinquanta uomini, duecentoquaranta muli, quarantasei carrette e cinque cavalli. Non ci stavamo più e ci ordinarono di tenerci pronti per uno spostamento. Eravamo contenti perché pensavamo ad una sistemazione più logica e confortevole dato che si stava avvicinando la brutta stagione; eravamo, infatti, alla fine di settembre. Due giorni dopo andammo con l'Ufficiale addetto agli alloggiamenti, proveniva dal Comando di Reggimento, ad ispezionare la località e l'immobile destinatoci. Pensavamo fosse in un altro paese, invece, si trattava sempre di Mondovì, in località detta Fornaci. Era una vecchia fornace, da tempo abbandonata, con una fila di capannoni per la maggior parte senza mura perimetrali, senza pavimento, e con un terreno che sarebbe divenuto fangoso alla prima pioggia. Guardai stupito l'Ufficiale: "Ma hai scelto tu questo posto?". E lui, di rimando, con tutta tranquillità mi disse: "Io ho avuto ordine di sistemarvi nel comune di Mondovì e non ho trovato di meglio". Risposi: "Ma il comando del Reggimento é al corrente di questa soluzione?". E lui: "Io sono solo l'esecutore, ho riferito al comando esattamente com'é questa sistemazione e mi hanno dato l'autorizzazione". Risposi energicamente: "Ma io mi rifiuto di portare il mio reparto in un pantano del genere, tanto più che da quello che vedo, qui dovremo trascorrere l'inverno!". Lui, serafico, rispose: "Non so cosa dirti, mettiti a contatto col comando di Reggimento". Sapevo già come sarebbe andato a finire. Telefonai subito a Cuneo e potei parlare con un Aiutante maggiore, un Tenente Colonnello, che mi disse: "Gentilissimo, conosco la località e per me va benissimo, ricordati, Tenente, che i tuoi soldati non sono delle femminucce, ma sono degli artiglieri alpini, provengono per la maggior parte dai monti. Falli lavorare, in molti saranno dei muratori. Ti autorizzo a comprare mattoni e calce, così li impegnerai facendogli costruire i muri. Sarà per te un divertimento. Siamo d'accordo?". "Signorsì!", risposi, ma avrei tanto voluto averlo vicino, per poterlo rotolare nel fango e fargli capire cosa significava starci in mezzo. Ma dovevano capitare proprio tutte a me? Riunii Ufficiali e Sottufficiali per andare a sincerarci delle condizioni di quel maledetto terreno che, volenti o nolenti, doveva essere il nostro prossimo accantonamento. Prendemmo tutte le misure per una pianta che avremmo studiato, per poi procedere alle opere di ristrutturazione più urgenti. Ci dividemmo i compiti e diventammo muratori. Aveva ragione l'Aiutante maggiore; ci presi proprio gusto. Sistemammo le camerate in modo accettabile, salvo i pavimenti e, naturalmente, le strade d'accesso, che, quando pioveva, diventavano impraticabili. Per sopperire a quest'inconveniente avevo comprato delle calosce di gomma che erano formidabili. Mondovì era una cittadina simpatica, ma, purtroppo, era diventata sede del Comando di Stato Maggiore, così pullulava di Generali e di Ufficiali superiori. Vennero anche il re ed il principe di Piemonte. Con i miei soldati cercammo di mantenerci il più lontano possibile; in effetti le Fornaci non erano certo un posto di passaggio. Eravamo ad ottobre, ed ero molto preoccupato: aspettavo un figlio, che sarebbe dovuto nascere di lì a qualche giorno, ma ovviamente non si sapeva quando. Avevo chiesto la licenza, ma non potevo precisare la data. Ero nervosissimo. Il comandante della Divisione *Cuneense* era il Generale D'Havet, conosciuto da una nostra amica comasca. Telefonai a mia moglie e le chiesi d'interessarsi. Dopo pochissimi giorni arrivò una licenza di dieci giorni. Lasciai immediatamente il reparto nelle mani del mio sottocomandante e partii in moto per Como. Feci la felicità mia e di mia moglie, ma il bimbo non voleva proprio nascere. Ritornai in caserma con un profondo senso d'angoscia; mia moglie mi avrebbe comunque avvertito alle prime doglie ed io, a costo di subire una punizione, sarei ripartito. Il 6 novembre ricevetti la telefonata tanto attesa. Chiesi ai miei Ufficiali di coprirmi e partii, sempre in moto, per Como. Nevicava, così feci un viaggio terribile. Il 7, nel pomeriggio, nacque Franco. Nel frattempo avevo fatto domanda perché fossi trasferito alle Batterie; mi sentivo un artigliere e volevo stare con i cannoni. Arrivò l'ordine di trasferimento, ma, anziché ad una Batteria, mi ritrovai a Mondovì al posto del buon Capitano, ricoverato per broncopolmonite all'ospedale, come comandante ad interim del Centro di Mobilitazione. Divenni il responsabile di una quantità enorme di materiale, comprese le armi che si erano accumulate dopo la fine della prima guerra mondiale. Non c'era assolutamente disordine, ma i sistemi contabili amministrativi risalivano agli anni della formazione del regno d'Italia. Scartoffie giornaliere, settimanali, periodiche, mensili. Era un'accurata partita doppia che assolutamente non poteva interrompersi, altrimenti tutto sarebbe andato a catafascio. Per dare un'idea della pignoleria del suo funzionamento: a metà della guerra d'Albania ricevemmo una richiesta di giustificazione a scarico della giornata di fuoco prelevata al centro prima del nostro imbarco. La giornata di fuoco consisteva di 1.250 proiettili e relative cariche; già allora ne avevamo sparate ventimila. La richiesta era stata firmata da un Ufficiale; ci chiedemmo stupiti cosa pensavano che avessimo potuto fare con quei colpi. Burocrazia ed imbecillità. Intanto io mi ritrovavo con quella gatta da pelare; non mi piaceva per niente, ma dovetti mettermi di buzzo buono e fidarmi, con beneficio d'inventario, dell'esperienza di due anziani Marescialli che, in verità, furono molto simpatici e mi alleggerirono il compito e le responsabilità. Al ritorno del Capitano, dopo qualche mese, potei riconsegnargli il centro perfettamente efficiente, tanto che si congratulò. Mi rincrebbe lasciare quel simpatico Capitano che, con tanto scrupolo, custodiva quell'arsenale che, inserito in una concezione moderna di efficienza bellica, non poteva che essere considerato un ferravecchio. Pur essendo pivelli confrontavamo i nostri armamenti con quelli tedeschi e speravamo tutti quanti che l'Italia non entrasse in guerra. Fui rimandato al reparto munizioni e viveri; lì tutto era cambiato: gli Ufficiali, inizialmente brillanti, avevano acquisito la mentalità della caserma; la truppa era apparentemente disciplinata, ma con un terribile mugugno. Accantonati in una località orrenda, con degli alloggi paragonabili solo ad un porcile, con il fango tanto tenace che, se le scarpe non erano ben allacciate, rimanevano attaccate al suolo. La presenza continua di Ufficiali superiori costringeva gli Ufficiali a vessare continuamente i poveri artiglieri in addestramenti in ordine chiuso, che per la loro anzianità erano insopportabili. Ne ero stomacato e ripetei la domanda di trasferimento in una Batteria, tanto più che nel reparto gli Ufficiali erano in soprannumero. Nella speranza che quel tanto agognato momento arrivasse al più presto mi adeguai alla routine. Nel frattempo il ministero inventò le licenze agricole: chi poteva dimostrare che aveva a che fare con la terra riceveva una licenza, se ben ricordo, di tre mesi. Naturalmente il 60% dei soldati provò tale appartenenza. Eravamo in periodo di approntamento, dovevamo curare l'efficienza dei reparti e, di colpo, tutto si sfasciò. Chi comandava il reparto era un carissimo Capitano di complemento piemontese, dal simpaticissimo intercalare "va a sapere", con cui dimostrava il suo senso di smarrimento. In quel frangente il suo discorrere era uno spasso. Arrivò anche il tanto sospirato trasferimento. Fui destinato alla 25ª Batteria in Val di Gesso sopra Valdieri ad Entraque. Non persi tempo, corsi in albergo, raccattai il mio equipaggiamento e partii. Viaggiando in treno e corriera raggiunsi Entraque, un modesto paesino di montagna, a circa mille metri, sito in una valle molto bella, circondato dalla catena delle Alpi Marittime, con i loro imponenti picchi. La Batteria era attendata fuori dal paese. Era un altro mondo: gli Ufficiali erano tutti giovani, salvo il comandante, un Capitano di complemento, che aveva fatto l'altra guerra fra i giovani del '99. Il mio ruolo doveva essere quello di sottocomandante, ma dopo un paio di giorni di felicità giunse una rettifica in cui si dichiarava che era stato fatto un errore ed ero destinato alla 27ª, dislocata a 1.500 metri di altitudine, sotto il Col delle Finestre, vicinissima al passo che faceva da confine fra l'Italia e la Francia. Munito solo di sacco alpino, avendo abbandonato il mio bagaglio al comando salmeria della 27ª, mi presentai al Capitano comandante. Era in tenda, sdraiato sul lettino e mi fece subito una pessima impressione; seppi soltanto dopo che era un misantropo mezzo alcolizzato, assolutamente abulico che, a parere degli altri Ufficiali, avrebbe dovuto essere congedato per motivi di salute. Tirai un sospiro di sollievo; vidi un Tenente effettivo, sottocomandante, più giovane di me, si chiamava Zito, di cui divenni un grandissimo amico. La mia unione a lui e alla 27ª durò fino alla conclusione del servizio nel Regio Esercito, litigammo moltissime volte, ma non mancò mai la stima; praticamente eravamo due fratelli. L'amicizia durò anche alla fine della guerra; ci siamo visti spesso. Purtroppo si ammalò del cosiddetto male incurabile e ci ha lasciato qualche anno fa; per me fu una perdita molto dolorosa. Il mio approccio con lui fu molto freddo; veniva dall'Accademia di Modena, era un effettivo, ed io ero di complemento, un po' scanzonato. Lo sguardo alla mia divisa fu rivelatore: era ovviamente fuori regolamento. Portavo un maglione anziché la camicia, i calzettoni invece delle fasce e quel che é peggio, nelle scarpe, di marca Vibram, il non plus ultra, due magnifiche stringhe gialle. Prima di salutarmi, mi squadrò facendomi capire che se non fossimo stati sperduti fra i monti e le valli mi sarebbe arrivato sicuramente un rimbrotto. In ogni modo non disse niente, anche se il saluto fu molto secco. Il pomeriggio ci incontrammo con tutti gli altri Ufficiali, salvo il Capitano, che non si sarebbe mosso dalla tenda; in pratica il comandante era Zito. Si creò subito un notevole affiatamento, si istituì un rapporto Ufficiale-soldato molto simpatico. Organizzavamo spesso giuochi ed esercitazioni con camminate anche di qualche difficoltà alpinistica che ci rendevano molto soddisfatti di noi stessi. Passammo parecchi giorni in località Gias Calvé, anche se spesso, con altri ufficiali, andavo al Col delle Finestre dove esisteva una specie di fortino presidiato da alpini e da Ufficiali nostri amici per giocare a bridge. Ci trovavamo anche con Ufficiali francesi appassionati giocatori di carte. I discorsi cadevano naturalmente sull'atteggia-mento poco rassicurante della Germania, che, nel marzo del 1938, si era inglobata l'Austria. Ci era inoltre giunta l'8 aprile la notizia che l'Italia aveva occupato l'Albania. La cosa ci lasciò totalmente indifferenti, ma ai francesi sembrò un terribile e tragico sopruso. Mussolini voleva competere con Hitler, malgrado tutti fossimo convinti che la sua grossa realizzazione dovesse essere l'Esposizione Universale *E 42*, già in fase di realizzazione. Il 22 maggio, Hitler e Mussolini firmarono il Patto d'acciaio e ciò non ci fece affatto piacere. Il 23 agosto fu siglato il Patto di non aggressione fra Germania e Unione Sovietica: Patto Molotov-Ribentropp. Cosa stava succedendo? Riuscimmo a capirlo il 1° settembre 1939, quando le truppe tedesche invasero la Polonia. Sarebbe stata guerra? Dopo poco Francia ed Inghilterra dichiararono guerra alla Germania. Fu uno sgomento in Italia ed in tutto il mondo. Mussolini, con molta diplomazia, fece sapere a Hitler che per il momento il nostro paese non era pronto ed avrebbe rimandato la nostra uscita dalla neutralità. Hitler, d'altra parte, non ci voleva, gli bastava che fosse rispettato il Patto d'acciaio. Mobilitazione in Francia ed in Inghilterra; l'Italia non fu da meno. Tedeschi e francesi si fronteggiavano sulla linea fortificata francese, la Maginot, che i francesi ritenevano invalicabile. I mesi autunnali ed invernali trascorsero con qualche loro uscita più a carattere di perlustrazione che di attacco. La gente si era adeguata e si chiedeva il motivo per cui gli Alleati, che erano entrati in guerra per salvaguardare le frontiere polacche, non prendessero qualche iniziativa. La Maginot era insormontabile e le flotte francesi ed inglesi avevano una superiorità indiscussa. Il conflitto si sarebbe forse concluso per stanchezza? Noi, sul fronte francese, eravamo praticamente convinti che la nostra avventura sarebbe terminata in piena neutralità; sembrava addirittura che il governo fosse più favorevole agli Alleati che non a Hitler. Il 18 marzo del 1940, si seppe dell'incontro fra il *Führer* ed il Duce al Brennero. Erano tutte congetture, ma qualcosa si stava muovendo. Le forze armate tedesche invasero quindi Norvegia, Olanda, Belgio e Lussemburgo. La linea Maginot fu aggirata e la Francia nord-occidentale fu occupata; gli inglesi si ritirarono a Dunquerque e s'imbarcarono per l'Inghilterra. Si profilava una disfatta terribile; nessuno avrebbe scommesso un soldo sugli eserciti in fuga. Tutto il mondo e specialmente l'Italia pensavano ad un imminente crollo degli Alleati, e che la guerra si sarebbe risolta a tavolino. Mussolini cosa poteva fare? Ovviamente non poteva rinunciare a spartirsi la parte di bottino, sanzionata con il Patto d'acciaio! Avevamo molte rivendicazioni in animo: Nizza, Savoia, la Tunisia e ci avrebbero fatto comodo anche Malta ed Alessandria d'Egitto; l'unica cosa da fare era aiutare Hitler a dare una spallata alla Francia. Mi chiedo perché nessuno pensò che stavamo commettendo una terribile vigliaccata nei confronti della sorella latina. Paghiamo ancora oggi le conseguenze morali della "pugnalata alla schiena alla Francia". Gli italiani non rimasero indifferenti, quando, per giustificare l'immi-nente dichiarazione di guerra, cominciarono ad apparire un'infinità di manifesti murali, il più celebre quello dell'enorme pistola puntata dalla Tunisia verso l'Italia. Il popolo italiano era decisamente interventista; i pochi che furono contrari erano i fuoriusciti e gli incalliti antifascisti. Anche noi, da tempo sotto le armi, avremmo voluto che succedesse qualcosa. Ricevemmo una comunicazione ministeriale che deprecava gli amichevoli incontri fra ufficiali francesi ed italiani, definiti inammissibili contatti. Provvedimenti gravissimi sarebbero stati presi nei confronti di chi avesse ignorato le disposizioni. La Francia era ormai nostra nemica. Pensavamo imminente, per la prima volta, il nostro intervento in guerra ed incoscientemente ne eravamo entusiasti. Giudicato con il senno di poi, ci si può domandare con quale coraggio i signori che ci comandavano, Mussolini per primo, il Re, Badoglio e tutto lo Stato

Maggiore, sapendo della nostra tragica impreparazione, abbiano mandato allo sbaraglio la nostra migliore gioventù.

LA PUGNALATA NELLA SCHIENA ALLA FRANCIA

Il 10 giugno 1940, con un discorso oceanico, il Duce dal balcone di Piazza Venezia, dichiarò guerra agli Alleati. Eravamo preoccupati. Che ordini avrebbero dato ai nostri reparti? Attaccare? La zona del nostro confine m Val di Gesso a Col delle Finestre (2.471 metri) era rappresentata da un grosso baluardo alpino abbastanza scosceso dalla parte italiana, ma assolutamente a precipizio, quasi a picco, sul lato francese. Il confine francese era inoltre potentemente munito di forti armati modernamente ed efficien-tissimi. Certamente scendere verso la Francia voleva dire portare al massacro chiunque si fosse affacciato da quelle cime. La nostra considerazione si riferiva alla posizione che occupavamo e che non poteva essere che strettamente difensiva. Ovviamente gli ordini non avrebbero dovuto essere che quelli. Un Battaglione di alpini friulani, al comando di un magnifico Maggiore ci prese in forza e, quest'ultimo, con la consegna di segreto militare, ci diede l'ordine che al momento stabilito, avremmo dovuto, con la Batteria al completo, superare il confine ed attestarci immediatamente nella valle Vesubie francese, in attesa di aprire il fuoco sui bersagli che ci sarebbero stati segnalati. Era un ordine incredibile, di una leggerezza imperdonabile. Lo dicemmo, ma fin dal tempo di La Marmora, l'obbedienza doveva essere "pronta, cieca ed assoluta". Fu il Maggiore a dire la fatidica parola "naja", ma in quel momento si trattava della nostra pelle. L'esercito francese aveva sì altre gatte da pelare, ma non aveva certo sguarnito il fronte italiano. E venne l'ora dell'attacco. Gli alpini stavano sfilando verso il passo; quasi simultaneamente approntammo la Batteria per seguirli. Avevamo molta paura, ma anche molta dignità. Cercavamo tutti di nascondere il dramma interno; per me, con una moglie ed un figlio a casa, che erano la mia vita, non c'erano possibilità di scelta, dovevo farcela! Sembrava che l'unica speranza fosse riposta nel Padre Eterno. Era giugno, eppure faceva un freddo cane, cadeva nevischio fastidiosissimo ed una fitta nebbia si frappose fra noi ed i francesi. Tutti noi capimmo immediatamente che circostanze più favorevoli non avremmo potuto trovare. Raggiungemmo il passo a tempo di record e ci buttammo a ca-pofitto verso la zona francese. Ci trovammo cosi in valle, illesi, e sentimmo i primi colpi di fucili e mitragliatrici. Dai forti francesi non venne alcun colpo di cannone. Non abbiamo mai saputo se non ci spararono perché non ci avevano visti o se non si mossero perché non avrebbero mai pensato fosse realizzabile un'impresa tanto folle. Eravamo in valle e dietro un costone piazzammo i quattro pezzi; eravamo pronti ad aprire il fuoco, dopo che le Batterie da 149/42 avessero iniziato il fuoco d'interdizione. Dal comando degli alpini ci chiedevano insistentemente il nostro appoggio, ma Zito, che era diventato comandante della Batteria, ligio agli ordini, non avendo sentito l'intervento dei pezzi della pesante, non osava dare l'ordine di fuoco. Lo convinsero le bestemmie del Maggiore degli alpini. La 27ª sparò i primi tiri di guerra. In Albania ne sparerà ben 26.000. Gli alpini che stavano risalendo i monti che ci dividevano dal mare trovarono una sporadica resistenza da parte delle truppe francesi, che erano più che altro soldati sbandati che certamente erano molto più preoccupati per l'esercito tedesco, che stava raggiungendo la costa mediterranea. Anche noi speravamo di poter fare presto un bagno in mare, e-ravamo in vista di Nizza, che, in linea d'aria, era distante una trentina di chilometri, ma, con nostra grande rabbia, arrivò l'ordine di non procedere e di rimanere attestati al di sotto dei crinali. In questo modo eravamo sì in zona francese, ma ben lontano dai paesi, in cui avevamo la proibizione di entrare. Fu per noi un grosso scorno. I tedeschi non ci volevano, ed i francesi ci vedevano come dei pezzenti. Ci attendammo così in attesa di nuovi ordini. Durante l'azione i 149 non avevano sparato, e ci eravamo chiesti il motivo del loro mancato intervento. Scoprimmo che non avevano le cariche di lancio, ma ligi agli ordini erano tutti con le Batterie pronte all'intervento. In quel periodo pioveva in continuazione, eravamo sempre fradici e terribilmente affamati, aspettavamo con ansia l'arrivo della corvée, specialmente del pane. Arrivò la corvée, ma non era stata protetta dai copertoni in dotazione per i muli. Il pane si era liquefatto. Lascio immaginare la reazione dei nostri soldati, erano tutti furibondi ed io in particolar modo. La corvée era comandata da un Sergente maggiore che ne sentì di tutti i colori; l'attività della Batteria era in quel momento nulla e non si pensava che le ostilità sarebbero riprese, quindi chiesi a Zito di prendere il comando della corvée e tornare alla base per una fornitura che non fosse farina inzuppata. Partii, dopo nove ore di cammino, ero quasi arrivato. Prima di notte dovevo essere di ritorno con vero pane, quindi, appena giunti al deposito, dovevo foraggiare i muli, riposarsi al massimo due ore e ripartire. Gli uomini erano stanchissimi, ma si sentivano colpevoli e non fecero rimostranze. Nel caso qualcuno si fosse trovato in difficoltà si sarebbe dovuto fare sostituire. Li precedetti al comando. Mi accorsi del motivo per cui i teli non erano più disponibili. Li avevano utilizzati per farci dei bellissimi attendamenti. Nessuno dormiva nella tendina di dotazione, ma in coperture alte e spaziose. Mancavano solo i materassi e la cameriera che servisse loro il *breakfast*. Vidi il comandante, ed ebbi un attimo di esitazione perché era quel simpatico piemontese del "va' a sapere", ma ero talmente infuriato che non considerai nemmeno la differenza di grado. Povero Capitano, gli saltai in testa: "Ah, i teli servivano per il suo magnifico attendamento, e quei poveri Cristi arrischiano la pelle e muoiono di fame per i signorini dei servizi!". Non ribatté neanche, mi lasciò finire e mi smontò: "Scusami Tenente, hai perfettamente ragione, ma quando facemmo l'attendamento non pioveva". Risposi: "Adesso comunque piove, signor Capitano, mi scuso per le parolacce, ma mi dovevo sfogare, adesso però smonti quanto è necessario per una corvée che dovrà ripartire fra due ore. La prego di farmi trovare tutto pronto e scusi ancora!". Due ore dopo era tutto perfettamente pronto. A sera inoltrata la 27ª ebbe il suo pane. Rividi il Capitano al mio ritorno dall'Albania e facemmo il viaggio di ritorno insieme sulla stessa nave. Ci abbracciammo e ricordammo l'incresciso incidente, e sentii ancora un vivo senso di vergogna per la mia impulsività. Quella poteva essere una guerra impegnativa e cruenta, ma, fortunatamente, per il nostro settore non lo fu. Due giorni di spostamento, con qualche scaramuccia, poi tutto finì. Purtroppo all'osservatorio di Batteria, un nostro artigliere fu colpito a morte da un proiettile di mitragliatrice. Fu l'unica nostra perdita. Ne rimanemmo comunque molto impressionati ed addolorati: era un bravo ragazzo. Gli alpini ebbero qualche ferito, ma non grave. Negli altri settori del fronte le cose non andarono così lisce; dove i francesi decisero di resistere, fu necessario un grosso impegno da parte dei nostri soldati; qualche posizione fu controllata e qualcuna fu persa. Tutto finì nel momento in cui i tedeschi completarono l'invasione della Francia. La guerra era durata pochissimi giorni; era stata una guerra assurda, sleale e per nulla partecipata. L'avventura francese si era conclusa con le nostre truppe bloccate appena al di là del confine francese, con l'ordine di non entrare nei centri abitati; ovviamente comandavano i tedeschi e di noi proprio non volevano saperne. Noi restammo attendati sui costoni ad ovest di Saint Martin Vesubie, poi ricevemmo l'ordine di tornare in Italia a Col delle Finestre. Addio a Nizza ed alle sue meravigliose spiagge. Nel nostro accampamento, ben ubicato, trascorremmo delle giornate, oso dire, molto belle, ma ci tormentava la domanda relativa al motivo per cui dovevamo stare ancora là. Eravamo proprio nel cuore della tenuta reale di Valdieri, di cui il Re era gelosissimo. Veniva qui regolarmente a caccia di camosci e di selvaggina alpina e la Regina Elena aveva fatto installare sui numerosi torrenti postazioni per la pesca della trota. Immaginate cosa succedeva quando qualche soldato, che sfuggiva ai nostri controlli, faceva scoppiare nei torrenti una bomba a mano. Le trote si sprecavano, ma ai nostri comandanti, da parte dei vari comandi, arrivarono minacce di severissimi provvedimenti disciplinari, se si fossero ripetuti questi deprecabili abusi. Anche ai camosci arrivarono delle moschettate, e noi subimmo le relative conseguenze. A principio settembre ci spostammo ad Entraque, dove, oltre alle tende, potemmo trovare degli alloggiamenti sotto veri tetti. Trovammo anche le stalle per i muli che forse erano i più bisognosi di cure.

Eravamo deficienti di bestie da soma ed avevamo fatto richiesta per completare il nostro organico. Pochi giorni dopo, ricevemmo un avviso per presentarci alla stazione ferroviaria, dove sarebbero arrivati cento cavalli. Non poteva essere stato che un disguido, cosa ce ne saremmo fatti dei cavalli? Ci informammo presso il comando del Reggimento a Cuneo e ci dissero che la destinazione era quella e che non era più possibile ricevere i muli di cui non era più possibile il reperimento. Ci pareva una cosa inaudita perché quelle povere bestie non avrebbero saputo inerpicarsi in montagna e nemmeno sopportare il peso dei nostri pezzi d'artiglieria. Quello era l'ordine ed in fondo era sempre "naja"! Speravamo solo che i cavalli fossero di taglia leggera, tipo i sardi che s'avvicinano ai muli come possibilità di prestazione. Alla data prevista mandammo una squadra a recuperare gli animali; ne avevamo richiesti cinquanta e ne erano arrivati cento, ma non c'era da stupirsi, forse ci stavamo allenando per le demenzialità della Grecia! I cavalli arrivarono ad Entraque. Erano enormi, bellissimi, i classici cavalli da tiro viennesi, di un biondo chiazzato. Cosa dovevamo fare con queste bestie? Era una pazzia, la cosa più logica sarebbe stata renderli ai rispettivi proprietari a cui erano stati requisiti; lì certamente avrebbero sofferto e si sarebbero ammalati. Fummo così caricati di un'ulteriore responsabilità; eravamo coscienti del valore di quelle bestie, ma, nello stesso tempo, eravamo inviperiti per la leggerezza dei comandi d'alto loco che volevano farci credere nella possibilità di far trasportare i nostri materiali. Cominciava a far freddo e di stalle a disposizione non ce n'erano più e, all'aperto, i cavalli non avrebbero sicuramente resistito. Decidemmo di tenere all'aperto i muli; ma non era finita perché bisognava risolvere anche il problema alimentazione. C'era pochissimo foraggio tanto che, da qualche tempo, i muli erano alimentati solo con Energon, un miscuglio di roba vegetale che m un primo tempo venne categoricamente rifiutato dai muli, ma quando il digiuno divenne insopportabile, dovette essere accettato. I cavalli, invece, non volevano proprio saperne, erano anche più cocciuti dei muli, finché desistettero. Il loro organismo non rispose per niente al nuovo alimento: cominciarono a gonfiarsi, a dimagrire e a perdere le forze. Il nostro veterinario scrisse una lettera di fuoco al comando reggimento. Risultato: furono inviati altri veterinari. Non ne sapevano di più del nostro Chiuchiurro, così chiamato per scherzo; ne fecero oggetto di una riunione in nostra presenza e per concludere decisero che l'Energon non era un alimento tra i più adatti per i cavalli. Cosa che di fatto avevamo già capito. E allora? Avrebbero riferito! Finalmente qualcosa si mosse. Giunse l'ordine di portare i poveri quadrupedi a Valdieri e consegnarli ad un reggimento di fanteria, che era stanziato in quel paese. Cercai di rifiutare quest'incombenza, ma il trasporto toccò al sottoscritto. Naturalmente il percorso doveva essere compiuto a piedi. Novanta chilometri non erano una grande distanza, ma qualche cavallo non si reggeva in piedi e le nostre carrette non erano adatte per quegli animali, che erano di una stazza eccezionale. Faticammo non poco a farci prestare dei carretti dai contadini locali. Ci mettemmo due giorni per arrivare a destinazione e le povere bestie apparivano sempre più deperite. Mandai in avanscoperta un Ufficiale perché ci indicassero dove poter lasciare gli animali. Il Sergente tornò accompagnato da un Sottotenente che ci disse di proseguire verso la sponda del fiume Gesso, dove stavano approntando delle staccionate. Li volevano piazzare all'aperto e per di più in una zona paludosa. Chiesi al Sottotenente se fossero impazziti, ma mi rispose che quelli erano gli ordini. Feci attaccare i cavalli ed attesi che arrivasse una commissione per l'ispezione e una corvée col rancio. Ormai avevamo fatto il callo ed aspettammo. Arrivarono quasi simultaneamente, nella commissione c'era pure un Generale. Feci un saluto regolamentare al Generale ed al suo seguito. L'Ufficiale si fermò, mi squadrò dalla testa ai piedi e proseguì senza dirmi una parola verso i cavalli, disse qualcosa al suo Maggiore e rivolgendosi a me, che attendevo una domanda relativa ai cavalli, di punto in bianco: "Lei, Tenente, sa cos'è un'uniforme?". Risposi stupito: "Signorsì, signor Generale!". E lui, di rimando: "Allora si guardi allo specchio, non le sembra una pagliacciata? Si guardi bene dall'entrare in Valdieri così conciato. Torni ad

Entraque con i suoi e si tolga almeno quelle allucinanti stringhe!". Parlava ovviamente delle mie stringhe color giallo zafferano. Rimasi di sasso, e risposi: "Signorsì!". Mi piantò lì impalato, girandomi le spalle e si diresse verso le macchine. Era tanto furente che la mia vista gli aveva fatto dimenticare i cavalli e mi diede del "lei", quando il regolamento prescriveva il "voi". Se glielo avessi fatto notare l'incontro sarebbe finito pari. Dopo lo shock del rimprovero mi venne da ridere; mi era andata bene visto che molto probabilmente avrebbe voluto mettermi agli arresti. Chissà cosa sarebbe successo dei poveri cavalli, certamente per lui erano più importanti le mie stringhe. Seppi poi che il Generale sul fronte russo si comportò molto bene, ma, é notizia d'oggi, il suo nome appare, dopo l'apertura degli archivi segreti russi, fra quei prigionieri che si lasciarono addottrinare dal comunismo e che crearono i tribunali di prigionia per dividere i collaboratori dai cosiddetti non cooperatori, che sarebbero stati avviati poi nei campi di lavoro. Chissà se s'interessava delle stringhe di quei poveri disgraziati? Ad Entraque fui chiamato il "Tenente stringa" e ne ridemmo molto. In quei giorni arrivarono nuovi Ufficiali a completamento dell'organico carente ed in sostituzione di qualcuno. Arrivò anche un nuovo comandante al posto di Zito che rimase come sottocomandante. Essendo stato io in precedenza il sottocomandante gli passai la stecca. Il nuovo Capitano era un bell'uomo dal fisico prestante, già molto più anziano di noi, aveva fatto la guerra del 1915-1918, e ce lo faceva proprio pesare, soprattutto a Zito, e questo mi dava fastidio. Povero Zito, ne soffriva e per di più, quando doveva dare gli ordini, si rivolgeva di preferenza a me. Istituì un nuovo rapporto con i soldati: era il comandante e si comportava con un certo distacco. Zito ed io vivevamo in mezzo ai soldati ed il nostro rancio non era molto diverso dal loro. Il nuovo comandante, invece, pretese un locale adibito a mensa, con tutta l'etichetta, come fossimo in sede di Reggimento, pratica che forse era tollerata prima dell'altra guerra, ma che adesso infastidiva i nostri artiglieri, che dovevano accettare un rancio scarso e di bassa qualità. Nei soldati serpeggiava un malcontento generale che sarebbe potuto sfociare in ribellione, come fra gli alpini di un Battaglione stanziato vicino a noi. Ci fu annunciata la visita del Principe Umberto, nominato Generale ispettore di tutte le truppe sul fronte occidentale. Eravamo tutti schierati in perfetto ordine e tenuta. Ci passò in rivista e volle conoscere ad uno ad uno tutti gli Ufficiali. Ci presentammo secondo il grado. Non ci disse una parola fino a quando non ci chiese singolarmente che mestiere facevamo da borghesi. Si presentò al Tenente medico e, con voce monotona, chiese: "Tenente medico, cosa fa da borghese?". Si accorse subito della gaffe e sorrise. Fu il suo unico sorriso, e se ne andò lasciando tutti con l'amaro in bocca. Mi sembrò un bambolotto impacciato, vestito con eccessiva e-leganza e senz'anima. E noi avremmo dovuto gridare, di fronte al nemico, il fatidico "Savoia"? Il principe si recò anche dal Battaglione alpini e qualche soldato, per protesta, versò il contenuto delle gavette sulla carrozzeria delle macchine del seguito. Malgrado il gesto terribilmente offensivo, mi risulta che, con molto buon senso, non fu intrapreso alcun provvedimento disciplinare. Era la fine di settembre e da Cuneo giunse l'ordine di trasferimento della 27ª a Villanova di Mondovì, destinazione Bari, dove affluiva tutto il Gruppo Artiglieria da montagna *Val Tanaro*. Eravamo in tenuta invernale ed equipaggiati per la montagna, Bari non poteva che essere una tappa di passaggio. Certamente non ci avrebbero trasferiti in Africa equipaggiati in questo modo. Non sapevamo come accantonare la Batteria né quanto tempo sarebbe durata la nostra permanenza a Villanova. La soluzione più logica era che qualcuno andasse in avanscoperta e s'informasse. Ovviamente l'incarico cadde sul sottoscritto, ma la cosa non mi dispiacque. Presi con me il mio fedele attendente, uno stupendo contadino piemontese che rimase con me fino alla fine del servizio militare. A Villanova presi contatto con il sindaco, allora podestà, che, ovviamente, non sapeva nulla del nostro arrivo. In attesa degli ordini ufficiali ci demmo da fare per reperire gli alloggiamenti necessari per i trecento e passa militari ed i centocinquanta muli. I comuni avevano l'obbligo di sistemare i militari che avrebbero dovuto sostare nei comuni di destinazione. La popolazione cercava di evitare il più possibile la requisizione, sia pur temporanea, dei locali, creando talvolta situazioni increscione. Vi era, comunque, una notevole differenza fra questi contadini che resistevano, ma con molta gentilezza, e gli altoatesini, incontrati durante la prima nomina, che avevano una gran voglia di prenderci a fucilate. Il podestà ci aiutò molto e fui felice di aver trovato una siste-mazione accettabilissima. Addirittura, conoscendo le manie del mio comandante, adibii a mensa ufficiali una bellissima sala di un castello in disuso, che aveva mantenuto la maestosità seicentesca. Tornai ad Entraque e riferii ciò che avevo ottenuto a Villanova. L'idea della mensa fu ciò che allettò maggiormente il mio Capitano. La forma era il suo pallino, se poi gli artiglieri erano accatastati in un fienile era invero molto salutare, poiché l'artigliere da montagna doveva essere al di sopra di ogni disagio. Non potevo proprio soffrirlo, mentre lui aveva una grande opinione di me. Una volta, durante un lungo spostamento, avevo trovato il modo di fare lunghi tratti con la bicicletta, per cui non ero affatto stanco e non avevo neanche gli stivali impolverati; giunti alla tappa non mancò di dirmi che ero veramente un'eccezione. Se avesse saputo della bicicletta avrei perso tutto lo smalto. A Villanova, per la prima volta dopo il mio richiamo, potemmo alloggiare il reparto in maniera decente. Con quella mensa Ufficiali, il nostro comandante si sentì molto importante. Non nascondo che anche noi fummo gratificati da questa situazione. Eravamo riusciti a farci cucinare in modo impeccabile menù degni della cucina piemontese; anche il vino era ottimo. I soldati ricevevano un ottimo rancio. Era troppo bello per durare; ci eravamo cullati nell'illusione che fossimo destinati a Bari per qualche corso. Si parlava molto della guerra. Hitler, come stratega, era alle stelle: la *Blitzkrieg* aveva impressionato l'opinione pubblica. Sapevamo che Mussolini, sentendosi surclassato, meditava di poter dimostrare le sue qualità di stratega. Era imminente il tentativo di invasione dell'Inghilterra e anche l'Italia, per non essere da meno, aveva inviato sulla Manica alcune Squadriglie dell'aviazione. In Libia, dopo l'ab-battimento di Balbo, governatore della Libia, per un errore della nostra difesa antiaerea a Tobruk, venne inviato, in sua sostituzione, il Generale Graziani. Su di noi gravava sempre la spada di Damocle di Bari. Le nostre illusioni crollarono verso la fine di ottobre, in cui venne confermato l'ordine per Bari. La tradotta sarebbe stata messa a disposizione entro due giorni. Destinazione: Albania. Le domande si accavallavano: Albania? Ma a fare che? L'Albania non é già nostra? Certo che era già nostra, e per il suo presidio erano sufficienti le truppe sbarcate. La cosa più assurda era poi pensare di spedire un Gruppo di artiglieria senza gli alpini. Nel porto era ormeggiata la nave *Piemonte*, di media stazza, e stava aspettando proprio noi. La forza complessiva era di 2.500 uomini e 1.000 muli. Aveva, infatti, raggiunto Bari anche il Gruppo *Val Po*. Il pensiero dell'Albania ci disgustava: brutto paese, brutta gente e, per di più, zona malarica. Dai baresi sapemmo che in Albania pioveva con molta frequenza e questo non ci rallegrava affatto. Prima di partire ci organizzammo. Ero con Zito in giro per la città, e vedendo una carrozzella con un grande parapioggia in-stallato in cassetta, pensai di acquistarlo. Sarebbe servito da riparo all'osservatorio di Batteria. Comprammo anche una radio a batteria Phonola, pesante e voluminosa. Entrambi questi oggetti ebbero la loro storia. A Bari ero stato raggiunto da mia moglie; eravamo disperati il distacco oltremare ci terrorizzava. La parola Albania suonava come zona malsana e malarica. Sapevamo che durante la prima guerra, erano stati mandati lì dei soldati italiani, molti dei quali non ritornarono, e quelli che ritornarono avevano la malaria. A casa avevamo mio figlio che avrebbe compiuto presto un anno, e questo era un altro cruccio. Malgrado il dolore per il di-stacco ero convinto di avere dalla mia parte uno stellone portafortuna e riuscii a convincere mia moglie che tutto sarebbe andato per il meglio.

L'ALBANIA

Eravamo all'inizio d'ottobre del 1940. Solo le alte sfere parlavano di una possibile apertura del fronte albanese. A settembre Mussolini si era incontrato con Ribbentrop; sembrava fossero convinti che la guerra fosse ormai conclusa. Era imminente il Patto Tripartito fra Germania, Italia e Giap-pone; l'Inghilterra era al collasso. Il Generale Franco era sul punto di entrare nell'accordo. Secondo Hitler, i Balcani dovevano essere lasciati tranquilli. Il primo obiettivo era l'Inghilterra, e sembrava ormai prossimo lo sbarco tedesco. Caduta Londra, la guerra si sarebbe conclusa, gli Al-leati non avevano scampo. Con la Grecia i rapporti sembravano ottimi; già nel 1939, l'ambasciatore Grassi ad Atene fu latore di un messaggio di Mussolini a Metaxas per ringraziarlo e segnalare la riconoscenza italiana alla Grecia, per l'atteggiamento ostile verso Zog, ex re d'Albania, che intendeva creare un governo in esilio, nella capitale greca. I due regimi erano simili, ma Metaxas non si fidava, stava in allerta e con l'aiuto degli inglesi preparava il suo esercito. Nell'agosto del 1940 duecentomila uomini erano pronti a combattere. In Albania, si parlava di un possibile attacco alla Grecia. Il governatore Jacomoni e il conte Ciano si tenevano in stretto contatto e, con una facilonieria incredibile, d'accordo con il Generale Visconti Prasca, comandante il Corpo d'Armata in Albania, si convinsero che l'azione contro la Grecia sarebbe stata una passeggiata. Jacomoni, affermando di avere un'efficiente rete di spionaggio, garantì che il soldato greco non aveva nessuna voglia di combattere, e che al primo successo italiano avrebbe aperto varchi alle nostre truppe. In Ciamuria, lembo all'estremo sud dell'Albania, serpeggiava un atteggiamento rivendicativo su territori confinanti che avevano come capoluogo Giannina. Sarebbe bastata una scintilla per fare scoppiare una rivolta in tutto l'Epiro. Mussolini, informato di tutti questi risvolti, e pur disturbato dal fatto che la Grecia non avesse chiuso i porti all'Inghilterra, non aveva alcun motivo per intervenire nei Balcani. Hitler, all'insaputa di Mussolini, interessato ai pozzi di petrolio, occupò in un baleno la Romania. Mussolini andò su tutte le furie e decise: "Hitler saprà della Grecia quando l'avrò occupata!". Ci fu immediatamente una riunione d'urgenza con Mussolini, i Generali Badoglio, Visconti Prasca, Soddu, Geloso, Ciano e Jacomoni. Si parlò di un colpo di mano sull'Epiro, qualcuno propose anche l'occupazione di Corfù e, perché no, di Atene con tutta la Grecia, non dimenticando ovviamente Creta. Sembrava giocassero a Monopoli. A Visconti Prasca venne posta un'infinità di quesiti, e, riguardo la struttura montagnosa del Pindo, contrafforte che dai confini albanesi divide l'Epiro dalla Macedonia, affermò con assoluta certezza che le valli erano disposte in direzione nord-sud e quindi garantivano un facile accesso al centro della nazione. Poveri alpini della *Julia*, l'accesso migliore al Pindo era facilitato invece da strade disposte da est ad ovest. Mandati allo sbaraglio si trovarono circondati, senza possibilità di rifornimento, costretti a combattere i greci per sganciarsi e ripiegare senza sbandamenti, grazie al valore di quei ragazzi, che persero un terzo del loro organico in uomini e materiale. A Prasca fu anche chiesto un resoconto delle strade albanesi d'accesso al confine greco ed affermò di aver provveduto a mandare qualche migliaia di lavoratori perché ripristinassero le esistenti e ne aprissero di nuove. Io stesso ebbi modo di vedere quelle migliaia di lavoratori, seduti sul ciglio dei tratturi albanesi, più intenti a vederci sfilare che a rompere con un martello dei sassi che secondo le intenzioni del Generale Prasca sarebbero stati utilizzati come ghiaia. Questi cosiddetti lavoratori erano assunti per centurie da imprese civili che li consegnavano al genio militare per essere trasferiti in Albania. Il Genio militare provvedeva a militarizzarli distinguendoli con una fascia al braccio; li muniva di una pala, un piccone ed un martello e li distribuiva lungo i tratturi albanesi senza nessuna logica e controllo. Naturalmente le loro paghe, di cui si occupava il genio, erano incassate dalle imprese. L'operaio a conclusione di questo giro prendeva appena a sufficienza per il suo sostentamento. Senza dubbio tra i vari passaggi qualcuno usufruiva di un pizzo. Le tangenti sono un vizio vecchio come il mondo. E di strade neanche l'ombra. Ne vedemmo solamente a guerra finita, dopo la venuta del Generale Messe, uno dei pochi a conoscere il suo mestiere, che, accortosi di un tale sfacelo, liquidò tutti i la-voratori e si accordò con le imprese sul pagamento al metro e alla conclusione dell'opera. Se avessero dato in appalto anche la guerra avremmo fatto una figura migliore! Ricevemmo l'ordine d'imbarco, le attrezzature portuali ci permisero di caricare con facilità tutto il nostro materiale; anche i muli si lasciarono caricare senza grosse difficoltà. Da bordo della motonave *Piemonte* guardavamo con sgomento allontanarsi Bari, che si stava illuminando mentre calava la sera. Cercavo di non perdere di vista mia moglie, che riuscivo a stento ad individuare fra la numerosa folla di amici e parenti fermi sul molo. Così, tolte le ancore, ebbe inizio la nostra terribile avventura in terra albanese. La traversata durò tutta la notte senza che ci fosse alcun segnale d'allarme. La nave procedeva zigzagando, onde rendere più difficile la nostra individuazione da parte dei sommergibili britannici. Sapevamo che già altre navi, durante il trasporto, erano state colpite da siluri nemici. Cercavamo di non pensarci. Verso l'alba cominciammo ad intravedere le coste albanesi. Il mare e le coste erano bellissime. Ci chiedevamo perché ci avessero detto tutti ci avessero parlato male di questo paese; ma in effetti, l'entroterra era ben diverso. Attraccammo nel porto di Valona, e vennero a bordo le autorità, che ci dissero di non aspettare Gruppi di artiglieria, ma bensì due Battaglioni di alpini, forse anche loro *Val Tanaro* e *Val Po*, quindi non potevano dare l'ordine di sbarco. Rimassimo di sasso. Nonostante le rimostranze dei nostri coman-danti, tutto fu vano. Il porto di Valona era spesso meta di incursioni aeree inglesi, e non era molto piacevole pensare di starcene fermi ad aspettare le loro bombe. Nei pressi della città c'era un aeroporto con una valida Squadriglia di caccia, ma ciò non bastava a rassicurarci. I comandanti dei due Gruppi fecero una riunione e decisero che se entro sei ore non fosse giunto l'ordine di tornare in Italia, avremmo provveduto allo sbarco dei muli e del materiale, impadronendoci delle maone, ossia chiatte da sbarco, che erano ancorate in porto. Le sei ore trascorsero senza che accadesse nulla, così in quell'occasione diventammo marinai e ce la cavammo egregiamente. Nello spazio di due giorni era tutto a terra. Individuammo un boschetto alla periferia della città non lontano dal mare, e vi ponemmo l'accampamento. Non avevamo ancora finito di piazzare le tende che tre bombardieri della RAF si profilarono all'orizzonte, fecero un giro sul porto e sganciarono una gragnuola di bombe. Non colpirono la *Piemonte*, ma una nave ospedale e del naviglio minore, e uno spezzone cadde anche sulla Capitaneria di porto. La nostra era stata una grave indisciplina, ma evidentemente giustificata. Adesso eravamo in Albania, e non avevamo la più pallida idea di cosa volessero fare di noi gli Alti Comandi. Lo sapemmo il mattino successivo, il 28 ottobre, quando una staffetta in motocicletta raggiunse i comandi dei due Gruppi, ordinando di spostare i re-parti al più presto vero il confine greco seguendo l'itinerario Sinanai, Tepeleni, Klisura e Perati. Quello stesso giorno l'Italia aveva, infatti, dichiarato guerra alla Grecia, motivando l'aggressione con lo sconfinamento di militari greci in Ciamuria e di moti anti-italiani in Epiro. Eravamo cosi coinvolti in una campagna contro la Grecia. I veri motivi dietro la dichiarazione della guerra, e la delinquenziale incoscienza con cui fu decisa, non ci sfiorarono minimamente. Sapevamo di non essere né armati né organizzati per una guerra moderna, ma mai e poi mai avremmo creduto che al vertice decisionale ci fossero individui che per motivi di prestigio personale non pensassero neppure a quanto fosse grave la responsabilità nel mandare allo sbaraglio e arrischiare la vita di tanti giovani che, nel loro entusiasmo, credevano ancora a valori come la patria e la dignità umana. Se fossimo stati a conoscenza, almeno in parte, dell'imbecillità e dell'incoscienza del Re, di Mussolini, e del nostro Stato Maggiore, certamente ci saremmo ribellati. Intanto la Grecia mobilitava le sue forze. Il fronte militare albanese era di circa 250 chilometri; i soldati italiani, compresi Carabinieri e Guardia di Finanza, erano circa centotrentamila, troppo pochi per presidiare un settore così ampio e nel contempo per iniziare un'offensiva, tanto più che non poteva essere lasciato sguarnito il confine nord con la Jugoslavia ed in particolare il lago d'Ocrida e la città di Coriza. Il piano d'attacco prevedeva che la Divisione *Julia* passasse il confine attraverso il famoso ponte di Perati, procedendo quindi, con cinque giorni di vettovagliamento e munizioni, verso le montagne del Pindo e raggiungesse Mezzovo, senza collegamento con le retrovie, per agganciarsi alle Divisioni *Siena*, *Ferrara* e *Centauro*, le quali, a loro volta, si sarebbero riunite verso il mare con due Reggimenti di Cavalleria e uno di Granatieri. Sembrava tutto semplice, ma non fu così. Il tempo era pessimo, l'acqua non riusciva a penetrare nel terreno e rimaneva in superficie formando un terribile fango. La *Centauro*, Divisione corazzata, era dotata di carri armati leggeri, le cosiddette "scatole di sardine", che si impantanarono subito. I soldati con le fasce mollettiere non riuscivano a camminare, i muli non si muovevano, gli armamenti non erano all'altezza della situazione ed i greci, ben armati e appostati, ci colpivano con precisi tiri di mitragliatrici, artiglieria e mortai, creando vuoti terribili nelle nostre fila. Secondo Roma, i greci avrebbero dovuto scappare solo vedendoci, invece gli unici reparti che ebbero un peraltro effimero successo furono quelli dislocati verso il mare, anche perché i greci avevano previsto la loro maggiore resistenza sulla piana di Kalibachi. Anche questo successo non poté servire a molto, visto che fu ordinato loro il ripiegamento. I nostri due reparti non erano previsti, ma l'avere a disposizione delle unità fresche (sia pur non di fanteria alpina, ma di artiglieria) quali forze di immediato impiego, fu per i comandi provvidenziale. Dopo solo pochi giorni dall'ordine d'attacco, si profilava già il terribile esito della nostra offensiva. In quei giorni le forti piogge, con vento, grandine e anche neve si sommarono alla nostra incapacità di fronteggiare la situazione. L'esercito greco si mostrò molto ben preparato ed accortamente comandato; della Bulgaria, che secondo Visconti Prasca sarebbe intervenuta per rivendicare la Macedonia, neanche l'ombra; i reparti albanesi, che avrebbero dovuto dare un prezioso contributo, si squagliarono come neve al sole, alcuni anzi disertarono dalla parte greca fornendo importanti informazioni sull'efficienza e dislocazione dei nostri reparti. Cinque giorni dopo il fatidico 28 ottobre, gli Alti Comandi non si erano ancora resi conto della disastrosa situazione che si stava profilando. Il ripiegamento non fu ordinato dalle alte sfere, ma eseguito dai singoli reparti che spesso si trovarono accerchiati da un nemico agguerritissimo che, anche grazie alla conoscenza del terreno, ci impediva i rifornimenti di viveri e munizioni fronteggiandoci validamente. I nostri soldati furono meravigliosi, perché non si sbandarono, riuscendo a creare un velo di resistenza che impedì ai greci di ricacciarci in mare dopo cinque giorni di accaniti combattimenti. I nostri uomini erano privi di validi sistemi di comunicazione. Le radio in dotazione all'esercito, erano di concezione superata. Le nostre R.F., oltre che pesanti e quindi difficilmente trasportabili, funzionavano solo se gli addetti erano altamente qualificati ed addestrati. Il nostro esercito sapeva mandare allo sbaraglio i suoi uomini confidando nella buona stella, che li avrebbe protetti, e nella capacità di arrangiarsi del popolo italiano, che riusciva grazie all'improvvisazione a sopperire alla mancanza di preparazione. Ovviamente noi non ci rendevamo ancora pienamente conto della situazione: in pratica non avevamo ordini, visto che non eravamo nemmeno previsti in suolo albanese. Non sapemmo mai quale comando si era accorto della nostra presenza, spedendoci sul confine con la Grecia. Non facevamo parte di alcuna Divisione, il nostro comando si era, infatti, fermato a Cuneo, ed eravamo rimasti anche senza il Tenente Colonnello comandante del Gruppo, che era rientrato in Italia. Gli Ufficiali della nostra Batteria si erano ridotti a quattro al posto di sette, e così rimasero fino alla fine della campagna, salvo l'arrivo di qualche aiuto che o non riusciva ad inserirsi o veniva spedito in altri reparti. La nostra Batteria aveva Zito come comandante, il sottoscritto, come vice, il Tenente medico Bassano e l'addetto alle squadre salmerie e viveri, il Tenente Colangelo. Di positivo c'era solo il grande affiatamento fra di noi e la simpatia e il rispetto che i soldati nutrivano nei nostri confronti. Ciò ci permise a più riprese di affrontare situazioni terribili senza perdere la testa. Quasi con certezza posso affermare che la 27ª é stata l'unica Batteria che dal 28 ottobre rimase, salvo dieci giorni di riposo, permanentemente in prima linea. Io riuscii a battere ogni record perché non mi assentai un solo giorno dal reparto, mentre Zito, malato e non reggendosi in piedi, fu ricoverato per qualche tempo in ospedale. La nostra Batteria si era nel frattempo staccata dal *Val Tanaro* e dovette agire autonomamente aggregandosi ad unità che in quel momento avevano necessità di appoggio. Grazie all'esperienza acquisita sul fronte francese e al nostro senso pratico, Zito ed io riuscimmo ad inculcare nella mente dei nostri soldati la convinzione che senz'altro ce l'avremmo fatta, seppur in mezzo a mille disagi e pericoli. Nessun soldato pensò mai alla diserzione. Avevamo capito che gli uomini dovevano essere convinti di avere alle spalle delle salmerie, cioè gli addetti al rifornimento di munizioni e viveri, che non ci avrebbero mai abbandonato. A questo scopo, in partenza da Valona, ci organizzammo in modo tale da lasciare le salmerie nelle mani di un Ufficiale capace, e brillantemente coadiuvato da sottufficiali e caporali di provata esperienza. Il Tenente Colangelo sembrava l'ideale per questo incarico. Era un terribile fifone e sarebbe morto di paura se fosse stato assegnato ai pezzi, quindi, perché nessuno lo spostasse dalle retrovie, faceva in modo di essere efficientissimo. Sguinzagliava i suoi uomini alla ricerca dei centri di sussistenza, riuscendo a procurarci sempre quanto c'era necessario. Colangelo, per il contatto con le varie sussistenze, si serviva quasi sempre di un furbissimo Caporale toscano, delle Alpi Apuane, che aveva un'incredibile faccia di bronzo e riusciva a farsi dare le cose più inaspettate firmando i buoni di prelievo con "Cap. Puppo". Tutti lo credevano un Capitano e nessuno pensò a lui come ad un semplice Caporale. In Batteria arrivarono forme di formaggio grana, casse di fiaschi di vino di ottimo Chianti, scatolette di carne e tonno delle più assortite. Quando arrivava questo ben di Dio era una festa; subimmo anche giorni di fame, ma non ci abbattemmo mai poiché mai dubitammo dell'abilità di Colangelo. L'ordine di raggiungere il fronte nel più breve tempo possibile fu preso molto sul serio, ma, purtroppo, il tempo si mise al peggio, pioveva a dirotto con folate di vento che durante la prima tappa a Sinanai non ci permisero di piantare le tende. Ci riparammo alla meglio con i teli sopra la testa e passammo la notte completamente infreddoliti e bagnati. Fu una notte terribile, ma ci abituammo. Le condizioni pessime delle strade, strettissime e fangose, rallentarono la nostra marcia. Anche la strada che da Valona portava al ponte Perati era intasata da un traffico disordinato di carriaggi e soldati che salivano e scendevano. Incominciammo a vedere le prime autoambulanze cariche di feriti. Non era uno spettacolo esaltante. Le strade alternative non erano neanche mulattiere, ma sentieri per capre, che con la pioggia erano completamente fangose; i muli faticavano a procedere e le fasce mollettiere dei soldati erano diventate di cemento. Quante bestemmie! Tutti però volevamo fare presto perché volevamo renderci conto di quello che ci sarebbe toccato. Spesso ci sorvolavano i nostri aerei da bombardamento e i caccia, ma non appena la nostra aviazione ci lasciava sguarniti, scendevano sopra di noi aerei inglesi che ci mitragliavano. Fortunatamente non subimmo perdite, ma soltanto qualche ferito. La sera del secondo giorno di marcia, raggiungemmo il ponte di Dragot, sul fiume Voiussa, che nasce sulla catena del Pindo e sfocia a Valona. Nelle valli di questo corso serpeggiante si svolsero gli scontri più cruenti. L'Albania, o per lo meno quella parte di Albania che conobbi io in quel lasso di tempo, era ricca di catene di montagne e di colline che raggiungevano in media i 500-600 metri, con pochi picchi al di sopra dei 2.000 metri. Le valli prendevano il nome dai fiumi che le attraversavano, i quali, quasi paralleli da nord a sud, convergono verso la Grecia. Era una regione scarsamente popolata, e gli abitanti, musulmani o greco-ortodossi, erano spesso in lotta fra loro. I pochi villaggi erano abbarbicati su colline, senza alcuna possibilità di accesso; per lo più erano abitati da donne, vecchi e bambini, non perché gli uomini validi fossero fuggiti per la guerra, ma perché da tempo i maschi maggiorenni emigravano all'estero. In Albania l'uomo non lavorava, faceva tutto la donna che arava i campi, accudiva alla famiglia e serviva l'uomo. Per la verità, se a casa non faceva nulla, all'estero lavorava e mandava regolarmente sussidi per mantenere la sua famiglia. Non ho un bel ricordo dell'Albania, ma gli albanesi le sono molto attaccati, nonostante la terra sia con loro ingrata ed avara. Non voleva proprio smettere di piovere. Anche nei pressi di Klisura tirava vento, ma riuscimmo almeno per quella notte a piantare le tende. Era l'ultima volta che potevamo permetterci di fare un attendamento a Batterie riunite. Dopo, per motivi precauzionali, avremmo dovuto dividerci per non essere troppo vulnerabili ad eventuali incursioni aeree. Nessuno ci disse a chi avremmo dovuto aggregarci; capivamo che doveva essere già successo qualcosa di grave poiché la strada che raggiungeva il confine era ingombra di mezzi che non potevano procedere a causa delle colonne di soldati allo sbando, che davano l'impressione di una Caporetto. Non potevamo credere a quello che vedevamo. Erano trascorsi appena cinque giorni dall'inizio delle ostilità; tutte le comunicazioni dalle prime linee ai comandi erano inesistenti e i nostri Generali insistevano nel mandare fonogrammi di encomio. Erano veramente simpatici, perché con un macabro umorismo insistevano nel dire che l'esercito greco era ormai allo stremo e sarebbero bastati i nostri contrattacchi per farlo fuggire. All'alba smontammo il campo e con la massima celerità raggiungemmo il paese di Premeti: pensavamo di essere nelle retrovie, invece eravamo in piena zona di guerra. Le artiglierie sparavano a fuoco accelerato e mitragliatrici e fucili sgranavano colpi in continuazione. I colpi di mortaio greci erano sempre sul bersaglio, ma, fortunatamente per noi, i greci avevano scarsità di munizioni. Finalmente potemmo prendere il contatto con un comandante del Battaglione alpini *Val Natisone* della Divisione *Julia*, il Colonnello Daniele Del Din, anziano, ma di provato coraggio. Era ammalato, ma non mollava. Non sapeva niente del nostro arrivo e per lui fummo come la manna. Ci assegnò subito un settore dove piazzare la Batteria. I greci facevano una guerra molto intelligente, avanzavano sulle creste delle colline mascherandosi con accortezza e controllando ogni nostra mossa. Noi rimanemmo sulla sponda sinistra del Voiussa, la 25ª e la 26ª restarono sulla destra, e per tutta la guerra perdemmo i contatti, salvo quasi alla fine delle ostilità, col nostro Comando di Gruppo. Zito ed io eravamo completamente autonomi, e, quando operavamo in appoggio ai Battaglioni alpini, dipendevamo dal Colonnello Del Din. Cominciammo a piazzare la Batteria; staccammo le salmerie dai pezzi, facendole arretrare in zona più protetta. Colangelo ne fu felice; quei colpi lo avevano scosso, e non vedeva l'ora di ritornare nelle retrovie. Per la verità non aveva paura solo lui, poiché tutti avevano una fifa maledetta, ma c'era chi lo sapeva nascondere e chi no. Colangelo proprio non ci riusciva. Addirittura terrorizzato era l'Ufficiale medico, il carissimo Bassano, che, non appena ci fermavamo, come un cane da caccia cercava dei ripari e trovatili ci s'infilava, incurante di coprirsi di fango. Povero Bassano, era sempre talmente infangato che sembrava un guerriero di creta cinese. Il senso del dovere e la sua alta umanità avevano, comunque, il sopravvento sulla paura, infatti quando era necessaria la sua presenza, gettava la fifa alle ortiche e, incurante del pericolo, affrontava ogni situazione. Il terrore provato in Albania lo lasciò psicologicamente scosso, tanto che poco tempo dopo il rientro in Italia si tolse la vita. Dovevamo assolutamente cercare la posizione più adatta per piazzare i pezzi, cercando sia di predisporli per il tiro sia di defilarli alla vista del nemico. Non era cosa facile; fortunatamente ci avevano fornito di carte topografiche 1/25.000, purtroppo rilevate dall'aereo, e pertanto non molto precise, ma tuttavia sufficienti per l'individuazione dei bersagli. L'Istituto Geografico era diretto da persone competenti, rappresentando veramente l'eccezione che conferma la regola. Dovevamo scegliere un buon osservatorio e lo trovammo su uno sperone di roccia, protetto da un bosco ceduo. La pioggia non voleva cessare e pensammo che l'ombrello comprato a Bari sarebbe stato ad hoc, così lo aprimmo ed iniziammo a fare i rilievi goniometrici. Fortunatamente, dopo breve tempo scendemmo in Batteria. Lontano una cinquantina di metri da noi, scoppiò un colpo di mortaio. I greci usavano benissimo queste armi, che scoprimmo dopo essere di fornitura italiana.

Sapevamo che un colpo sparato lontano serviva loro per permettere di individuare meglio la postazione ed aggiustare il tiro. Fu così, infatti, che arrivarono il secondo ed il terzo colpo, che fecero volare in aria ombrellone e goniometro. La perdita del goniometro costituiva un grosso problema, ma per l'ombrello ci facemmo una risata. C'era andata proprio bene! La postazione per la Batteria era ottima, poiché, pur non essendo defilata al tiro, era ben defilata alla vista. Ora si trattava di essere accorti nel mascherare i nostri movimenti affinché le ben addestrate vedette greche non c'individuassero. Per evitare anche possibili infiltrazioni, costruimmo un reticolato davanti alla Batteria, con appendendovi anche dei campanacci. I disagi erano terribili, cominciava a far freddo e dal cielo sempre più spesso cadeva del nevischio. Di notte la temperatura era sotto zero. Le tende erano insufficienti e molti dovevano trascorrere la notte all'addiaccio, perché di servizio ai pezzi o di sentinella. La nostra più grande preoccupazione era riuscire a salvare l'armamento in caso di ritirata, e a questo scopo piazzammo le nostre due mitragliatrici in avanti, onde permettere lo smontaggio e il caricamento dei pezzi in caso di ripiegamento. In quel momento, infatti, non si pensava ad un'avanzata, ma solo ad arginare i greci che nell'attacco si presentavano in massa e totalmente sprezzanti delle loro perdite. Certamente si ubriacavano prima dell'attacco: spesso, pur essendo a pochi passi, usavano male le armi individuali. Grazie alla carenza delle loro munizioni, evitammo grosse perdite e riuscimmo a mantenere sempre la calma. Non eravamo degli sprovveduti: il fronte francese, nonostante fosse stato una barzelletta rispetto all'Albania, ci aveva dato un proficuo battesimo di guerra di movimento. Là era stata guerra d'attacco, qui invece era quasi impossibile difendersi. Sparammo molti colpi su postazioni e reparti nemici sparando ad alzo zero, cioè con tiri a brevissima distanza. La Batteria si stava comportando molto bene e ricevemmo gli elogi anche del Colonnello Del Din. La 25ª e la 26ª del nostro Gruppo furono fra le poche Batterie che, a guerra finita, si ritrovarono, sia pur con un organico molto ridotto, ancora efficienti. Il *Val Po*, mandato allo sbaraglio, subì un massiccio attacco da parte del nemico che, come al solito, favorito dalla conoscenza del terreno, avanzava con vera maestria sulle cime delle montagne, controllando i nostri movimenti e prendendo da tergo i nostri reparti. Il *Val Po* si trovò in linea senza copertura, e dovette ringraziare la provvidenza per il fatto che i greci, non pensando che il nostro esercito era allo sbando, non avanzarono. Se i greci se ne fossero resi conto avrebbero potuto raggiungere Valona, Durazzo e Tirana con poche perdite. Il *Val Po* cercò di rendere inutilizzabili i sedici obici che aveva dovuto abbandonare durante il ripiegamento togliendo gli otturatori, e cercò di bloccare l'avanzata nemica con le poche mitragliatrici salvate e scarsissime munizioni. Fecero miracoli, ma dei 1.500 uomini partiti pieni d'entusiasmo, fra morti, feriti, prigionieri e sbandati, si poterono contare ben pochi superstiti, così il reparto fu considerato non più impiegabile. Il suo Maggiore comandante, egregia persona, era disperato; fu sollevato da ogni responsabilità e, come riconoscimento, gli fu dato il comando del *Val Tanaro* lasciato vacante fin dallo sbarco, poiché il comandante aveva marcato visita. Era passato quasi un mese dalla partenza da Valona. I soldati erano sfiniti, da quel giorno nessuno si era tolto la giacca, la mantella e, ovviamente, le scarpe. Era nota la scadentissima qualità delle scarpe militari, se le avessero tolte non le avrebbero potute più rimettere. Ci furono i primi congelamenti, e moltissimi furono rimbarcati per l'Italia. Purtroppo, alcuni disperati, pur di ritornare a casa, molti si procurarono quella menomazione. Sapevano che gli ospedali dell'Albania erano assolutamente carenti di igiene, tanto che i ricoverati per la maggior parte erano colpiti da cancrena, così i nostri comandi decisero di non farli sostare più in ospedali albanesi, ma di rispe-dirli direttamente in Italia. Questa notizia trapelò anche al fronte e i congelamenti aumentarono vistosamente, tanto che molti furono considerati autolesionisti. Per fare congelare i piedi bastava lasciare l'arto molto stretto dalle fasce, al gelo, per una notte, ed il guaio era combinato. Chi veniva accusato di autolesionismo rischiava la fucilazione. Mi risulta che qualche esecuzione fu eseguita, anche se non era facile stabilire la volontarietà o la fatalità del fatto. Ero letteralmente terrorizzato da questa possibilità, non perché temessi la fucilazione, ma per i miei piedi che curavo particolarmente. Avevo ancora le mitiche scarpe Vibram che ero riuscito a rendere estraibili e rincalzabili senza eccessiva difficoltà. Riuscii così a riportare a casa i miei piedi, come tutto il mio corpo, integri e ancora pieni di vitalità. La mia stella non mi abbandonò mai. Vidi, invece, morire tanti soldati, e, sul volto di qualcuno che mi stava particolarmente vicino, mi sembrava di leggerne la predisposizione alla morte. Ebbi questa sensazione più di una volta e questa preveggenza mi disturbò moltissimo, perché lasciava in me un forte ed angoscioso senso di colpa. Avendo perso il goniometro, indispensabile per il calcolo di tiro, costrinsi un artigliere a fare la spola fra la mia Batteria ed una da campagna per farmelo prestare. Approfittai poi della disgrazia di un'altra Batteria, che aveva perso i pezzi, per impossessarmi del loro goniometro. Non fu una cosa facile e dovetti fare intervenire il Colonnello, che li convinse a cedermelo. Coprimmo improvvisando quella grave carenza, pur nella convinzione che presto, dai magazzini albanesi, ne sarebbe giunto uno in sostituzione. Non sapevamo che l'intendente generale Scuero aveva, proprio in quei giorni, consegnato al Generale Cavallero un promemoria sulla consistenza dei magazzini in Albania:

viveri di riserva: nulla; equipaggiamento: minimo; indumenti di lana: zero; munizioni di artiglieria: insignificanti; munizioni di fanteria: zero; armi ed artiglieria: esaurite tutte le disponibilità; materiale del genio: praticamente nullo; materiale sanitario: insufficiente.

Nessuno di noi avrebbe potuto credere ad una situazione così allucinante. Eravamo convinti di essere solo noi dotati di un armamento obsoleto, e che gli altri reparti italiani fossero meglio equipaggiati di noi. Credevamo anche che la nostra posizione fosse decisamente arretrata rispetto agli altri, invece eravamo sempre nella parte più avanzata. Forse, grazie a questa sciocca illusione, riuscimmo a non sbandarci mai. Se necessario facevamo brevi spostamenti durante la notte in modo da non essere individuati, onde cercare le posizioni più idonee e le migliori vie d'accesso. Dalla prima postazione arretrammo per brevi tratti due volte, e l'ultima fu una posizione impossibile: i greci ci avevano individuati e ci centrarono con parecchi colpi di artiglieria; fortunatamente ai pezzi lasciavamo lo stretto necessario di serventi, e avevamo costruito buoni ripari e scudi di prote-zione che limitarono, almeno per i primi giorni, le nostre perdite. Avemmo due morti, dodici feriti, qualche congelato e, purtroppo, molti ammalati per disturbi polmonari. Non ritenemmo opportuno sostituirli con i soldati addetti ai servizi, perché quelli erano la nostra vera forza. Aspettavamo l'ordine da un momento all'altro di ripiegamento da quella postazione impossibile e, invece, fummo raggiunti da un Capitano di Stato Maggiore, tutto azzimato, che con una evidente premura di rientrare al comando di Divisione, c'indicò la nuova destinazione. Dovevamo raggiungere al più presto la Val Zagorias, sul lato destro del nostro schieramento, attraverso il passo Dembellit, a 1.700 metri. Lì avremmo trovato tre Battaglioni, uno di alpini, uno di bersaglieri e qualche reparto di granatieri. Era molto sicuro di sé e ci chiese: "Vi servono ragguagli?". Al che risposi: "Certo! Non abbiamo nessuna carta topografica della zona e, come sa, per noi sono essenziali per poter sparare se non a tiro diretto". Prontamente il Capitano rispose: "Non preoccupatevi! I comandi di Battaglione, o alpini o bersaglieri, ne sono forniti!". "E per gli approvvigionamenti?", chiedemmo, e ci fu subito risposto: "La Val Zagorias non é lunghissima, il Zagoria confluisce con la Voiussa e la confluenza dista pochissimo da Klisura dove ci sono ricche sussistenze e magazzini militari". La sua sicurezza ci lasciava sconcertati, ma non potevamo fare altro che prendere per buono quello che con tanta certezza ci dava per scontato. Aveva molta premura perché aveva altri compiti da sbrigare; la furia con cui si sganciò da noi avrebbe dovuto insospettirci, e invece lo lasciammo andare, seguito dal suo portaborse. Se ci fosse capitato fra le mani il giorno dopo, non so quale fine avrebbe fatto. In quel momento arrivò un Ufficiale del Gruppo *Udine* della

Julia con l'ordine di sostituirci; era una Batteria superstite della ritirata del Pindo. Erano mal in arnese, avevano anche perso un obice, abbandonato durante la ritirata. Speravano di poter andare a riposo e non credevano a tanto sfacelo, invece ci dovevano sostituire e assumere una posizione non certo migliore di quella lasciata. Erano assegnati, ma non cedevano. Non esistevano più in Albania truppe di rincalzo, e prima che fossero arrivate dall'Italia, sarebbe trascorso un bel lasso di tempo. Erano trascorsi ventisei giorni dal 28 ottobre. Zito ed io non avevamo la più pallida idea di quale fosse la Divisione che ci aveva ordinato lo spostamento; pensandoci ora, eravamo stati degli incoscienti, ma, incoscienti o meno, credevamo ancora nell'Italia, anche se cominciavamo a dubitare della validità dei nostri Generali. Questo spostamento ci preoccupava, e non poco; fortunatamente, le carte in nostro possesso, pur non raggiungendo la Val Zagorias, riportavano con una certa approssimazione le quote di livello per arrivare al passo Dembellit. La salita era impervia ed i sentieri erano appena accennati. Era una grande avventura, ma, visti gli ordini ricevuti, bisognava affrontarla. La squadra salmerie era qualche chilometro dietro di noi; la avvisammo mediante i collegamenti telefonici di raggiungerci immediatamente. Povero Colangelo, per lui era un vero colpo basso. Era necessario che il reparto ci seguisse perché in quei dirupi i nostri rifornimenti sarebbero stati tagliati. C'era solo da sperare in Dio. La Batteria era già pronta per affrontare la nuova destinazione; Zito attaccò la mulattiera che all'inizio non sembrò molto difficoltosa da percorrere, mentre io rimasi ad aspettare Colangelo. Non passarono due ore che vidi spuntare i primi muli; era passato un po' di tempo da quando avevo visto Colangelo e lo trovai rinsecchito e con la barba lunga. Non era mai venuto in prima linea, perché le corvée erano demandate sempre a Sottufficiali. Qui i colpi partivano ed arrivavano da tutte le parti; vedevo Colangelo che, ad ogni sparo, avrebbe voluto sprofondarsi sotto terra, e lo prendevo in giro perché ormai non solo avevo fatto il callo a quella situazione, ma riconoscevo, dal tipo di sibili, se il colpo sarebbe stato più o meno pericoloso: "Dai Colangelo, su con la vita! Saliremo per quella mulattiera che é ben defilata e là, per il momento, non arrivano colpi!". Non aspettò nemmeno che finissi perché partì immediatamente con i suoi uomini verso quella direzione. Colangelo era proprio bravo: i muli erano proprio carichi come muli, e aveva sacrificato le munizioni per i viveri, di cui avremmo potuto usufruire per qualche giorno. Non c'é, infatti, cosa migliore per far sentire tranquillo un soldato che mostrargli che qualcuno si sta occupando di lui anche con il rancio secco! Raggiunsi Colangelo che nel frattempo si era rinfrancato; si preoccupava del come avrebbe fatto a piazzare il suo reparto nelle retrovie del nostro schieramento e vicino alle sussistenze. Mi guardò allarmato e mi chiese: "Ma quando saremo giù in valle, cosa troveremo?". Scoppiai a ridere: "Preoccupiamoci di raggiungere il passo ed auguriamoci che non capiti qualche pattuglia davanti a noi che ci tagli la strada!". Questo non dovevo dirlo, lo vidi diventare pallido, così proseguii: "Comunque davanti a noi c'é Zito che ci sa fare e caso mai li intercetterà lui!". Avevo cercato di tamponare la cosa con la prima idea che mi era passata per la mente, e fortunatamente era anche abbastanza logica. Aveva smesso di piovere, ma ci perseguitava quel maledetto fango che c'immobilizzava le gambe; i muli erano stracarichi ed il loro procedere era molto lento. In sette ore raggiungemmo il passo, che era ben millecento metri sopra di noi. Una volta giunti nascondemmo i muli in una boscaglia e ci fermammo per un'ora abbondante. Era necessario non essere individuati dall'aviazione nemica che, sia pur scarsa, nei giorni precedenti non aveva mancato di spezzonarci. Dall'alto si vedeva bene la Val Voiussa, ma la Val Zagorias, della quale eravamo curiosi di sapere qualcosa, era completamente coperta dalle ondulazioni del terreno. A pochi passi da noi c'era già la neve e ciò non fu molto stimolante. Riprendemmo il cammino in discesa, convinti di trovare dopo poco Zito. Infatti, non passò molto che individuammo il comandante con la Batteria, che stava allestendo le tende al riparo in una boscaglia. Quella vista ci rinfrancò; nei giorni precedenti potevamo solo sognare una vera tenda, ci sdraiavamo sulla terra fangosa, cercando di coprirci con un telo a mala pena sostenuto da qualche arbusto. Scoprii allora che l'essere umano ha una capacità d'adattamento incredibile; mai e poi mai avrei pensato che la mia pelle, abituata alle lenzuola sottili di mia madre, avrebbe potuto sopportare disagi così tremendi ed uscirne indenne. Ci sistemammo nel boschetto, intanto il mio solerte attendente aveva trovato una tendina che divisi con Zito. Mi sembrò di essere in una camera dell'Hilton, e pasteggiai con scatoletta di carne, galletta, e purissima acqua di sorgente. Mi tolsi le scarpe e la giacca e dormii come un ghiro. Al mattino notai subito un ruscello che scorreva vicino alla tenda, che mi invogliò a procedere ad una generale pulizia del mio corpo. Faceva freddo, ma non ero preoccupato da quello. Tutti avevano i pidocchi, ma io credevo di esserne immune. Slacciai ed aprii i pantaloni e scoprii una miriade di quegli schifosi animaletti che sono i pidocchi. Colore bianco sporco, con una macchiolina nera sulla schiena, a contatto con l'aria sembravano impazziti, muovendosi in tutte le direzioni. Non potevo credere di essere infestato anch'io da quegli immondi esseri zampettanti. Mi denudai e con disgusto lasciai cadere a terra i vestiti, la maglia e le mutande. Avevo freddo, ma non osavo pensare di dovermi rivestire, e cominciai a grattarmi. Arguii che non era il loro morso che procurava il prurito, ma era il grattarsi. Mi lavai nel ruscello, ma il prurito non cessò, e mi abbandonò solo quando dei carristi mi regalarono una latta di benzina dove misi a bagno tutto il mio vestiario. Non avendo niente di ricambio, mi rivestii con grande ribrezzo. Lo dissi a Zito, e lui scoppiò a ridere: "Io me ne sono accorto quindici giorni fa, e mi meravigliai che anche tu non ne fossi infestato. Cerca di grattarti il meno possibile altrimenti impazzisci!". Il suo consiglio fece effetto, i pidocchi, meno li si tocca, meglio si sta. Mi sembrava trascorso un secolo da quando indossavo lo smoking e mi recavo con mia moglie a qualche festa da ballo. Ora non era più naja, era qualcosa di molto, molto peggio! Le cimici furono anche peggio, le sperimentai quando, una notte, credetti di aver trovato un magnifico riparo in un capanno di un pastore. Mi sdraiai su di un giaciglio di paglia e le cimici mi assalirono lasciandomi dei morsi in tutto il corpo, che provocarono un terribile prurito che cessò solo dopo qualche giorno. Era ben sadico quel Signore che tutto creò, che oltre alle granate e alle pallottole volle aggiungerci anche questi tormenti. Dopo la tremenda scoperta, raggiunsi la Batteria che stava iniziando la discesa, decidemmo che le salmerie non avrebbero dovuto seguirci, ma accamparsi nella zona che avessero considerato la più adatta. Strada facendo, stendemmo il filo telefonico. Intravedemmo la vallata, simile per terreno e vegetazione a quella che avevamo lasciato, soltanto più stretta. Salimmo su di un dosso per renderci conto di dove fossero disposti gli eventuali schieramenti di Alpini, Bersaglieri e Granatieri, ma, come volevasi dimostrare, non c'era alcun segno di vita. Per prudenza facemmo avanzare il Plotone di mitraglieri, con l'ordine di appostarsi per coprire la nostra discesa in caso di presenza di truppe nemiche, ed imboccammo la valle dirigendoci in direzione sud. Non erano passati i primi dieci muli che ci centrò una gragnola di colpi di mortaio, seguita da raffiche di mitraglia. Quell'accoglienza non ci lasciò indenni: un morto e alcuni feriti. Nonostante le perdite dei giorni precedenti non fossero state numerose, il nostro organico si assottigliava sempre più. Per ovviare a questi inconvenienti, senza intaccare il reparto salmerie, indispensabile ed efficientissimo, decidemmo di fare delle rotazioni periodiche onde sostituire i più affaticati. Eravamo ben organizzati. Zito era bravo ed io gli facevo da buona spalla. La ricognizione fatta qualche ora prima del terreno, non ci avrebbe mai fatto presagire una reazione così violenta da parte dei greci. Quella "mezza sega" di Capitano di Stato Maggiore ci aveva annunciato Battaglioni di alpini, bersaglieri e grana-tieri. Di loro neanche l'ombra e noi, come allocchi, con una Batteria di artiglieri eravamo a contatto diretto con il nemico, quindi assolutamente impotenti, se soli, contro la fanteria avversaria. Era necessario assumere una linea di condotta, così Zito ed io ci consultammo immediatamente. Ci accorgemmo che in direzione ovest c'era un avvallamento al riparo per lo meno dalla visuale nemica, che avrebbe permesso il ripiegamento della Batteria. Facemmo retrocedere la testa della colonna e, quasi al galoppo, facemmo sfilare tutto il reparto dietro quelle collinette. Zito, con la pattuglia di comando ed una mitragliatrice ci precedette, onde individuare una postazione per il collocamento dei pezzi. Era necessario preventivare un intervento immediato; eravamo assolutamente senza collegamento con i reparti che avrebbero dovuto essere in linea. C'era un silenzio assoluto che incuteva soltanto timore e non certo tranquillità. Piazzammo le due mitragliatrici a lato dello schieramento pezzi, e c'immaginammo dei potenziali bersagli su cui dirigere eventualmente i colpi. Non passò molto tempo che un colpo, probabilmente di mortaio, cadde a circa cento metri da noi. Sapevamo quello che sarebbe seguito, era l'aggiustamento del tiro. Forti dell'esperienza, lasciammo pochi uomini ai pezzi e gli altri liberi di scegliersi il riparo migliore, sempre però a portata dei nostri comandi. Eravamo tesissimi: dopo un attimo ci centrarono, ed una mitragliatrice fu distrutta. Fortunatamente, i due serventi si erano allontanati dall'arma ed erano ben protetti, tanto da non essere raggiunti neanche da una scheggia. Ci fu qualche ferito, ma non grave. I greci spararono ancora qualche colpo, poi tornò il silenzio; si avvalorò il mio pensiero che i greci fossero terribilmente carenti di munizioni. Per fortuna! Non passò molto che i due mitraglieri senza armamento ci raggiunsero di corsa, segnalando che una cinquantina di greci, urlando per spregio "Savoia!" e "Chicchirichì!" [probabilmente, questo curioso grido era dovuto al fatto che gli alpini italiani erano chiamati dai greci "soldati-gallina" per via della penna, NdC], si dirigevano verso di noi. Li scorgemmo subito, sembravano, però, molto indecisi o ubriachi. Potevamo essere una facile preda, ma, malgrado avessero anche qualche mitragliatrice leggera, sparavano in modo molto disordinato. La nostra decisione fu immediata; caricammo immediatamente i pezzi sui muli, spostammo la mitragliatrice, che era rimasta sul lato opposto, li tenemmo a bada col moschetto fino al nostro sganciamento. Certamente non ce l'avremmo fatta se non fosse giunto il magnifico Colonnello Del Din, anche lui spostato con il suo Battaglione, peraltro ormai ridotto ad un terzo dell'organico. Il Colonnello, vista la nostra mal parata, si attestò con una Compagnia su un costone vicino, aprendo il fuoco contro quei forsennati, che continuarono a gridare, anche in fuga, "Chicchirichì!" e "Savoia!", in nostro dispregio. La 27ª deve la sua salvezza al Colonnello ed ai suoi magnifici Alpini. Dopo quasi un mese di permanenza al fronte ci trovammo stabilmente aggregati ad un vero reparto: il Battaglione *Val Natisone* della *Julia*. Purtroppo il Colonnello rimase con noi per breve tempo, perché, malato, fu condotto in ospedale dove mi sembra che morì. Un colpo di mitragliatrice aveva raggiunto anche la nostra radio *Phonola*, che divenne muta. Non la gettammo, ma la consegnammo alle salmerie riprometendoci di farla aggiustare una volta ritornati in Italia. Ci aveva tenuto compagnia per poco tempo; sentivamo qualche canzone ed i bollettini di guerra che ci lasciavano di stucco. I primi giorni erano stati trionfali e solo al settimo o ottavo giorno, parlarono di lievi ripiegamenti, finché, fortunatamente, per il nostro umore, la radio tacque e noi restammo all'oscuro di tutto. Qualche giorno prima della sua neutralizzazione, la Phonola ci diede la notizia che al Maresciallo Graziani in Libia era stato dato l'ordine di attaccare le forze inglesi schierate al confine con l'Egitto. Fu una notizia che non ci rallegrò affatto; l'Italia stava già dimostrando di avere molti problemi con la Grecia, chissà cosa sarebbe successo a fronti allargati. C'era da pensare che parte dei nostri reparti dovessero essere sacrificati e questo avrebbe significato mandare in tilt anche i reparti meglio organizzati, come era già stato dimostrato durante le licenze agricole. Se ci avessero mandato reparti sostitutivi non addestrati o preparati insufficientemente, sarebbero stati guai seri per noi e per loro. Purtroppo, per tamponare le falle, anche reparti organicamente efficienti venivano divisi e smistati, ottenendo così solo reparti allo sbando. Da Bari e Brindisi partivano reparti o senza mezzi di trasporto o senza serventi. Tra le inefficienze del nostro esercito vorrei ricordare che erano stati calcolati, come necessari, più di un migliaio di autocarri. Ne arrivarono soltanto qualche centinaio, una parte dei quali fu immediatamente sequestrata dai comandi superiori perché, imperversando il maltempo, i cassoni degli automezzi, coperti da meravigliosi teli protettivi, erano stati trasformati in posti di comando o peggio ancora in confortevoli alloggiamenti per le stanche membra di qualche papavero che aveva tanto spremuto le meningi, mandandoci proclami incitanti a resistere ad ogni costo. Scoprimmo anche che l'organizzazione dei trasporti era stata affidata ad un'impresa privata, la ditta Cafulli, la quale aveva in uso dei camion che avevano ancora le trasmissioni a catena e degli automezzi con gomme piene. Non ho mai capito da dove provenissero, forse erano residuati dell'esercito turco! Dopo il salvataggio da parte degli Alpini, dovemmo ripiegare, e rimanemmo io e Zito per ultimi; volevamo essere certi che non rimanesse indietro nessuno e che tutto il materiale venisse recuperato. Guardai Zito e vidi che stava andando a raccogliere una cassetta vuota da munizioni, e gli dissi: "Ma che cavolo fai? Se non hanno più cassette vuote, che vadano a farsi friggere! Se vogliono la guerra che ci mandino le cassette e le munizioni! Ma vuoi rischiare la pelle per due pezzi di legno? Cerchiamo di raggiungere gli altri e tu va avanti perché devi accordarti con gli Alpini su cosa dobbiamo fare! Hai proprio la mentalità dell'Ufficiale effettivo!". Povero Zito, se l'ebbe proprio a male, ma non disse niente. Avevo esagerato, non solo l'avevo insultato, ma gli avevo anche dato degli ordini. A sera, in tenda, lo pregai di scusarmi. Mi abbracciò, piangendo. Avevamo entrambi i nervi a fior di pelle, perché c'eravamo resi conto della situazione in cui ci trovavamo. Quella postazione era importante perché, dalla valle, i greci avrebbero potuto facilmente circondare il XXV Corpo d'Armata. Nostro compito era impedire loro, con ogni mezzo, di passare. Eravamo rimasti ben pochi. Il Colonnello Del Din fu sostituito con un uomo altrettanto capace, il Colonnello Pizzi, più montanaro, ma magnifico combattente. Gli Alpini non sembravano più uomini, ma fantasmi, erano sporchi, con la divisa a pezzi e le scarpe tenute insieme dal filo di ferro. Eravamo comunque ancora tutti convinti che ce l'avremmo fatta. Una prova dell'attaccamento alla mia persona mi fu data dal mio attendente Terreno, che ho recentemente incontrato in un raduno di Alpini. Avevamo perso contatto con Colangelo e correva voce, alle salmerie, che eravamo stati fatti prigionieri. Giuntagli all'orecchio questa possibilità, si precipitò in valle per condividere la mia sorte. Quando me lo vidi innanzi, mi commossi, ma finsi, da suo superiore, un'arrabbiatura che interpretò nel senso giusto. Si trattava, a quel punto, di recuperare il reparto munizioni e viveri; l'entrata in valle non era più possibile. Zito ed io eravamo necessari lì. Fortunatamente proprio quel giorno ci fu assegnato un nuovo Ufficiale, il Tenente Zoccola, che mandammo con altri due Sergenti di provata esperienza da Colangelo. Avevano il compito di studiare qualche passaggio, ben defilato e a mezza costa, dove potesse passare la salmeria per essere predisposta nelle retrovie. Ci chiedevamo dove fossero finiti i nostri famosi tre Battaglioni; c'erano gli Alpini del *Val Natisone*, un centinaio di fanti della *Bari*, ma di Granatieri nemmeno l'ombra. Piazzammo la Batteria in un pianoro, appena defilato alla vista, ma, purtroppo, solo di chi avrebbe dovuto stare davanti a noi. I greci, oltre a conoscere benissimo il terreno, si muovevano sempre sulla cresta delle montagne; ci erano totalmente invisibili e spesso ci prendevano da dietro. Sapevano che c'era solo la nostra artiglieria in quella valle e che la gittata massima dei nostri pezzi era di sei chilometri ma che i tiri utili erano a quattro o cinque. Quando si sentivano irraggiungibili, quei figli di buona donna non si nascondevano per niente, quasi a prenderci in giro. Eravamo troppo pochi per azioni di contrattacco. Eravamo costantemente sotto i loro tiri che ci costringevano a fare spostamenti notturni, non molto semplici in quelle zone impervie. Ci eravamo smaliziati: avevamo mandato vedette che ci segnalavano le loro posizioni, che cercavamo di centrare non certo economizzando sui colpi. Dagli Alpini la nostra Batteria era chiamata "la garibaldina" per la rapidità con la quale prendeva posizione ed apriva il fuoco. A questo proposito, mia moglie mi mandò un articolo apparso sull'*Illustrazione del Popolo* che parlava di noi. Il tempo era pessimo e pioveva ininterrottamente oppure nevicava; intorno ai 300-400 metri la neve era permanente e gli spostamenti e le nuove posizioni superavano anche queste altezze. I disagi che sopportammo nel dicembre del 1940 furono incredibili. Ogni quattro o cinque giorni c'era uno spostamento da fare, le salmerie dovevano fare anche dodici ore di tragitto per rifornirci. Colangelo era bravissimo, sapeva scegliere bene gli uomini ed i muli per le corvée. Salvaguardando se stesso, salvaguardava tutti quanti noi. Gli eroi in guerra non servono, servono solo coloro che sanno usare il cervello ed hanno uno spiccato senso del dovere. Colangelo ne aveva. Perdemmo moltissimi muli, molti furono colpiti, altri caddero nei dirupi e molti morirono per denutrizione e malattia. In Albania non esisteva foraggio, ed il loro cibo era l'Energon, che mangiavano per non morire. Eravamo molto preoccupati perché perdemmo molti dei muli usati per i pezzi e, un bel giorno, vedemmo arrivare una corvée di cavallini albanesi che, a branchi, si potevano trovare allo stato brado. Arrangiarci é la caratteristica del vero italiano. Durante uno spostamento notturno in un sentiero a picco su un burrone cadde un mulo il cui carico era la bocca da fuoco. La perdita era gravissima. Zito si fermò e decise di lasciare un mulo e cinque uomini per il recupero. Mi opposi violentemente: i greci ci stavano alle calcagna, la discesa in quel burrone profondo sarebbe stata quasi impossibile di giorno, e pertanto proibitiva di notte. Gli urlai: "Lo vuoi capire che non abbiamo bisogno di eroi! Se il nostro esercito non é in grado di fornirci il pezzo, che vadano a farsi fottere! Se pretendi una cosa simile, in Batteria non mi vedi più! I cinque uomini che vuoi lasciare o saranno fatti fuori dai greci o verranno fatti prigionieri! Se hai paura di fare rapporto, lo farò io e mi prenderò tutta la responsabilità! Ma non hai visto i reparti che abbiamo trovato strada facendo: molti avevano perso anche le armi personali. Non farmi dire quel che ti dissi quando volevi recuperare le cassette vuote delle munizioni!". Avevo esagerato un'altra volta, ma mi aveva mandato in bestia. Non vedevo la sua faccia, ma, senza dubbio, era furente quando ribatté: "Hai sempre ragione tu, ma non cambio il mio modo di pensare!". Potevo tacere e invece risposi: "Ed io mi sparerei se cambiassi il mio!". Così la bocca da fuoco rimase nel burrone insieme con il povero mulo. Proseguimmo verso una nuova postazione. Piazzammo i pezzi su di una cresta scoscesa da tutti e due i lati. Era un luogo adattissimo che ci permetteva di centrare le formazioni greche con estrema facilità. Per di più, dopo tanta acqua e neve era ricomparso il sole. All'orizzonte vedemmo sbucare una formazione di bombardieri che identificammo come una formazione della nostra aviazione. Eravamo tutti pronti ad accoglierli con degli "evviva", quando fecero cadere, fortunatamente, con un attimo di ritardo, le loro bombe, che finirono nella parete sud. Se ci avessero colpiti sa-remmo diventati marmellata, invece non ci fu nessun danno. Ringraziammo l'impazienza dei puntatori degli *S 79*. Credevano che fossimo greci, ovviamente non sapevano neanche loro che eravamo il reparto più avanzato sul fronte albanese. Eravamo convinti che i paesi di Premeti, in Val Voiussa, e Argirocastro, in Val Drino, fossero ancora in nostro possesso, invece erano stati persi da parecchi giorni. Eravamo tranquilli perché, per male che fosse andata, avremmo sempre avuto una via di sfogo sia sulla destra che sulla sinistra. Per nostra fortuna, non utilizzammo mai quelle due possibilità, perché senza neanche accorgersene saremmo cadu-ti in mezzo ai nemici. Eravamo stanchi e sfiduciati; erano già trascorsi due mesi e l'unica cosa che perveniva dai comandi era l'ordine di *fare il muro per la gloria d'Italia*. Il Colonnello Pizzi ci comunicò che avremmo dovuto fare un ulteriore ripiegamento su una linea di resistenza preordinata, cosa che avrebbe coinciso con una nostra offensiva. Questo ci rincuorò, anche se ormai eravamo diventati fatalisti e scettici. La linea preordinata doveva essere sulla cima del monte Bregianit, quota 1.184 metri, che, in seguito, con il Golico, lo Scindeli e il Trebeniscines, divennero i monti e le catene più contese e più insanguinate di tutto il periodo della guerra albanese. I nostri comandanti non avevano ancora perso la mentalità della guerra 1915-1918. Avremmo potuto evitare di perdere posizioni se avessimo avuto un po' più d'accortezza, e spesso la loro riconquista si trasformava in motivo d'onore per gli Alti Comandi, a discapito del sangue dei soldati. Arrivammo sulla cima del Bregianit, su cui non si vedevano fortificazioni. Ero con Zito, il Colonnello del

Raggruppamento Pizzi ed altri due Ufficiali; stavamo per scendere quando vedemmo avvicinarsi un Capitano del Genio militare. Si presentò impeccabilmente e disse al Colonnello: "Se volete seguirmi potete prendere visione della linea di resistenza che é stata preordinata". "Benissimo!", rispose Pizzi. Il Capitano scese di qualche passo, indicandoci, in una posizione discutibile, un muretto fatto di sassi, posti in bilico uno sull'altro, aggiungendo: "Questa è una postazione per la mitragliatrice". Allibimmo. Il Colonnello disse soltanto: "Prosegua!". Ci spostammo di qualche metro e scorgemmo una serie di muretti della stessa consistenza della postazione della mitra-gliatrice, e il Capitano del Genio proseguì con la sua esposizione: "Queste sono postazioni per i fucilieri". Il Colonnello si allontanò velocemente e, data un'occhiata al complesso della cosiddetta fortificazione, ritornò altrettanto velocemente indietro, e con una voce di rabbia repressa esplose: "Capitano, lei ci sta prendendo per il culo! E i suoi uomini dove sono?". "Sono scesi a Pesdani, il paesino ai piedi del Bregianit", rispose il Capitano. Il Colonnello allora chiese, stupito: "Come sono scesi, allora avreste fmito?" "No, scendono a dormire la sera e ritornano al mattino!" "Ma quanto impiegano fra andata e ritorno?" "Tre ore per la salita e due per il ritorno" "Quindi cinque ore! Ma è pazzesco, ma si rende conto di quello che sta dicendo?" e sbraitando il Colonnello aggiunse: "Si giri! Si giri!". Appena quello si girò, il Colonnello fece due passi indietro e, con uno scatto da centometrista, gli affibbiò due tremendi calci in culo che se non gli ruppero l'osso sacro poco ci mancò! Fu una scena così comica che sbottammo in una sonora risata; rise anche il Colonnello, ma non rise il Capitano del Genio, di cui l'aiutante del Colonnello prese le generalità per denunciarlo alla Corte Marziale. Il Colonnello non aveva ancora finito: "Adesso, Capitano, se ne vada, domani mattina, al più presto, faccia salire tutti i Genieri al suo comando regolarmente armati, con le armi in dotazione, perché saprò io come usarli! Dica al suo comando che riceverà una relazione dettagliata dello schifo che ci ha presentato! Non si faccia più vedere, poiché non so se mi saprò trattenere una seconda volta dallo scaricarle tutto il caricatore della mia pistola nella pancia!". Ci sembrava di essere entrati in un altro mondo; non era possibile che non si rendessero conto che, volente o nolente, eravamo in guerra e che era ben lontano da noi il pensiero che altri potessero scherzarci sopra. Quei Genieri erano paragonabili alle centurie di lavoratori che rompevano i sassi con un martello sulle strade albanesi. Fortunatamente i greci si erano calmati e potemmo goderci una sosta rigeneratrice. Quanto avevamo visto ci aveva lasciato un senso di scoraggiamento, ma accettavamo supinamente quella ineluttabile situazione. Zito ed io c'eravamo guardati senza dire una parola; era nostro dovere non fare trasparire le nostre sensazioni ai ragazzi. Ci avevano assegnato proprio quel giorno un nuovo Ufficiale, il Sottotenente Piceci, un ragazzotto pieno di entusiasmo, appena uscito dal Corso Ufficiali a cui era stato detto che l'esercito greco stava capitolando. Poveraccio, ci mise ben poco a capire come era la realtà. Suo padre era tornato dalla prima guerra mondiale con una Medaglia al Valore; voleva eguagliarlo ad ogni costo, e riuscì a realizzare il suo sogno. Ignorammo completamente quei quattro sassi e piazzammo le armi nei punti più logici, compatibilmente alle possibilità del terreno. Lo stesso fecero gli Alpini. Per la prima volta eravamo ben piazzati e avevamo un valido osservatorio, e i greci capirono che non stavamo scherzando. Difendemmo egregiamente la Val Zagorias e la vetta del Bregianit, anche se ci costò numerose vite. Era una posizione chiave, ma se nelle tre valli Drino, Zagorias e Voiussa non ci fossero stati dei solidi capisaldi saremmo stati accerchiati. Purtroppo, per un'infiltrazione sulla sinistra, fummo costretti a spostarci un'altra volta più a valle, poiché, in caso di un'ulteriore avanzata dei greci, sarebbe stato per noi impossibile salvare i tre obici. Per la cronaca, la bocca da fuoco persa nel burrone non era ancora stata sostituita, e dal nuovo osservatorio avevamo scoperto di essere veramente in pochi.

LA SITUAZIONE PRECIPITA

In Val Voiussa cadde Premeti, e in Val Drino cadde Argicastro. Il *Val Natisone* dovette cedere la cima del Bregianit e noi arroccare la Batteria vicino al villaggio Pesdani, alla confluenza delle due valli Voiussa e Zagorias. Era assolutamente necessario creare collegamenti, soprattutto con i reparti più avanzati, cioè con i mitraglieri del *Val Natisone* che erano aggrappati alle pendici del monte. Si offrì come volontario Piceci, felice di poter diventare protagonista di un'azione. I greci, convinti della nostra vulnerabilità, attaccarono e Piceci, vedendo che il servente ad una mitragliatrice era morto, prese il suo posto riuscendo ad arginare l'attacco greco, ma, colpito a sua volta, si riversò sull'arma. Voleva una Medaglia al Valor Militare; gli fu proposta non d'Argento, ma d'Oro. La sua morte ci diede una grande tristezza. Non so se tale Medaglia gli fu concessa perché, purtroppo anche per le onorificenze, come per altre cose, la raccomandazione é la certezza del diritto. Il Colonnello Pizzi e lo stesso Del Din proposero delle medaglie al merito per Zito e me; io non ne ho avute, ma, per la verità, me ne sono sempre fregato. Non ho mai neanche visto Zito fregiato di medaglie, e, in effetti, mi assomigliava molto e non avrebbe mai brigato per ottenerle. Ormai sul Bregianit erano arrivati i greci, e per i nostri comandi divenne motivo d'onore l'idea di riconquistarlo. Ci venne dato l'ordine di studiare e proporre una controffensiva per riprenderci la vetta. Ci riunimmo io, Zito ed il Colonnello. La cima del monte era esattamente di fronte al nostro schieramento. Il nostro tiro o avrebbe oltrepassato la cresta o avrebbe corso il rischio di colpire i nostri Alpini abbarbicati sulle sue pendici. Sapevamo che la Divisione *Bari*, nuovamente ricostituita e dopo lo sbarco schierata da Klisura a Berat, aveva un Gruppo d'artiglieria da campagna, sedici pezzi da 105/27, esattamente ubicato sul lato nord del Bregianit. Il Colonnello Pizzi e noi di artiglieria sentimmo immediatamente l'utilità di metterci in contatto con la *Bari* per creare un'azione decisiva. Non potevamo entrare in contatto direttamente e dal comando ci riferirono che la *Bari* faceva parte del VII Corpo d'Armata e non del XXV. Probabilmente si erano divisi a metà la guerra. L'unica cosa da farsi era mandare qualcuno esperto d'artiglieria direttamente alla *Bari* per concordare l'azione. C'era ben poco possibilità di scelta: quelli che avevano le mani in pasta con l'artiglieria eravamo Zito ed io. Zito non poteva allontanarsi dal comando della Batteria, quindi dovetti andare io. Il compito non era per niente semplice: dovevo raggiungere i comandi della Bari. Non sarebbe stato facile raggiungerla. Avrei dovuto scendere dalla sponda del Voiussa e attraversarlo su di una pericolante passerella, per poi proseguire nel bel mezzo della boscaglia albanese. Decisi di partire all'imbrunire, per evitare che, con la luce del giorno, qualche cecchino si divertisse a giocare al tiro a segno con il sottoscritto. Erano le dieci del mattino, così riposai durante la giornata per prepararmi ad affrontare un terreno completamente sconosciuto. Volli a tutti i costi partire da solo per evitare di mettere a repentaglio la vita di altri uomini, e per passare inosservato ai nemici. Era ormai il tramonto e partii. Il terreno era fangoso come al solito, poiché aveva appena piovuto, i miei piedi affondavano ad ogni passo, la vegetazione era costituita solo da arbusti e non c'erano ripari. Era incredibile il senso di disagio che provavo, e anche se le difficoltà mi sembravano aumentare ad ogni passo, dovevo assolutamente arrivare alla *Bari*. Il buio era sempre più impenetrabile, e non potevo camminare a passo spedito poiché non vedevo dove andavo, e mi lasciavo condurre dal mio istinto, sperando di non cadere e di non essere scoperto. Oggi non conosciamo più il vero, profondo buio, anche se é notte, qualche luce é sempre visibile se non vicino, magari lontano, all'orizzonte; e non si può quindi cogliere la sensazione di immensità e di oppressione che si può provare camminando in un luogo sconosciuto, in mezzo alla sterpaglia con il rischio che qualcuno ci veda o ci senta. Con molta prudenza raggiunsi il fiume. Avevo impiegato il doppio del tempo previsto e, facendo un semplice calcolo, non potevo arrivare alla *Bari* prima di dieci ore. Fortunatamente vidi qualche nostro soldato del Genio pontieri presso la passerella; tutte le notti dovevano provvedere al ripristino di qualche tirante rotto dal fuoco delle Batterie nemiche. Attraversai con molta paura, dovevo camminare su delle strette traversine di legno che davano l'idea di doversi spezzare da un momento all'altro per i troppi colpi subiti e l'acqua assorbito. La passerella traballava in continuazione, ma fortunata-mente riuscii ad arrivare sano e salvo dall'altra parte, sperando con tutto il cuore che resistesse fino al mio ritorno. Non c'era neanche la luna, ma finalmente riuscii ad abituarmi all'oscurità totale; incontrai un gruppo di camicie nere che mi supplicarono di evitare il minimo rumore perché i greci, appostati sull'altra sponda, sparavano al primo segno di movimento. Poveri diavoli, sembravano lì ad aspettare il tiro nemico. Era in ogni modo piacevole, dopo la solitudine, vedere qualche volto amico. Continuai attraverso un sentiero in discesa e mi ritrovai in un vallone. Non avevo la più pallida idea di dove fossi e di dove dovessi andare; fui preso da un senso di panico. Ero terrorizzato all'idea di smarrirmi in quella terra dove da un momento all'altro avrebbero potuto spuntare da ogni parte dei greci. Quando mi calmai, pensai alla bussola che, fortunatamente, avevo portato con me. Mi tranquillizzai e proseguii nel faticoso cammino; più mi al-lontanavo da quella zona e più la guerra sembrava lontana; i colpi di cannone erano affievoliti dalla distanza, mi sembrava di poter respirare più tranquillamente, sentivo il mio respiro e non temevo più di essere sentito da altri. Ero stanco, avevo già camminato sette ore, ma la stanchezza era senza dubbio dovuta al senso di rilassamento che mi aveva pervaso quando mi ero ormai sentito sicuro. Sedetti su una zona erbosa, sembrava che fosse scomparso anche il fango; tutto era più bello, più vivibile, niente a che vedere con le nostre postazioni. Mi addormentai immediatamente e mi svegliai di soprassalto dopo due ore. Ripresi con lena il cammino, potevo usare qualche volta di più la pila, perché forse ora non sarei stato individuato dal nemico. L'idea di essere ormai arrivato m'infondeva sicurezza. Cominciò ad albeggiare e mi accorsi di essere in un'oasi di pace; tutto era calmo e tranquillo; la giornata si presentava bellissima; ero su di un'altura e il mio sguardo poteva spaziare ovunque. Respirai profondamente, mi sentivo tranquillo, non vedevo nessuno. Mi ricordai di non avere la parola d'ordine e sperai che il mio stellone mi assistesse ancora una volta per evitare di essere mandato dal creatore da uno dei nostri. Vidi una sentinella, prima che mi individuasse mi identificai come italiano; mi credette, ma il fucile rimase puntato finché non si fu avvicinato, quindi mi chiese cosa volessi. Mi indicò l'ubicazione delle Batterie e proseguii. Mi pareva di essere entrato in un altro mondo: i soldati camminavano tranquillamente, indossavano divise in ordine e pulite, tanto che sembravano appena uscite dal magazzino. Era certamente una Divisione appena sbarcata e non sapeva ancora niente dell'inferno a cui erano destinati. Non avevano sicuramente ancora sparato un colpo. La stessa impressione mi fu fatta dagli artiglieri schierati in un pianoro quasi allo scoperto. Vidi un Capitano, mi presentai e gli spiegai la proposta. Mi disse di non poter decidere niente ed andammo a parlare con il Maggiore, comandante il Gruppo. Aveva una bellissima tenda comando. Ero sempre più sbalordito nel vedere tanto contrasto tra la mia Batteria e questa, che sembrava essere in vacanza. Venni mandato al comando di Divisione con una motocarretta perché nessuno li poteva decidere una cosa simile. Trassi un sospiro di sollievo, perché l'idea di fare altri dieci chilometri a piedi non mi allettava affatto. Arrivai al comando e mi accorsi che non sembravano molto svegli. Il Comando era in una baracca non molto distante. Una "mezzasega" di Sottotenente, con fare insonnolito, mi squadrò, probabilmente chiedendosi da dove arrivassi così conciato, e con aria sprezzante mi avverti che a quell'ora non avrei sicuramente trovato il comandante. Stavo per sbottare, quando vidi arrivare una *Fiat 20*, allora considerata un'ammiraglia, con tanto di guidoncino, segno di un Alto Comando! Si fermò a pochi passi da me e vidi scendere un Generale, e lo riconobbi, era D'Havet. Era lo stesso Generale che, durante la permanenza sul fronte francese, grazie all'interessamento di mia moglie e della sua amica, la signora Cugnasca, mi diede il permesso di tornare a casa per la nascita di mio figlio. Lo riconobbi perché allora ero andato personalmente a ringraziarlo per l'interessamento. Mi precipitai verso di lui, e lo vidi sconcertato perché, in mezzo a tanta etichetta, dovevo essere impresentabile. Ero completamente infangato, con una divisa portata ininterrottamente per due mesi, coi pidocchi (ma quelli non si vedevano) con dei calzettoni, una volta bianchi, che non erano certo d'ordinanza e che avrebbero potuto provocare un'altra reazione sul genere delle stringhe. Non gli lasciai il tempo di aprire bocca: "Scusi, signor Generale, forse lei non si ricorderà di me, sono il Tenente Tajana, amico della signora Cugnasca di Como!". Il suo viso si addolcì atteggiando un sorriso: "Sì, forse ricordo, ma la signora Cugnasca come sta?". "Penso debba stare bene, perché in caso contrario mia moglie me l'avrebbe scritto; sa, io manco da casa da qualche mese", risposi. "Bravo Tajana, sì, adesso mi ricordo, tu venisti al mio comando in Piemonte. Là si stava certamente meglio! Vieni, entriamo nel mio ufficio!", rispose. Fortunatamente le cose si mettevano al meglio per me. La sua baracca era la più capiente e attrezzata delle altre; il suo ufficio, in Albania, era un lusso. Si rivolse a me: "Siediti, mi tolgo il cappotto e poi scriviamo alla signora Cugnasca". Rimasi esterrefatto. Ma non vedeva che ero distrutto, che non ne potevo più, che volevo soltanto essere ascoltato ed esporgli la nostra proposta? Provai un impulso d'odio verso di lui, e lo considerai un vero idiota. Ovviamente dovetti fare buon viso a cattiva sorte e gli sedetti di fronte. Tolse con molta calma dal cassetto della carta blasonata, sfilò dal taschino una penna stilografica e cominciò a scrivere. Mi dette l'impressione che non fosse un'aquila nello scrivere perché per riempire una pagina impiegò parecchio tempo. Firmò e poi mi porse il foglio, esortandomi a scrivere i miei saluti alla signora. Mi diede la penna e con una certa velocità scrissi: "Cara signora, approfitto della gentilezza del generale per inviarle i miei più cordiali saluti. La ringrazio ancora...". Firmai e gli restituii la lettera. Pensai che adesso mi avrebbe ascoltato così iniziai: "Signor Generale...", ma mi tolse subito la parola di bocca: "Adesso devo sbrigare delle cose urgenti, non ho tempo, per quello di cui avrai bisogno rivolgiti al mio aiutante maggiore che farà il possibile per accontentarti. Se ne avrai occasione, salutami la signora Cugnasca, é una donna eccezionale". Fui congedato, cosa avrei dovuto fare? Chissà se il Colonnello del Bregianit avrebbe avuto il coraggio di farlo girare e sferrargli la dovuta razione di calci in culo? Ero completamente scoraggiato, e, non appena uscii dall'ufficio, mi accorsi che il mio colloquio aveva suscitato l'interesse di quei papaveri che giravano attorno al Generale. Fui immediatamente raggiunto dal comandante dell'artiglieria che mi chiese spiegazioni sul mio arrivo. Mi fecero entrare nel loro ufficio e man mano che spiegavo il motivo della mia visita continuarono ad encomiare l'iniziativa del Raggruppamento Alpini e del Colonnello Pizzi, che certamente manco conoscevano. Tirarono fuori un mucchio di carte, schizzarono un mucchio d'obiettivi, mi diedero il cifrario segreto per l'allacciamento con la loro radio *R.F. 44*, destinata solo per comunicazioni da comandi Divisionali a Corpo d'Armata e non viceversa, senza neanche firmare la ricevuta. Insomma tracciammo le linee per un'azione che avrebbe potuto solo avere successo. Le cose, che sembravano essersi incagliate fin dall'inizio, stavano prendendo la piega giusta, dandomi una grossa soddisfazione personale. Salutai tutti ringraziandoli e li pregai di portarmi alle Batterie per spiegare come preparare gli interventi di tiro. Ogni mio desiderio era un ordine, fui rifocillato, perché avevo una fame da lupi, e potei riposare per qualche ora prima dell'imbrunire, per poi fare il mio rientro. Furono tutti gentilissimi nei miei confronti; anche per loro non ero più il mendicante del mattino, ma colui che era molto in confidenza con il Generale. Io, in ogni modo, non vedevo l'ora di ritornare fra gli Alpini del *Val Natisone*, anche se là c'era l'inferno e qui il paradiso. Ripresi, dopo il meritato riposo, la via del ritorno. Ora ero finalmente tranquillo, poiché ero arrivato alla meta, conoscevo la strada del ritorno, non avevo dubbi sull'itinerario da seguire e inoltre trovai la passerella ancora intatta. Dopo non molto potei salutare Zito, che era molto in ansia per la riuscita dell'incarico e per la mia salute. Non appena mi vide, mi corse incontro e, come benvenuto, mi affibbiò due colpi nello stomaco, sorridendomi. "Come è andata?", mi disse. "Penso non male, lasciami fiatare, dammi da bere che sono stanco morto!", risposi. "Vuoi riposarti o vogliamo andare subito dal Colonnello?", chiese Zito. "Vorrei farmi la barba e darmi una ripulita, dove trovo dell'acqua?", dissi. "Dietro quei cespugli c'è un mastello dove abbiamo raccolto l'acqua piovana, ma vuoi riposarti o andiamo subito da Pizzi?", disse. "Appena lavato, andiamo. Preferisco raccontare tutto quello che ho visto e fatto una volta sola. Dammi dieci minuti e sono pronto", conclusi. Come si stava bene in zona Bari, qui i colpi arrivavano e partivano da tutte le parti. I ritmi crescevano fino a diventare intensissimi e poi diminuivano fino a qualche sporadico colpo di fucile. Poi, improvvisamente, riprendevano senza qualche plausibile motivo. Erano due mesi e passa che questo concerto non ci dava pace e sembrava destinato ad intensificarsi perché cominciavano ad affluire i rinforzi e, ovviamente, le armi. Raggiungemmo il comando di Battaglione; il Colonnello mi fece un'accoglienza trionfale, forse temeva che non ce l'avessi fatta. Feci una relazione dettagliata di ciò che avevo visto ed ottenuto; espressi l'impressione negativa che mi era restata da un simile schieramento e raccontai anche della signora Cugnasca. Il Colonnello batté un pugno sul tavolo e disse: "Pensavo che D'Havet fosse un tipo in gamba, non ci posso credere!". Pizzi fece i conti sui tempi organizzativi necessari al coordinamento dell'azione. Era mercoledì e stabilì che l'artiglieria avrebbe iniziato a sparare alla prime luci del sabato. Io scossi la testa, e lo convinsi ad anticipare a venerdì. Li lasciai a discutere dell'azione e tornai in Batteria, dove il fidato Terreno mi aveva preparato un giaciglio molto confortevole. Dormii per parecchie ore e poi ripresi i miei compiti di routine. La giornata trascorse tranquillamente. Il giorno dopo, a metà mattina, Zito mi fece chiamare e, appena lo vidi, mi diede un fonogramma a mano dal comando del XXV Corpo d'Armata. Il testo era: "Divisione *Bari* lascia inspiegabilmente linee. Rafforzare vostri avamposti sulla sinistra. Firmato Generale Rossi". La nostra azione era così sfumata; sembrava che me lo sentissi: avevo fatto anticipare l'azione a venerdì proprio perché non mi fidavo di loro. É doloroso dirlo, ma la Divisione *Bari* in Albania perse il suo nome, per assumere quello di "Divisione Scappa". Lo sganciamento della *Bari* ci costò la perdita di Klisura, importantissimo bivio da dove si snodano le strade per Berat, verso il Tomori, il monte più alto dell'Albania, e la strada per Tepeleni. Klisura era anche importante per la presenza dei nostri magazzini di sussistenza, che in buona parte finirono ai greci quale regalo inaspettato. Tememmo che il nostro reparto salmerie fosse stato catturato, perché anch'esso era insediato in quella zona. Ma il previdente Colangelo, che era un tipo veramente in gamba, aveva preordinato il tutto per un rapidissimo sganciamento notturno. Ci fece sapere che erano tutti salvi e che avrebbe predisposto le salmerie nei pressi del ponte di Dragot. Fummo costretti a spostarci un'altra volta sulla sinistra del Voiussa, ma era una postazione di ripiego troppo difficile da sostenere, poiché in vista e sotto i tiri di una Batteria da 100 greca che sapeva imporsi con molta decisione. Non ringrazieremo mai a sufficienza la scarsità di munizionamento greco. La nostra Batteria, ridotta a tre pezzi, fu ulteriormente privata di un altro obice per il guasto della slitta, parte essenziale dell'arma che contiene tutto il meccanismo del rinculo e rientro in batteria. Finalmente il comando del Corpo di artiglieria decise di consegnarci altri pezzi, nuovi fiammanti, usciti dagli arsenali Ansaldo di Genova, ma identici ai pezzi in nostra dotazione, preda bellica del 1915-1918. Spesso eravamo costretti a piazzare questi pezzi in posizioni rischiose per carenza di gittata. Potevamo ancora concepire che, in sostituzione, ci avessero mandato un altro *Skoda* di preda bellica, ma che l'Ansaldo avesse costruito, dopo la guerra, delle nuove artiglierie copiandole da armi straniere obsolete era una decisione al limite del credibile. Il nostro tiro utile era di circa 5 chilometri, mentre i greci ci sparavano dalle retrovie, anche da 15 chilometri. Queste cifre parlano da se. Sulle colline albanesi, specie sul versante sud, si aprivano delle grotte, che, ubicate sul versante opposto, avrebbero potuto servire come magnifico rifugio dalle intemperie e dai tiri greci. Il nemico, infatti, se ne serviva abbondantemente. Ma per noi era tabù. Purtroppo erano in piena vista del nemico. Fortunatamente scoprimmo una caverna vicino alla nostra postazione, coperta da un tetto di roccia, larga e sufficientemente profonda, così fu immediatamente adibita a postazione per un nostro pezzo. Da là potevamo sparare a tiro diretto, indirizzando colpi micidiali sulle postazioni greche. L'indomani mattina il pezzo era piazzato. Gli altri due obici erano stati spostati sulla sponda sinistra del Voiussa. Iniziò allora la proficua attività del pezzo in caverna. Qui erano al lavoro quattro eroici artiglieri: era veramente eroismo poiché furono immediatamente individuati dai greci e soggetti ad un continuo fuoco di controbatteria. I colpi scoppiavano a destra e a sinistra; fortunatamente lo sperone di roccia che fungeva da tetto era molto resistente e riusciva a sostenere il continuo cannoneggiamento. Volevamo dare il cambio ai quattro artiglieri, ma non c'era verso di farli spostare; era anche molto difficile rifornirli e bisognava aspettare la notte, quando il fuoco cessava. La terribile prova durò 12 giorni, finché una mattina si vide una grande fumata uscire dalla caverna, la linea telefonica fu interrotta e l'obice ammutolì. Un tiro era riuscito a fare tacere il primo pezzo. Durante la notte ci avvicinammo, scoprendo che era crollato lo sperone di roccia che, abbattutosi sull'obice, l'aveva messo fuori uso. I quattro serventi, storditi dallo scoppio e dalla concussione non furono colpiti che da piccole schegge, tanto che potemmo abbracciarli e complimentarci con loro per il loro coraggio. Avremmo voluto che ottenessero una Medaglia al Valore e soprattutto una licenza premio, ma visto il periodo non riuscimmo a fargliela avere. Ci si poteva allontanare dalle linee solo se morti, feriti o congelati. Dall'Italia cominciarono a giungere forze consistenti; nella nostra zona fu inviata la Divisione *Legnano*. Il 67° ed il 68° erano i suoi Reggimenti di fanteria, e il primo dei due era formato dai miei conterranei. Conoscevo benissimo un Ufficiale del comando di Divisione e due soldati, così approfittai di un momento di tregua per raggiungerli nella piana di Tepeleni dove si erano accampati. Scoprii subito che non avevano la più pallida idea di come sarebbe stata l'Albania: Ortelli, il mio amico Tenente, era azzimato come per una parata, con stivali lucidi, camicia e cravatta. Si accorse di essere fuori luogo, perché io al suo confronto ero un povero barbone. Pensò di giustificarsi: "Avrei voluto andare in prima linea, ma, avendo assunto, in questi giorni, un forte impegno, ho preferito espormi il meno possibile!". "Ma qual è l'impegno?", gli chiesi. Lui rispose: "Mi sono fidanzato". Al che ribattei: "Io ho già moglie e un figlio, cosa avrei dovuto fare?". Non glielo feci capire, ma rimasi sconcertato dalla sua leggerezza, per quanto avrei dovuto esserci abituato. Avevo visto di tutto: il Cpitano del Genio che giocava con i sassolini, il Generale che scrive alla signora Cugnasca, le Batterie che disegnavano aiuole in mezzo ai loro pezzi. Esistevano due pesi e due misure. Non riuscivo però a nascondere un vivo senso di scoramento. Proseguii verso la Compagnia dove erano in forza gli altri miei due compaesani; uno, Mazzola, era stato falciato da una raffica di mitragliatrice, l'altro era stato avviato nell'ospedale vicino per un congelamento. Nel dolore avrei voluto imprecare; quanto era schifosa quella guerra, e per di più nevicava da giorni ed il freddo era intensissimo. La *Legnano* fu impiegata senza scrupoli in azioni dimostrative, con spostamenti continui, per mostrare ai greci più forza del reale e per fare attenuare la loro robusta pressione che avevano messo in atto dopo la fuga della *Bari*. Mi risulta che il Generale D'Havet venne destituito, e mi meravigliò parecchio sentirlo citare nel secondo bollettino di guerra dopo lo sbarco degli Alleati in Sicilia, a capo di una Divisione che eroicamente resisteva al nemico. La regola, con tutta probabilità, non si smentiva [Il Generale Achille D'Havet prese nel novembre 1941 il comando della 206ª Divisione Costiera, schierata in Sicilia tra Pozzallo e Siracusa, con comando a Ragusa. D'Havet fu catturato a Modica il 12 luglio 1943, appena due giorni dopo lo sbarco Alleato, NdC]. La sera ero di nuovo in Batteria. Zito, vedendomi abbattuto, mi prendeva in giro: "Tutte le volte che ti lascio andare solo torni con quella faccia, non te la prendere é una sporchissima naja!". Questa cosa, detta da un Ufficiale effettivo e ligio ai regolamenti come era lui era sorprendente; glielo dissi e si mise a ridere. L'Albania gli aveva aperto gli occhi. A guerra finita divenne un gran contestatore e arrivò al grado di Generale ormai in congedo e pensionato. Il nostro settore era d'importanza cruciale, guai se i greci avessero preso Tepeleni: tutte le truppe italiane sarebbero state accerchiate e i greci sarebbero giunti a Valona e a Durazzo. Il Raggruppamento Alpini del Colonnello Pizzi, noi della 27ª, il Battaglione *Belluno*, l'exploit della *Legnano*, il Battaglione *Cervino*, la seconda *Julia*, i *Granatieri di Sardegna* fecero capire ai greci che da lì non sarebbero mai passati. E non passarono. La nostra Batteria si era spostata un'altra volta, ma ormai eravamo abituati ai trasferimenti. Mi trovai abbarbicato dietro un piccolo promontorio, quasi sul greto del Voiussa con solo due pezzi, perché l'altro era stato preso da Zito che, oltrepassato il cosiddetto Costone dei Bersaglieri, si stava cercando una nuova postazione. Eravamo costantemente collegati per via telefonica con Colangelo. Era sempre più difficile mantenere i collegamenti, perché il filo era soggetto a frequenti rotture, dovute ai proiettili nemici. Ad ogni interruzione dovevo mandare, mio malgrado, degli uomini, perché creassero un nuovo allacciamento. Dovevo mandarli dove cadevano le granate nemiche e loro, da veri eroi, senza un minimo segno di rifiuto, ma con sguardo rassegnato, eseguivano il loro dovere. Qualcuno tornò ferito, qualcun altro non tornò. Il Costone dei Bersaglieri era costituito da una miserrima cresta di roccioni che scendeva a mo' di trincea dalle falde del monte Golico, ultimo baluardo per Tepeleni, che mai fu abbandonato. Avevamo perso il Bregianit, con un grande spargimento di sangue, il Groppa, e stavamo perdendo le falde del Trebescines. Dovevamo difendere a tutti i costi quel costone roccioso, presidiato dai Bersaglieri. Io mi trovavo al costone sud, con due pezzi; attorno a me guardavo allibito gente che fuggiva disordinatamente alla mia destra ed alla mia sinistra. Noi avevamo acquisito una calma olimpica, sapevamo che fuggire disordinatamente significava cadere inevitabilmente sotto i tiri dei cecchini e delle mitragliatrici greche. Ne seppero qualcosa quei disgraziati che cercavano di scappare. Non potemmo contare quanti ne rimasero al suolo. Non mi sarei spostato per niente al mondo, se non di notte. Aspettavo con ansia una telefonata di Zito che mi indicasse una nuova postazione, invece sentii: "Tajana, cosa sta succedendo lì? Sono il Generale Rossi, comandante del XXV Corpo d'Armata!". Mi misi automaticamente sull'attenti e risposi: "Generale, io vedo gente sbandata che lascia le linee". "Ti ordino di mettere delle sentinelle e sparare su chi si ritira!", ordinò lui. "Ma Generale, qui non c'è ormai più nessuno, siamo rimasti noi e non so quanti altri!", risposi. "Comunque devi sparare su quanti si ritirano, ricordatelo, è un ordine!", concluse. Sparare è una parola! Non sparai a nessuno, purtroppo erano i greci che li colpivano. Avevo ricevuto un ordine molto preciso, ma sapevo benissimo che se avessi messo delle sentinelle a fermare gli ormai pochi superstiti, nessuno avrebbe ubbidito. Non potei però ignorare quanto mi era stato detto e quando poco lontano da me vidi un Capitano in fuga, lo fermai con la rivoltella in pugno, gridandogli: "Capitano fermatevi, ho l'ordine di spararvi, tornate indietro, altrimenti debbo fare fuoco!". Piangendo mi disse che non c'era più niente da fare, che in Italia aveva tre figli; non stetti ad ascoltarlo e gli intimai di tornare indietro. Ritornò sui suoi passi, ma, fatti circa cento metri, si precipitò lungo un costone e scomparve alla mia vista. Avrei dovuto sparare, ma non lo feci. Non so quale fu la sua fine; i greci avevano concentrato i loro tiri sui passaggi obbligati, così i nostri poveri diavoli cadevano in mezzo ai fuochi concentrati. Come fece il Generale Rossi a poter essere informato sulla situazione di quell'importantissimo settore del suo XXV Corpo d'Armata? Evidentemente qualcuno si accorse della linea telefonica, da noi tenuta perfettamente efficiente, che collegava la Batteria con le nostre salmerie, fece l'allaccio in modo che il Comando si rendesse conto di come stavano le cose al fronte. L'avermi dato l'ordine categorico di passare per le armi chiunque si ritirasse avrebbe tranquillizzato il Generale, il *muro invalicabile* tanto strombazzato nei fonogrammi che ci raggiungevano quasi giornalmente si sarebbe ripristinato, ed il Generale avrebbe così passato una notte meno agitata. Zito, nel frattempo, mi telefonò ordinandomi di spostarmi con la solita cautela e di notte verso una postazione immediatamente dietro il Costone dei Bersaglieri, a pochi chilometri dal ponte di Dragot e vicino alle nostre salmerie. Impiegammo quasi tutta la notte per trasferirci, fortunatamente c'illuminava un quarto di luna che ci permetteva di muoverci. All'alba i nostri tre pezzi erano allineati, in una posizione nascosta alla vista, ma non defilata al tiro ed in contro pendenza, posizione che nessun manuale di tecnica militare avrebbe mai accettato. Purtroppo fummo costretti a fare buon viso a cattiva sorte. Era facile capire che qualsiasi tiro diventava micidiale, infatti, la loro efficacia era quintuplicata dal fatto che ogni colpo caduto nella valletta, ci avrebbe comunque raggiunto con le sue schegge. Non potevamo usufruire delle splendide caverne che si aprivano sopra di noi e che ci avrebbero permesso di ripararci dalla neve e dal freddo, perché erano troppo in vista del nemico. Vedemmo sfilare i reparti della *Legnano*, reparti dei Granatieri di Sardegna e qualche Battaglione della *Julia* nuovamente ricostituita e sbarcata da poco dall'Italia. Gli Alpini entrarono subito in contatto con i greci e dovettero subire un fuoco di sbarramento. Fu un'ecatombe. Morirono anche due fratelli, entrambi Ufficiali. Era con loro anche il cognato, il quale era rimasto incolume e, distrutto dal dolore, voleva buttarsi a tutti i costi allo scoperto, per morire con loro e non dover tornare a casa a dire alle mogli che erano morti entrambi. Facemmo fatica a farlo desistere da questo gesto disperato. La nostra Batteria era assillata dalla continua richiesta di fuoco; gli obiettivi erano molti e pochissimi quelli raggiungibili, non tanto per la distanza, ma per l'impossibilità di centrare il bersaglio senza rischiare di colpire anche qualcuno dei nostri. Il nostro osservatorio doveva fare miracoli; come li fecero i nostri telefonisti per mantenere i collegamenti. I nostri artiglieri ebbero encomi a ripetizione dai vari comandi che potevano osservare il loro operato. Le grotte vicino alla nostra postazione furono una preoccupazione costante, perché divenivano meta dei reparti che sfiniti ed infreddoliti, ci si buttavano a capofitto. La nebbia riuscì a salvare quei soldati che erano posti proprio sotto il tiro nemico. Fummo costretti a respingere con violenza quei poveri diavoli che appena arrivati in quell'inferno vedevano i rifugi come paradisi. Ricordo che anch'io mi misi a sbraitare e addirittura un Ufficiale della 67[a], scese arrabbiatissimo a prendere ragioni per la mia prepotenza. Era il tenente, mio carissimo amico di Como, Nasoni. Ci conoscemmo e ci abbracciammo; capì subito la mia reazione. Lo informai della terribile situazione che si era creata in Albania, gli diedi dei suggerimenti, gli diedi del cognac e delle sigarette. Lo rividi sano e salvo a Como a guerra finita. Se contemporaneamente l'esercito tedesco non avesse attaccato la Macedonia, nessuno di noi si sarebbe imbarcato per l'Italia. Come sempre eravamo privi di Ufficiali: il Tenente Piceci era morto sul Bregianit, e al suo posto arrivò Olivieri. Era febbricitante e smarrito. Durò due giorni poi lo rispedimmo all'ospedale. Lo ritrovammo poi in Piemonte, a guerra finita, e, appena ci vide, ci guardò come degli alieni sopravvissuti ad una terribile bolgia infernale. Ci disse che, riportato in Italia, si risvegliò a Bari dopo tre giorni interi d'incoscienza. Nei pochi giorni che passò con noi, rimase talmente impressionato dal modo in cui eravamo costretti a vivere, da non poter credere che degli esseri umani potessero resistere a tanto. Eravamo allo stremo delle forze; eravamo impegnati giorno e notte ed i greci non ci davano tregua, sapevano benissimo che era la loro ultima possibilità per sfondare il nostro fronte, visto che ormai arrivavano rinforzi in continuazione dall'Italia. Avevamo organizzato il tiro notturno, lasciando due soli serventi per ogni pezzo, con orari, bersagli e numero di colpi prestabiliti. Una notte ci accorgemmo che il terzo pezzo taceva. Chiamammo, ma nessuno rispose. Corremmo alla postazione e vedemmo che il pezzo era scoppiato, la bocca da fuoco era aperta come un fiore ed i due serventi distesi al suolo inanimati. Uno dei due era morto, l'altro era gravemente ferito, non a causa del fuoco dei greci, ma per un incidente di tiro, che, erroneamente, credemmo causato dall'anzianità di fabbricazione del pezzo *Skoda*. Due notti dopo, allo scoppio dell'altro obice, un Ansaldo, capimmo che la causa doveva essere ben diversa. Avemmo altri due morti e ci rimase un solo pezzo. Decidemmo di non sparare più finché non avessimo scoperto la causa di quel disastro. Dal comando Divisione e dal comando Raggruppamento fummo sommersi da una serie di telefonate perché riprendessimo a sparare col pezzo rimasto, ma fummo irremovibili. Escludemmo che la causa fosse da attribuirsi all'anzianità degli obici, perché se il discorso poteva reggere per il pezzo *Skoda* di preda bellica, non teneva più per l'Ansaldo che ci era stato consegnato nuovo di fabbrica. Pensammo al munizionamento, ma non potevamo fare alcuna ispezione finché non fosse arrivato giorno. Le telefonate cessarono. Provvedemmo a far scendere le due salme nelle retrovie e convinsi Zito a ricoverarsi all'ospedale, perché, febbricitante, non si reggeva più in piedi. Il comando della Batteria cadde sulle mie spalle. Pregai Zito di passare a Demblan, al comando del XXV Corpo d'Armata, per sollecitare l'ordine di riposo della 27ª che da 130 giorni combatteva ininterrottamente. Eravamo pieni di pidocchi e puzzavamo come dei caproni. Non ce la facevamo più. Partito Zito, ispezionai il munizionamento. I proiettili non erano perfettamente puliti e qualcuno presentava delle piccole scalfitture, come se fosse stato lanciato violentemente su delle superfici dure. Telefonai a Colangelo per informarmi sulla provenienza dei proiettili, e scoprii che erano stati prelevati dal P.A.M., posto avviamento munizioni, della Divisione *Legnano*. Nei giorni precedenti la Divisione aveva subito diversi attacchi aerei e uno di questi colpì la *Legnano*. Chiesi se durante l'incursione fosse stato colpito il deposito munizioni. La risposta fu affermativa, capii così cosa era successo. Il proiettile d'artiglieria era munito di due sicurezze: una posta all'interno del proiettile stesso, l'altra, sull'ogiva, la cosiddetta spoletta a percussione, o a tempo, nel caso degli shrapnel, ed istantanea, nel caso d'impatto su superfici molli o nevose. Quando il proiettile lascia la bocca da fuoco ed arriva al bersaglio per impatto della spoletta sul terreno la granata scoppia. L'altra sicurezza era importantissima poiché se fosse caduto o avesse subito repentini spostamenti, la carica esplosiva sarebbe stata inerte. La sicurezza si sarebbe sganciata per la forza d'urto della partenza del proiettile e questo sarebbe stato pronto per lo scoppio. Queste munizioni, essendo state colpite durante l'incursione, erano volate in aria, perdendo così la prima sicurezza e, una volta in canna, la spoletta per l'urto di lancio esplodeva direttamente nell'obice. Ero convinto che la causa fosse questa, così telefonai immediatamente al comando divisione, spiegando la mia ipotesi e dicendo che mi sarei rifiutato di utilizzare quelle munizioni. Non fu facile convincere l'ufficiale, ma, di fronte alla mia caparbietà, assicurò che avrei ricevuto nuovi proiettili. Eravamo già a marzo, era una bellissima giornata di primavera, e per noi corrispose ad un totale riposo. Si sentivano colpi dovunque, ma nessuno era destinato a noi. All'alba ci raggiunse una colonna someggiata con 1.200 colpi, anche troppi per un solo pezzo. Sperai che le munizioni fossero intatte e mi ripromisi di verificarle ad una ad una. Il Sottotenente aveva anche una comunicazione scritta in cui mi si ordinava di rendere tutte le munizioni non utilizzabili. Mi meravigliai, o erano degli sprovveduti o erano dei delinquenti. Per sicurezza telefonai al comando Divisione per avere altre informazioni. L'Ufficiale con cui aveva parlato il giorno precedente mi assicurò che le munizioni sarebbero state controllate dai tecnici, prima di darle in dotazione ad altre Batterie. Feci raccogliere i proiettili e raccomandai all'Ufficiale di non consegnare a nessuno quelle munizioni, anche se lo avessero inviato verso qualche altra Batteria. Ebbi tutte le sue assicurazioni e quindi non mi rimase che lasciarlo partire all'imbrunire. Sembrava che me lo sentissi. Le munizioni guaste furono consegnate ad un'altra Batteria. Dopo qualche giorno venimmo a conoscenza che al terzo colpo scoppiò un pezzo. Poiché era giorno indubbiamente le vittime furono più numerose. Credo non ci sia bisogno di commenti; eravamo proprio carne da cannone. Dovevamo riprendere il fuoco. I serventi erano terrorizzati all'idea di doversi sedere di fianco all'obice, e non pretesi che lo facessero: feci costruire un riparo dietro il pezzo, cosicché i serventi caricavano, puntavano, e poi manovravano la leva di sparo, da lontano, con una cordicella. Questa manovra non durò a lungo perché era massacrante. Il fuoco aveva bisogno di una certa cadenza e questa continua corsa al pezzo e poi al riparo diventò una fatica improba. Senza che io intervenissi, i soldati si sistemarono sui sedili del pezzo e continuarono a sparare a più non posso. Finalmente, dopo pochi giorni, giunse il tanto atteso ordine di lasciare le linee per un riposo. Se avessero tardato ancora non avremmo avuto più la forza di muoverci. Lo comunicai a gran voce e la mia notizia provocò un urlo di gioia. Le energie tornarono d'incanto e tutto fu preordinato per la notte. Sparammo gli ultimi colpi ed attendemmo le ore della sera. Lo spostamento non era semplice dal momento che, privi di muli, dovevamo trasportare il pezzo a spalla, per il primo tratto, e su due ruote, a spinta, per la rimanente parte di mulattiera. Raggiungemmo comunque il ponte Dragot, i cui pilastri a traliccio metallico, malgrado tutti i bombardamenti che avevano subito, si reggevano ancora. Non fu facile da oltrepassare per il continuo movimento di truppe che andavano in un senso e nell'altro. Ritrovammo Colangelo, che, avendo saputo per primo dell'ordine di partenza, aveva studiato l'itinerario da seguire per raggiungere la prima tappa, dove ci attendeva un nuovo mondo. Dovevamo riattraversare il Voiussa: gli uomini dovettero passare su una passerella che infondeva poca fiducia, mentre le salmerie dovettero cercare un guado. Sempre di notte raggiungemmo la località di Turano, a sud di Tepeleni. Il tempo era stupendo e in quella splendida giornata di marzo ci sdraiammo su di un prato all'addiaccio con una coperta e ci addormentammo. Il risveglio sembrava la continuazione di un sogno, potevamo muoverci liberamente, senza doverci nascondere, i colpi si sentivano molto lontani. Se mi avessero chiesto quale fosse il più bel posto del mondo, avrei risposto: il prato di Turano. La nostra felicità durò ben poco. Un motociclista mi raggiunse e mi consegnò una busta gialla. Avevo paura ad aprirla: mi si ordinava di riportare immediatamente la Batteria in linea alle pendici del monte Golico, da noi appena lasciate. Trasecolai: "Ma sono dei delinquenti, cosa vogliono da noi? Abbiamo solo un pezzo, siamo distrutti, ma cosa vogliono?". Feci aspettare il motociclista, chiamai Colangelo e Bassano, gli unici Ufficiali rimasti, e comunicai loro l'ordine, dicendo di non dire niente ai soldati. Sarei andato con il motociclista a Demblan, dove c'era il comando del XXV Corpo d'Armata, per oppormi a una simile assurdità. Demblan distava una ventina di chilometri dalle linee, ciò significava che altri erano quelli che provvedevano a tenere duro ad ogni costo. Ero imbufalito, ed ero disposto anche a farmi ricevere dal Generale Rossi, che mi conosceva per via telefonica. Strada facendo preparavo nella mia mente un sacco di discorsi per ottenere l'annullamento dell'ordine. Raggiungemmo il comando, era dietro ad una collinetta con baracche prefabbricate e attendamenti. Vidi molta gente che si dava da fare per creare ordine e pulizia. Gli Ufficiali erano in divisa con gli stivali lucidi. Io, invece, ero assolutamente impresentabile e per di più, in compagnia di colonie di pidocchi. Mi recai al comando d'artiglieria, c'era il Colonnello e la sua accoglienza fu: "Ma cosa fai qui tu, così conciato?". Risposi: "Sono il comandante incaricato della 27ª Batteria, ho ricevuto poco fa quest'assurdo ordine di rientro al fronte!". Tentò di parlare, ma lo bloccai: "Ma Colonnello, sa come siamo conciati? Abbiamo solo un pezzo, gli uomini si reggono in piedi a stento, sono in linea da più di tre mesi senza avvicendamento! Le altre due Batterie sono a riposo da un mese, ma cosa pretendete?". Dissi tutto questo gridando, fuori di me dalla rabbia. "Calmati, vediamo un po', dammi l'ordine!". Chiamò un Ufficiale e confabulò con lui, poi, rivolto a me: "Sì, hai ragione, annullerò l'ordine e ti darò un contrordine perché possiate andare a riposo. Quando esci di qui, scompari immediatamente, che non ti vedano così conciato!". Era in arrivo Mussolini. Avevano apparecchiato una mensa che sembrava dovesse servire ad uno sposalizio. Ero letteralmente nauseato. I coglioni eravamo solo noi! Da una parte avrei desiderato tirare in mezzo a loro una bomba a mano, ma ero troppo felice: avevo ottenuto quello che volevo. Mussolini poteva anche andare a farsi fottere. A Turano, Bassano e Colangelo mi stavano aspettando seduti su un muretto. Appena mi videro, balzarono in piedi e quasi non mi lasciarono scendere dalla moto. "E allora?" "Allora ce l'ho fatta! Colangelo, fa' preparare per la partenza, è meglio sgombrare, non si può sapere quello che può ancora succedere. Mussolini sarà in questo momento a Demblan e forse lo porteranno su qualche osservatorio a Tepeleni. Dividiamoci in due gruppi e tu, Colangelo, fa' in modo di fermare qualche autocarro che va verso Valona, per fargli caricare il pezzo. Anche i muli hanno il diritto di viaggiare scarichi! Da' a tutti l'ordine di defilarsi immediatamente, se vedono qualche staffetta, per evitare qualsiasi intoppo e poter raggiungere la 25ª e la 26ª". Pernottammo a Sinanai, ed il pomeriggio del giorno successivo fummo a Kropishti, dove era accampato tutto il Gruppo Val Tanaro. Ci fecero un'accoglienza festosissima; c'era anche Zito rientrato dall'ospedale. Sapevano quanti disagi e sofferenze avevamo sopportato in quei mesi e noi sapevamo cosa avevano passato loro. Si trovavano forse in una situazione ancora più difficile perché avevano perso molti uomini, materiale e muli, più di noi, anche se la loro avventura si era conclusa venti giorni prima. Erano già tutti rimessi a nuovo, completi di organico e materiale. Mi dissero che Mussolini, mentre io ero a Demblan, li aveva passati in rivista. Mi venne un grosso dubbio, sicuramente volevano mostrare al Duce che tutto era efficiente. Era un peccato, avrei voluto esserci stato in quel momento, poiché avrei schierato in testa al gruppo la mia banda di disperati stracciati. Mi dissero che Mussolini scese da una *Fiat* scoperta e fece un salto baldanzoso, salutando con il braccio teso, con atteggiamenti da gran commediante qual é sempre stato. Seppi che tutti i soldati si sgolarono al grido di "Duce! Duce". Mi chiedo se sia possibile che la gente, quando diventa massa e si trova alla mercé di qualcuno, si rincretinisca e si comporti con atteggiamenti contrari al suo modo di pensare. Si dimentica immediatamente gli improperi e le imprecazioni, assolutamente sincere, lanciate da tutti contro la schifosa situazione in cui eravamo stati messi per colpa dei nostri superiori. Mussolini aveva per la verità un grande fascino, ma io le due volte in cui mi trovai di fronte a lui in mezzo ad una mare di gente, non mi esaltai e rimasi assolutamente muto. Rimanemmo a riposo esattamente dodici giorni. Ci rivestirono e cominciarono a colmare la nostra deficienza d'armamento e di salmeria. Io fui mandato a Tirana per accordi sull'armamento. La capitale era tutta imbandierata poiché era iniziata l'offensiva per la vittoria finale. Stavano già pregustando l'evento, mentre i fatti si svolsero in tutt'altra maniera. Il Gruppo *Val Tanaro* trascorse a riposo quest'ultima offensiva; noi della 27ª dovevamo essere rimandati sul Golico. Le perdite li furono molto serie. La 25ª e la 26ª già efficienti e completate, come organico, ci precedettero di due giorni al ritorno in prima linea. Non ci diedero nemmeno il permesso di acclimatarci con i complementi assegnatici che ci ritrovammo su di un nuovo fronte, non più sul Voiussa, ma sulla zona più pianeggiante e litoranea. Era sicuramente un fronte più calmo. L'esercito greco, nonostante la sua superiorità, aveva ormai perso la speranza di poterci sopraffare e con molto metodo e disciplina ripiegava. Creava centri di resistenza che sistematicamente ci tenevano sotto tiro, ma non si lasciarono mai raggiungere, per lo meno nel nostro settore. Non eravamo mai tranquilli, anche se i colpi in arrivo erano diminuiti. Talvolta dovevamo piazzare la Batteria senza alcuna protezione. Credo che chi dica di non aver mai avuto paura durante la guerra dica una grande bugia. Certo si fa di tutto per non farlo notare, ma dentro, per quanto incalliti, ci si sente spesso la bocca dello stomaco presa da un cappio. Non posso negare che su quel fronte mi sentivo totalmente a disagio. Cominciavo a risentire la terribile prova subita nei mesi precedenti; non mi sentivo affatto bene, fui colpito da una febbre reumatica che mi costrinse a compiere degli spostamenti a dorso di mulo. Zito insisteva perché io andassi all'ospedale, ma per la verità, sapendo qual era la situazione sanitaria in Albania. preferivo quasi le pallottole al lettino di ospedale. Il mio attendente mi assisteva come una mamma. Bassano era stato assegnato al comando di gruppo, ma fortunatamente ci raggiunse un giovane Tenente, Allasia, che, prendendomi in giro m'imbottì di pastiglie e mi disse: "Se domani non sarai morto, i tuoi mali passeranno come d'incanto". La notte Terrano mi coprì di coperte e dopo una lunga dormita mi svegliai, corsi a liberare il mio corpo e come d'incanto mi sentii rinato. Non conoscevo ancora il potere dei sulfamidici. I dolori erano scomparsi e al loro posto subentrò una gran fame. Stetti benissimo per tutto il mese che mancò alla fine della guerra. Eravamo sempre in avanzata, dovevamo cambiare spesso posizione e raggiungemmo anche quota 1.000 metri, sparammo una grandissima quantità di colpi. Eravamo felici, capivamo che la guerra stava per finire. Era un fronte a noi non congeniale, gli obbiettivi erano difficilmente individuabili. Durante il giorno sceglievamo degli osservatori, ma non si scorgeva mai alcun movimento. Sparavamo molto di notte ed i greci rispondevano rabbiosamente ai nostri attacchi con i loro pezzi che avevano una gittata doppia della nostra. Non trovammo mai morti o feriti, non riuscimmo a fare alcun prigioniero. Ci stavamo avvicinando comunque al confine greco. Ricevemmo l'ordine di spostarci verso sinistra, praticamente sulle montagne; erano luoghi a noi molto più congeniali anche se subimmo giorni di intemperie e ancora molto freddo. Dal 20 aprile capimmo cosa era successo. Sapevamo che i tedeschi, occupata la Bulgaria, stavano scendendo in Macedonia e sarebbero presto giunti alla catena del Pindo, montagne sulle quali la Divisione *Julia* sacrificò i suoi reparti migliori. I greci non opposero alcuna resistenza all'esercito tedesco perché era a loro che volevano arrendersi, al nostro esercito invece facevano trovare solo terra bruciata. I tedeschi avevano già intavolato le trattative con i comandi greci e solo un ordine di Hitler, che volle salvare la faccia a Mussolini, fece si che alla firma dell'armistizio ci fosse anche una rappresentanza italiana. La resa della Grecia avvenne il 24 aprile e ci fu vietato di attraversare il confine albanese. La nostra Batteria in quel momento si trovava su di un'altura abbastanza scoscesa, a quota 1.150 metri, avevamo ancora parecchie munizioni, e, sapendo che Zito, ligio al dovere come era, ce le avrebbe fatte riportare a casa, ordinai il fuoco a volontà. I muli marciarono molto alleggeriti. Quando facemmo quella sparatoria, ricevetti la telefonata del Capitano Porta, mio amico di Como. Eravamo ora infatti sotto il comando del Generale Messe e Porta era il suo aiutante. Mi disse di cessare il fuoco, perché ormai era tutto finito, ed io risposi di avere individuato un centro di resistenza che andava eliminato. Avrei comunque cessato il fuoco perché ormai le munizioni erano diminuite. Le ostilità erano ufficialmente cessate con la firma dell'armistizio a Giannina. Ricevemmo l'ordine di lasciare la zona montuosa, scendere a valle e procedere verso il confine greco. Naturalmente pensavamo che la nostra destinazione fosse il territorio greco per il presidio di qualche località strategica dell'Epiro o che ci mandassero addirittura a presidio di qualche suggestiva isola dell'Adriatico. Poveri illusi! Dopo qualche giorno di marcia, in vista del mare, ma sempre in Albania, ci giunse l'ordine di fermarci ed accamparci letteralmente in un acquitrino. Zito ed io demmo in escandescenze, manco col cavolo ci saremmo accampati in quel postaccio, non ce la sentivamo proprio di convivere con rane e zanzare. Se quella doveva essere la località, noi avremmo scelto la zona e ci predisponemmo su un piccolo promontorio abbastanza esteso che correva lungo la strada che dal porticciolo di Santi Quaranta, ribattezzato in onore della figlia del duce, Porto Edda, portava ad Argirocastro. Come posizione non era un sogno, ma, almeno, non c'erano troppe zanzare, che ci terrorizzavano per la malaria. Fortunatamente eravamo tutti provvisti di prodotti Bayer per la profilassi di tale infezione. Non mi ricordo che qualcuno sia tornato con quel problema. Ci sembrava di essere in Costa Smeralda, rispetto a dove ci eravamo trovati prima, e a turno andavamo al mare a fare il bagno. L'acquitrino vicino a noi ci forniva succulentissime rane che fritte con olio di oliva, scoperto da noi in un deposito interrato nei pressi di Porto Edda, era un correttivo alla solita sbobba militare. Grazie al mio amico Porta che si trovava vicino a noi riuscii ad andare a Corfù, presa dagli italiani senza sparare un colpo. Il giorno 15 maggio sbarcai da un Mas sull'isola. La traversata fu brevissima e per me molto interessante poiché non avevo mai provato quel mezzo. L'isola mi si presentò subito bellissima. Mi recai al comando Divisione italiano per vistare il permesso di soggiorno, rilasciatomi dal Generale Messe. Lì trovai un Tenente, mio carissimo amico dal Corso Allievi Ufficiali, che mi raccontò del loro incruento sbarco e dell'educazione e gentilezza degli abitanti che, pur con molta dignità, non li accolsero da nemici. Fra la popolazione si vedevano moltissimi giovani che da come erano vestiti, per tre quarti in divisa militare, si capiva che erano i nostri nemici di qualche giorno prima. Non ci abbracciarono, ma furono dispostissimi a renderci piacevole il soggiorno sull'isola. Questo atteggiamento fu corrisposto dal comportamento impeccabile dei nostri soldati nei confronti del popolo, che per il momento aveva perso la guerra. Mi sovvenne una frase latina imparata a scuola: *Graecia capta ferum vincitorem coepit*. Noi italiani, con presunzione, ci consideriamo un popolo civile, ma quando allarghiamo le nostre conoscenze, ci accorgiamo che dovremmo imparare molto da gente che mastica maggiormente l'educazione civica. Stetti tre giorni sull'isola e la visitai in lungo ed in largo. Avevo come autista un ex militare che era stato nostro avversario in Epiro, ed era simpaticissimo. Aveva una scassata auto cecoslovacca *Skoda*, che lungo la salita per arrivare all'*Achilleion*, meravigliosa villa che l'imperatrice Elisabetta d'Austria fece costruire, alla fine dell'ottocento, sul cucuzzolo da cui si dominavano due mari, necessitava di continue soste per aggiungere acqua fresca nel radiatore. Fortunatamente non restammo mai a piedi. Feci ritorno in vaporetto, la cui velocità era inversamente proporzionale a quella del Mas. Potei ammirare molto più comodamente le sponde della costa e di Corfù che in quella stagione erano meravigliose per la crescita rigogliosa della vegetazione. Quella gita fu per me un bellissimo diversivo, ma la lontananza dai miei cari era diventata sempre più intollerabile, le lettere ormai non mi bastavano più. Andai al comando di Gruppo per fare valere i miei diritti. Tempo prima, infatti, avevo rifiutato una licenza premio di quindici giorni, concessami dal Maggiore Camangi, per paura di non riuscire a tornare un'altra volta in quell'infemo, e dissi che l'avrei presa alla fine delle ostilità. Camangi, per quanto in quel periodo fossero proibite le licenze, se non per gravi motivi, fece il suo meglio per accontentarmi e, due giorni dopo, il sospirato foglio arrivò nelle mie mani. Quindici giorni di licenza a cui si doveva aggiungere il viaggio. Non stavo più nei panni dalla gioia.

SI TORNA A CASA!

L'ultima sera di permanenza in Albania, i miei amici Ufficiali, capeggiati da Zito, vollero festeggiare il mio rientro a casa, con un pantagruelico banchetto a base di porco selvatico, una specie di cinghiale, che viveva in quella zona a branchi. Le rane erano, comunque, il piatto forte. Purtroppo mancavano il vino ed i liquori; riuscimmo malauguratamente a supplire con del Kummel, che avevamo trovato a Porto Edda. Malauguratamente poiché il festeggiato, cioè il sottoscritto, fu costretto ad ingerirne parecchio, con la conseguenza di una terribile sbornia, seguita da un altrettanto terribile sconvolgimento di stomaco. Penso di non essermi mai sentito tanto male. Salutai tutti come un sonnambulo e partii. Vi lascio immaginare il viaggio. Salii su una sgangherata camionetta per raggiungere Valona, il porto d'imbarco, attraverso una strada costiera tutta curve e buche. Giunsi a Valona e mi feci lasciare presso il deposito dove ritrovai la mia cassetta militare con una divisa ancora in ordine, gli stivaloni e della biancheria nuova. Feci una doccia salutare e cominciai a sentirmi meglio. Mi sbarbai e, rivestitomi, mi guardai allo specchio. Così tornavo ad veramente presentabile. Ero pronto ad imbarcarmi con la mia cassetta e la famosa radio *Phonola*. Seguirono sedici ore di traversata. La guerra era finita per me, ma non erano finite le mie avventure. Mi diedero una cintura di salvataggio e, indossatala, mi sdraiai sulla tolda della nave e mi addormentai. Penso di aver dormito più di dieci ore. Mi svegliai che era ancora notte; la nave continuava a zigzagare per paura dei sommergibili nemici. Il mare era calmo, un caccia ci seguiva da vicino ed io stavo benissimo. Poche ore soltanto mi separavano da mia moglie. Sbarcai a Bari in mattinata e affrontai le formalità doganali. La cassetta passò inosservata, ma quando il doganiere vide la radio mi disse di consegnargliela immediatamente per il sequestro. Gli spiegai che era stato un mio acquisto, fatto in Italia, prima della partenza per l'Albania. Ma lui fu irremovibile, e mi chiese la fattura. Scoppiai a ridere e gli dissi di andarla a cercare in Grecia. Il doganiere era furibondo, e non si rendeva assolutamente conto di quanto meritassimo al nostro rientro in Italia, dopo i sacrifici da noi passati in Grecia. Gli chiesi bruscamente di ripetere il suo divieto d'importazione, agguantai con la mano la radio e la sollevai sopra di me, urlando: "Perché se insiste nel suo diniego io gliela spacco sulla testa!". Il suo volto impallidì e diede immediatamente il via libera a me ed alla radio per il rimpatrio. Ci volle un bel po' prima che mi sbollisse la rabbia. Mi sembrava impossibile che la gente continuasse a vivere nell'indifferenza più totale, fregandosene dei morti e dei feriti che avevamo lasciato in Albania. Riuscii, con non troppe difficoltà, a telefonare a casa ed a parlare con mia moglie. Ci accordammo per incontrarci a metà strada, alla stazione di Firenze. Decisi di trattarmi bene, così scelsi la prima classe per il tragitto Bari-Firenze. Mi ero appena seduto, quando salirono nello scompartimento due individui che avevano tutta l'aria di essere albanesi. Non sbagliavo; il guaio successe dopo quando i due, beatamente, si accinsero a togliersi le scarpe ed a sdraiarsi sui sedili. Non riuscii a trattenermi e sbottai: "Capite l'italiano?". Alla loro risposta affermativa chiesi se fossero albanesi, e a quando assentirono, gli dissi con voce tesa: "Ho sopportato gli albanesi fino a ieri! Vi prego rimettetevi le scarpe e smammate!". E loro: "Ma siamo regolari, abbiamo il biglietto!". "Ho detto di smammare! La vedete questa?", dissi mostrando la fondina della rivoltella, "sono disposto ad usarla se non ve ne andate!". In fretta e furia lasciarono lo scompartimento senza fiatare. Mi pentii subito della mia prepotenza, ma ormai era fatta. Fu uno sfogo salutare, che mi placò i nervi. Quella fu la mia ultima reazione al menefreghismo italiano! Di notte, alla stazione di Firenze, potei, dopo tanti mesi, riabbracciare mia moglie. Trascorremmo due giorni indimenticabili, ma a Como ci aspettava l'altro dei miei due amori, mio figlio Franco, che era nato nove mesi prima e che non vedevo da allora. I giorni trascorsero ad una velocità inaudita, e mi rifiutavo al pensiero di tornare in Albania. Riuscii con una malattia immaginaria a rimanere a casa altri dieci giorni, poi arrivò l'ordine perentorio di presentarsi a Brindisi al comando di tappa entro il 4 luglio 1941. Pensavo che la mia destinazione fosse nuovamente in Albania, invece la 27ª era stata già imbarcata a Valona e mi sarei unito a loro. Non sapevo dove sarebbe stata la nuova dislocazione anche perché la guerra era dappertutto e potevamo essere destinati nei posti più impensati. Zito, molto affaticato e malato, beneficiò di una licenza, quindi il comando della batteria ricadde su di me. Ricevetti l'ordine di trasferirci in Piemonte, a Trinità, presso Cuneo. Cominciò il noiosissimo lavoro di routine di cui avrei fatto volentieri a meno. Scegliere gli alloggi in una località, tu-risticamente molto allettante, ma non adatta ad un gruppo di artiglieri Alpini, fu un compito assai ingrato. Avrei voluto sistemare dignitosamente quelli che si erano dimostrati particolarmente in gamba durante la guerra, ma non fu possibile, bisognava per forza accontentarsi. Era avvilente, dopo quello che avevamo passato, riprendere le esercitazioni in ordine chiuso. La vicinanza di un sacco di posti di comando non ci lasciava alternative. Sveglia, adunata, ai muli, ai pezzi, incolonnati per quattro, avanti, dietro front. Tutti questi ordini erano indigesti per noi, figuriamoci, per quelli che dovevano eseguirli. Si avvicinava l'inverno. Sui vari fronti le cose iniziavano a non andare molto bene. La Germania era duramente impegnata in Unione Sovietica. Ci chiedevamo dove saremmo finiti. Speravamo ci migliorassero gli armamenti, ma nessuno pensava a volerci far diventare un esercito efficiente. I reparti tedeschi che avemmo l'occasione di osservare, avevano un terrificante aspetto guerriero. Le armi erano fra le più moderne e i mezzi di trasporto fra i più adeguati. I nostri mezzi di trasporto erano le scarpe e della qualità più scadente! Eravamo costretti a cantare in marcia: "Vincere, vincere, vincere, per la Patria, per il Re e per il Duce". Noi invece non credevamo più a niente. Tutti cercavano di lasciare il reparto con la scusa di una licenza agricola o qualcosa d'altro. Anch'io mi sentivo triste ed apatico. Aspettavo soltanto che fosse arruolato mio fratello minore, così avrei beneficiato della legge che permetteva al terzo fratello di essere esentato dal servizio. Speravo che il mio sogno si realizzasse all'inizio del 1942. A fine gennaio, infatti, potei abbracciare i miei cari e riprendere il lavoro di rappresentante insieme con mio padre. Finiva per me la vita militare con le stellette, pur non essendo in congedo, ma in temporanea licenza. Avevo dimenticato la vita militare, ero assorbito completamente dal mio lavoro ed ero reso felice dalla vicinanza alla mia famiglia. Non avevo perso il contatto con quelli del 27ª con cui mantenevo un rapporto epistolare o per via telefonica. Spesso ci trovavamo a casa mia o in città abbastanza vicine per entrambi. Era estate ed i miei suoceri, con mia moglie e mio figlio, si erano spostati a San Maurizio, una montagna sopra a Como, dove avevano una villetta per le vacanze. Ogni sera prendevo la funicolare, arrivavo a Brunate e qui recuperavo la mia bicicletta, lasciata al mattino in deposito, e percorrevo una strada molto ripida che mi permetteva di passare dai 600 metri d'altitudine ai 1.100 m. Per me era un motivo di grande soddisfazione battere il record della sera precedente; sarei diventato un campione se non mi fosse successo quello che sto per raccontarvi. Una sera, sulla funicolare, c'era un gruppo di ragazzotti che facevano percorsi in bicicletta da Brunate. Spiegavano come facevano le curve in frenata, scartando la ruota sul terreno, per guadagnare tempo. Decisi che il giorno dopo avrei affrontato il percorso abituale con quel sistema. Infatti, il mattino, con qualche circospezione affrontai le prime curve con successo così che, in una, accelerai tanto da trovarmi a metà curva, scaraventato violentemente al suolo con la rotula spezzata letteralmente in due pezzi. Sulla strada non c'era nessuno; era presto ed ero disperato. A parte il dolore fisico pensavo di aver perso la possibilità di recuperare il movimento dell'arto, di avere delle grane perché ero ancora militare. Oltre a tutto questo non avevo la più pallida idea di come raggiungere al più presto l'ospedale. Mi trascinai sul bordo della strada aspettando che passasse qualcuno. Il tempo passava, ma, in vista, nessuno. Aspettavo da più di un'ora, quando da una casa, che credevo disabitata, vidi affacciarsi una vecchia signora che mi guardava. Iniziai a spiegarle cosa mi era successo, ma non voleva credermi perché, per la verità, ero seduto normalmente su una panchina, che esiste ancora, e non davo proprio l'idea di essere ferito. Quando si decise a scendere le mostrai il ginocchio. Si spaventò e corse immediatamente in una casa vicina dove c'era un telefono da cui poter chiamare un'ambulanza. Non riuscivo a credere ai miei occhi quando, dopo poco più di un'ora, arrivò un'autoambulanza che mi trasportò al Sant'Anna, che, allora, era un ospe-dale militare. Eravamo in tempo di guerra e, malgrado questo, fui soccorso il più celermente possibile. Fortunatamente qui conoscevo molti medici e il primario professor Pecco. Fu lui a ricovermi come militare, in una camera privata e ad operarmi. L'operazione ebbe esito positivo, e venni dimesso dopo quaranta giorni di degenza. La mia articolazione non era per niente efficiente. A parte la rigidità del movimento che era giustificabile con il lungo periodo d'inattività, il ginocchio mi faceva male ed era sempre gonfio. Il primario mi esortò a costringere l'arto a fare una serie di movimenti ed in particolar modo mi disse di fare molta bicicletta. Mi allungarono la convalescenza e a Natale del 1942 mi ritrovai con la rotula spezzata per la seconda volta. La nonna abitava in Santo Agostino, un borgo di Como, in una vecchia casa, al secondo piano. Le scale d'accesso non erano molto agevoli e per di più male illuminate. Ero appena andato dall'oculista per un'irritazione agli occhi e avevo subito l'applicazione di qualche goccia d'atropina che mi fece dilatare la pupilla e mi permise di vedere ben poco. Avevo in braccio mio figlio di tre anni mentre scendevo dalle scale; ignorai, senza accorgermene, l'ultimo scalino, mi trovai assolutamente sbilanciato e, per non fare cadere Franco, co-strinsi l'arto malato a sostenere tutto il peso del corpo. Franco non cadde, ma la rotula cedette un'altra volta. Fui ricoverato ancora ed il professor Pecco, che aveva fatto l'operazione a regola d'arte, disse che avevo i muscoli troppo forti e che l'altro intervento, anziché con sutura, l'avrebbe fatto con cerchiaggio metallico. A me non interessava proprio come vo-leva intervenire, ero terrorizzato dall'anestesia con i tamponi di etere. Per il primo intervento rimasi scosso dal senso di soffocamento che dava l'etere e che dava la sensazione di morire. Gli chiesi se non si potesse usare il cloroformio, ma mi disse che sarebbe stato senz'altro peggio, e che il post-operatorio sarebbe stato più difficile da superare. Sopportai una seconda volta quella tortura che fu peggiore della prima perché adesso sapevo cosa mi aspettavo, mentre la prima volta ero nella totale inconsapevolezza. Tutto era andato liscio ed il professore era soddisfatto; la rotu-la aveva un cerchiaggio di ferro ed avrebbe sopportato qualsiasi sforzo. Non fu così. Avevo la gamba completamente immobilizzata da un'inges-satura, fino all'anca. Ero irrequieto e mi si tendevano i muscoli in continuazione. Improvvisamente sentii che era successo qualcosa; ebbi la sensazione che i due monconi della rotula si fossero allontanati. Al mattino chiesi la visita del primario che, fatta aprire una finestra nel gesso, vide ciò che era successo. Scosse la testa e mi disse che l'operazione non era da rifare e che avrei fatto un callo più duro dell'acciaio. Questo mi costò una degenza di tre mesi e mezzo; il primo mese fu insopportabile, poi mi adeguai e stavo anche bene, tanto che dopo 105 giorni, quando mi dissero di alzarmi, ne avrei fatto anche a meno. Avevo da leggere, la radio era a mia disposizione, studiavo il tedesco ed ascoltavo tutti i bollettini di guerra, che non erano per niente allegri: i tedeschi avevano subito dei pesanti rovesci in Africa ed in Unione Sovietica, gli americani erano sbarcati ad Algeri e la loro aviazione stava radendo al suolo le città tedesche, colpendo le fabbriche belliche che venivano sistematicamente distrutte. Ritenevo che l'Italia si fosse ormai impegnata con l'alleato in quella guerra e che si dovesse continuare ad ogni costo. Non nutrivo una particolare simpatia per i tedeschi, ma ammiravo la loro organizzazione, la loro disciplina. Finalmente mi fecero alzare e mi tolsero l'ingessatura. L'articolazione era rimasta completamente rigida, ma la rotula, pur presentandosi quasi doppia, rispetto all'altra, sembrava solidissima. Mi fecero fare molti esercizi per la rieducazione e lentamente cominciai a poterla piegare. Stava scomparendo anche il gonfiore, ma vidi che con la scomparsa della tumefazione apparivano dalla rotula due spuntoni di ferro che mi foravano la pelle. Non era possibile continuare così.

Bisognava fare un'ulteriore operazione per togliere il cerchiaggio che, fin dall'inizio, era stato totalmente inutile. Fra i libri capitatimi fra le mani m quei giorni, trovai anche un trattato di medicina che parlava di operazione errata per la frattura della rotula. Il cerchiaggio doveva essere fatto a gamba piegata e non tesa onde evitare quello che mi era successo. A gamba tesa, infatti, qualsiasi movimento muscolare avrebbe fatto scivolare il cerchiaggio e la rotula non avrebbe avuto alcuna costrizione. Il professore aveva in ogni modo ragione perché mi si formò un callo molto solido. Dovetti così subire il terzo intervento. Mi rifiutai di subire un'altra volta l'anestesia con l'etere, così il professore si decise a farmi sperimentare l'anestesia locale. Ero perfettamente cosciente ed osservavo come preparavano in sala operatoria, con la massima tranquillità. Non immaginavo proprio quali dolori lancinanti avrei dovuto sopportare. Vidi il bisturi avvicinarsi alla rotula ed incidere all'altezza dei due spuntoni metallici. Il dolore era stato fino a quel momento sopportabile, ma fu terribile quando il professore con una pinza da meccanico afferrò gli spuntoni e si accinse all'estrazione. Si accorse del mio dolore, ma mi confermò che non era ancora finita; infatti, dopo un attimo, iniziò a tirare uno dei due che assolutamente non si smuoveva, perché era totalmente incapsulato. Il professore sudava ed io capii quali furono i tormenti per gli eretici durante l'inquisizione. Il professore si allontanò un attimo, poi ritornò con in mano un volgarissimo tronchesino. Senza tanti complimenti, con un colpo secco, tagliò la parte sinistra del ferro, senza accorgersi che, nel frattempo, stava anche tagliando parte della mia pelle. Ripeté la stessa operazione dall'altra parte e tirò un sospiro di sollievo aggiungendo: "Il resto del filo tienilo dentro, tanto non ti darà alcun fastidio!". E così fu. La rotula guarì perfettamente e anche l'artico-lazione della gamba, dopo qualche mese, tornò normalissima. Il professor Pecco fu, inconsapevolmente, un pioniere degli interventi per allungare gli arti. La mia rotula, infatti, si allungò di tre centimetri. Ottenni altri tre mesi di licenza per convalescenza, cosicché sarebbe scaduta l'8 settembre 1943. Me ne tornai a casa con l'arto non perfettamente guarito, ma in ottima forma. Nel frattempo mi ero messo in società con un carissimo amico, diventando imprenditore: tra una frattura e l'altra avevo rilevato una piccola fabbrica tessile. M'impegnai con grande entusiasmo in quest'attività, che con gli anni si sviluppò molto. Venne il 25 luglio. Il proclama di Badoglio non mi convinceva per niente, perché avevo una pochissima stima di quel Generale. Durante la prima guerra, era stato uno dei responsabili della disfatta di Caporetto; in Africa non si era certamente comportato bene perché quando vide che le cose si mettevano male, lasciò Addis Abeba in tutta fretta, ma pur sempre in tempo per caricare un treno di oggetti preziosi, frutti di rapine. Era stato, inoltre, un fervente sostenitore del nostro intervento in guerra il 10 giugno 1940. Se fosse stato un vero uomo, non avrebbe proclamato che la guerra continuava, ma, in quel frangente, avrebbe dovuto dire ai tedeschi: "Il fascismo è caduto; non siamo più in grado di sostenere la guerra, resteremo neutrali, non vi ostacoleremo". L'8 settembre io mi trovavo a Baggio per la scadenza della mia convalescenza. La notizia si propagò come un lampo; si diceva che i tedeschi avevano occupato tutti i posti strategici e che sarebbero venuti all'ospedale. Si temeva la deportazione. Fu un fuggi fuggi generale. Tutti coloro che avevano le gambe buone, compresi infermieri e medici, erano scomparsi. Ero disperato. Conscio delle responsabilità che gravavano su di un Ufficiale, non sapevo cosa fare. Ero in cortile quando vidi che dalla porta carraia entrarono due camion, carichi di fucili. Mi informai sulle loro intenzioni e scoprii che avevano avuto l'ordine di armare la sanità. Affermai che era assurdo anche perché gli uomini della sanità erano scomparsi quasi tutti. Decisero di andarsene, mentre io stabilii di cercare di arrivare alla Ferrovia Nord, per prendere il primo treno che arrivava a Como. Così feci, salendo sul primo treno merci che vidi. Alla stazione di Como Lago, vidi della gente che faceva capannello e discuteva di cosa era successo a Camerlata ed affermavano che le truppe italiane si stavano radunando per combattere i tedeschi. Ero frastornato: non mi andava di combattere contro l'alleato di ieri, e non mi andava proprio di prendere una decisione in quel frangente.

Tornato a casa, mio suocero mi consigliò di scappare in Svizzera. Ma capii che non avrei potuto fare una cosa simile. Avrei aspettato l'evoluzione degli avvenimenti, perché ero ancora, comunque, in licenza di convalescenza che poteva essere ancora rinnovata. Trascorsero due giorni; non si vedeva alcun tedesco, ma continuavano ad affluire militari che si recavano alla frontiera di Chiasso, dove si facevano disarmare ed erano avviati in campi di concentramento. Vidi anche un nostro famoso reparto di Cavalleria entrare in trionfo in Svizzera. Era uno schifo e mi chiedevo se quello era il sistema per combattere i tedeschi. Presi la mia decisione: appena fosse giunto un tedesco a Como, mi sarei messo a sua disposizione. Un mattino mentre mi recavo in bicicletta al lavoro, passai in piazza Cavour, la piazza principale di Como, in riva al lago. Vidi un gruppo di tedeschi che lentamente, su due sidecar, compivano cerchi concentrici all'mterno della piazza stessa. Erano sei *SS* tedeschi, armati di tutto punto e con le armi pronte allo sparo. La gente era molto circospetta, qualcuno si allontanava prudentemente, qualcun altro sopraggiungeva. Il carosello durò una decina di minuti, poi come erano venuti se ne andarono. A Como, bastarono due sidecar con sei soldati per occupare la città, da cui secondo stime arbitrarie, e non statistiche, erano transitati ventimila soldati con i loro ufficiali e posso dire che in proporzione erano più ufficiali che soldati semplici. Era una questione d'onore presentare agli svizzeri l'efficienza dell'esercito italiano. A guerra finita, l'Italia si sarebbe ritrovata sul gobbo molti che avevano ottenuto, senza colpo ferire, la conveniente etichetta di "appartenenti alla Resistenza". La mia decisione di presentarmi agli ufficiali tedeschi prese ancora una maggiore consistenza. Sapevo che la caserma De Cristoforis del 67° Fanteria era stata occupata dai soldati tedeschi. Penso che fosse il 18-19 settembre quando mi presentai al comando tedesco. Cercai di farmi capire, ma il mio tedesco era troppo scarso; non comprendendo le mie intenzioni, mi accompagnarono in una stanzetta e fui lì rinchiuso. Avevo fatto una fesseria? Cominciavo a preoccuparmi, vidi dalla finestra giungere ca-mionette occupate da soldati in divisa straniera, che non faticai ad individuare come prigionieri in mano italiana che adesso passavano ai tedeschi. Erano a piedi nudi e li adunavano in un lato del cortile. Iniziai a temere per la mia sorte. Si aprì la porta ed entrò un pezzo di tedesco con una scopa in mano, con la pretesa che la prendessi io. Mi misi ad urlare che ero un Ufficiale e che non ero andato lì a ramazzare. Non capì niente, ma il tono della mia voce doveva essere abbastanza chiaro, tanto che dopo un attimo entrò un ufficialetto della *Wehrmacht*. Fortunatamente parlava francese, gli spiegai chi ero e cosa ero venuto a fare. Si scusò e mi fece avere un lasciapassare bilingue. Potei uscire e tirai un sospiro di sollievo, mi chiesi cosa sarebbe successo se non mi avessero capito o se non avessero voluto capirmi. Mi era andata bene. Presi la mia bicicletta e mi avviai verso casa. Passando davanti alla Casa del fascio, che nelle giornate dopo il 25 luglio era stata imbrattata e danneggiata, vidi un gruppo di soldati che la stavano ripulendo e altri che appiccicavano sui vetri d'ingresso striscioni con la dicitura: *Duce*. A causa della mia impulsività, mi sono spesso cacciato nei guai. Non mi andava che il Duce, dopo tutto il disastro che aveva causato, dopo la pubblicazione di tutti i suoi scritti sul *Corriere della Sera*, in cui appariva in prigionia e come portato alla resa, senza nessuna volontà di riprendere qualsiasi nuovo comando, ricomparisse in scena proprio adesso. Non riuscivo a capacitarmi di cosa stesse succedendo, decisi così di entrare alla Casa del fascio per chiedere direttamente al responsabile di questi avvenimenti, il mio amico d'Albania, l'avvocato Paolo Porta, come stessero le cose. Non mi immaginavo che questa mia decisione mi avrebbe portato a rivestire nuovamente i panni militari. Se l'avessi saputo, mi sarei tenuto ben lontano dal fare qualunque considerazione. Dietro la porta del Federale, c'era molta gente in attesa. Mi feci annunciare e lo sentii esclamare: "Che Tajana? Ah, il P.G.", così mi chiamano gli amici, "Fallo entrare!". Mi venne incontro e mi abbracciò. Era la prima volta che ci incontravamo dopo l'episodio dell'Albania e di Porto Edda. Parlammo di quei momenti terribili e poi mi disse: "Sei venuto a dare il tuo consenso a quello che stiamo facendo?". Io risposi seccato: "Ma figurati! Ma che vi salta in mente di tirare ancora in ballo Mussolini?" "Lo dici per gli striscioni sui vetri d'ingresso? Sai chi li ha messi? I militi della 16ª che, la sera dell'8 settembre, si sono impadroniti di questa casa, hanno eliminato tutti gli sconci, l'hanno sistemata e ripulito il sacrario. Anche a me é sembrato molto prematuro questo tipo di propaganda, ma come potevo fare capire loro che l'Italia adesso non vuole avere Duci? D'altra parte, i tedeschi lo hanno salvato e, da quanto ne so, lo hanno già insediato come capo del governo repubblicano. Ciò significa che Hitler non vuol fare dell'Italia, terra di conquista, cosi come é avvenuto in Polonia. Credo che sia nostro dovere, con la nostra presenza, far sì che la mano tedesca sia il meno dura possibile con noi. Del resto meglio lui che il re, che é ancora in fuga, o almeno di qualche Generale di quelli che abbiamo conosciuto in Albania! E tu cosa vuoi fare?" "Io non voglio fare niente, tu sei testimone che per l'Italia ho già fatto troppo!" "Ma allora non mi approvi? Vedi quanta gente affluisce? Non posso credere che tu sia d'opinione contraria! Firma quel foglio e vedrai quanti bei nomi!". Firmai. Incredibile! L'affluenza della gente era la più disparata ed era numerosissima, parte erano conoscenti, parte no. Quello che mi faceva più specie era il fatto che comparissero nomi di persone che durante il fascismo erano decisamente contrarie al governo, ed ora aderivano ad un movimento, che non poteva estraniarsi dal vecchio P.N.F. Gli italiani sono tutti da scoprire! Salutai Porta e tutti quelli che conoscevo e uscii dalla Casa del fascio, più o meno conscio che quel 18-19 settembre 1943 sarebbe stata per me una data da non dimenticare. Mi ributtai nel mio lavoro; seguivo gli avvenimenti bellici dai bollettini e dalle informazioni giornalistiche. Per l'Asse stava andando male: gli americani erano sbarcati in Africa e la loro influenza si faceva sentire massicciamente, avendo installato aeroporti sulle coste africane, da cui le loro "fortezze volanti", indisturbate, facevano incursioni sui vari fronti e specialmente sulla Germania, con stormi impressionanti come numero di apparecchi e frequenza di voli. Stavano letteralmente radendo al suolo la Germania, ma Hitler non cedeva. Mi chiedevo se fosse pazzo o se avesse nella manica le famose armi. Non avevo più contatti con Porta ed i suoi amici, pensavo di essere al di fuori da qualsiasi coinvolgimento, ma mi sbagliavo. A metà novembre vidi, sul quotidiano *La Provincia di Como*, che il fascio avrebbe tenuto un'assemblea al teatro Politeama. Decisi cosi di parteciparvi totalmente in incognito. Mi piazzai in loggione e assistetti alla riunione. Furono fatti i soliti discorsi di rito. Porta fu abbastanza stringato e, senza tanti fronzoli, ci diede una relazione di quello che aveva fatto e del programma proponibile. Ci raccontò della formazione della Repubblica Sociale Italiana, con a capo Mussolini. Di fatto Mussolini era prigioniero dei tedeschi. Il suo pensiero era che si dovesse salvare il salvabile. Un paio di oratori presero la parola, con lo stile squadrismo vecchia maniera. Ciò che mi fece piacere fu che il pubblico, come me, non apprezzò molto quegli interventi perché furono sottolineati da incessanti mormorii. Conclusisi i discorsi, democraticamente, fummo invitati a nominare i componenti del Direttorio e, all'unanimità, federale fu prescelto il Porta; poi fu la volta della nomina del triumvirato a diretto contatto con il federale. Qualcuno fece qualche nome, poi uscirono tre nominativi che furono approvati all'unanimità. Uno dei tre nomi era il mio! Rimasi di sasso, ma non fiatai, ripromettendomi di non accettare alcuna carica, tanto più politica. Lasciai che il teatro si sfollasse ed andai ad aspettare Porta, alla Casa del fascio. Appena mi vide scoppiò in una fragorosa risata, dicendomi: "Sei contento della nuova carica?" "Caro Paolino, ti sogni che io accetti incarichi di quel genere!", risposi, "Ti ho già detto che per l'Italia ho già fatto abbastanza!" "Caro P.G., non ci posso fare niente, tu che ti picchi di essere un democratico, la tua nomina non poteva essere più democratica di cosi! Certo non ti posso obbligare a presenziare alle nostre riunioni, tra parentesi ce n'é una fra un'ora, regolati tu secondo coscienza!" "Sta certo che non ci vengo! Me ne vado e qui non mi vedrai mai! Ti saluto!". E me ne andai. Per tutto il mese di dicembre continuai a ricevere gli avvisi di riunioni del direttorio, non dico giornalieri, ma quasi. Cercavo di ignorarli. Avrei voluto andare per segnalare delle iniziative che non approvavo, ma mi sarebbe sembrato di capitolare. Per la verità la mia coscienza non era totalmente tranquilla. Loro si davano da fare per trovare soluzioni ad una situazione che non era molto semplice. I *repubblichini*, come venivano chiamati sottovoce, non godevano della simpatia generale e si verificò qualche episodio di violenza, con conseguenze tragiche, perché i fascisti non subivano l'affronto, senza reagire. Più i giorni passavano più mi sentivo a disagio e più mi vergognavo. Non potevo starmene con le mani in mano. Ne parlai con mia moglie, che, pur essendo d'accordo con me, mi supplicò di stare alla larga. Non resistetti a lungo ed una sera mi ritrovai nell'ufficio di Porta. Mi accolse sorridendomi: "Sapevo che saresti tornato!" "Hai ragione, mi sentivo un verme. Dammi qualche incarico di carattere sociale e compatibile con il mio lavoro". Como era diventata una città importantissima per l'aviazione tedesca, poiché era la città della seta ed i paracadute erano fatti di seta. Il nylon era stato scoperto dagli americani e lo tenevano ben segreto! I tedeschi requisirono tutta la seta sul mercato che poi veniva data alle tessiture perché fabbricassero i paracaduti. La distribuzione delle commesse, molto ambita dai vari fabbricanti, veniva assegnata attraverso la Federazione della seta, una vecchia organizzazione corporativa del PNF. Le tangenti non erano una novità neanche allora. A Porta era giunto all'orecchio il sentore di qualche irregolarità e mi spedì nell'ufficio di Dosi per vedere cosa stava succedendo. Con un incarico di quel genere, se non fossi stato una persona integerrima e onesta, avrei potuto fare una fortuna. Invece da quel punto di vista ero inattaccabile, vero acciaio inox. Conoscevo benissimo il mondo tessile, prima in veste di rappresentante, poi come imprenditore, quindi mi fu facile raccogliere le notizie che mi interessavano. La seta, di provenienza giapponese e cinese, arrivava a Como attraverso la Svizzera. La Federazione Nazionale della seta, il cui responsabile era l'avvocato Dosi, procedeva alla distribuzione per la torcitura, la tessitura ed i finissaggi. Raccolsi le lamentele più rilevanti e mi presentai in via Raimondi, dove allora era la sede di quell'ente e chiesi un colloquio con Dosi, come un cittadino qualunque. Mi fece fare una lunghissima anticamera e poi, quando affron-tai l'argomento, la prima cosa che mi chiesi se io fossi interessato personalmente all'argomento. Risposi che le lamentele erano parecchie e, da buon cittadino, avrei voluto delle delucidazioni. Non mi lasciò proseguire: "La distribuzione delle assegnazioni viene fatta nella maniera più equa e secondo disposizioni ben precise, ritengo che pertanto il nostro colloquio sia finito". Schiacciò un campanello ed alla sua segretaria sopraggiunta: "Accompagni il signore all'uscita!". Non feci una piega e me ne andai. Dieci minuti dopo, con la mia fedele bicicletta, ero davanti al tavolo del federale. "Ti ha messo alla porta? Ma tu come ti sei presentato?" "Come un cittadino qualunque", risposi. "Fallo venire subito qui!". Chiesi al centralino di mettermi in linea con l'avvocato Dosi, ed avutolo gli dissi: "É la Federazione del fascio che parla, sono Tajana, quel signore che pochi minuti fa era davanti al suo tavolo. Avvocato, il federale vuole che lei venga immediatamente. Chieda di me!". Immaginai il suo terrore, in quei momenti le cose andavano per le spicce e lo scherzo che gli avevo combinato era da infarto. Non passarono molti minuti che il caro avvocato chiese di me. Si presentò tutto viscido, non gli mancava che di strisciare: "Non sapevo che lei fosse in federazione, ma perché non me lo ha detto?" "Poche parole avvocato, venga dal federale! Sarà lui che avrà da dirle qualche cosa!" Mi seguì, ed entrato nell'ufficio di Porta disse con tono conciliante: "Caro Paolo, Tajana non mi ha detto chi fosse!". Dosi e Porta erano entrambi avvocati, colleghi ed amici. Porta neanche lo salutò, e gli rispose freddamente: "Ringrazia che non ti faccio arrestare, pretendo che entro tre giorni tu analizzi la situazione delle assegnazioni della seta ai vari fabbricanti, dopo di che farai una relazione a Tajana, che, se d'accordo, ti darà la sua autorizzazione a procedere. Ciao!". Non disse un'altra parola e scomparve. Tre giorni dopo, puntuale come un notaio, Dosi venne in federazione, scortato da un sacco di scartoffie. Mi volle dimostrare che, in definitiva, c'erano ben pochi privilegiati e che, comunque, alla prossima assegnazione anche quelli che si fossero sentiti particolarmente danneggiati, avrebbero proporzionalmente avuto la loro quota. Io fui di pochissime parole, lo avvertii che ero sulla piazza continuamente, e che per me sarebbe stato facile un controllo capillare; lo misi anche sull'avviso dicendogli che Porta non era il tipo da chiudere un occhio due volte. Lo congedai. Se avesse potuto mi avrebbe polverizzato. Non lo vidi più durante la guerra anche perché, avendo avuto altro da fare, non mi occupai più delle assegnazioni. Non so se abbia continuato in quell'incarico, ma, a guerra finita, divenne uno dei maggiorenti della Democrazia Cristiana ed ebbe, nel campo edilizio, molte possibilità. Intanto io tiravo avanti. Non ero completamente soddisfatto di quello che accadeva attorno a me. Avevamo creato un gruppo di contestatori, molto educati ma anche molto puntuali, tanto che ci chiamavano "quelli delle 6 e 30", ora in cui ci trovavamo da Porta per i nostri mugugni. Facemmo anche un proclama molto democratico ed antidemagogico, di cui ho ancora una copia. Porta si arrabbiò moltissimo, anche se la pensava come noi, ma a Salò il documento sarebbe stato dissacrante e Porta non voleva grane. Tirai avanti qualche mese, ma la situazione peggiorava. I tedeschi erano i padroni assoluti, e vedevamo sempre più cose che non ci andavano giù. Non mi sentivo di continuare. Ero nervoso, volevo andarmene, ma cosa avrei potuto fare? Avevo moglie e due figli, avevo un socio, egregia e cara persona, potevo ignorarli? D'altra parte non potevo cancellare la mia carica. Una sera, per un motivo, che oggi non ricordo, decisi di chiarire la mia posizione ed il mio pensiero a Porta. "Paolino, io ti ammiro moltissimo, purtroppo succedono troppe cose deprecabili. Tu non ci puoi fare niente, ma il responsabile, in definitiva, sei tu e tu non puoi fare altro che avallarle, tuo malgrado. Io non mi sento di rimanere ancora qui, sarò un vigliacco, ma torno a rivestire la divisa militare. Ho visto, l'altro giorno, sfilare la X[a] MAS. Mi sono piaciuti e vado ad arruolarmi!". Porta mi rispose sinceramente allarmato: "Ma tu sei matto, non ne hai avuto abbastanza della guerra? Quelli fra poco tornano al fronte, sono appena tornati da Nettuno con gravissime perdite. E tua moglie cosa dice?". Risposi: "É disperata, sa già di questa mia decisione, mi ha scongiurato di non andare, d'altra parte anche lei non mi vede volentieri qui alla federazione. Paolino, vado, ti scriverò!". E me n'andai anche da casa mia. Fu un distacco difficilissimo, molto sofferto. Mi sentivo colpevole. Il distacco per il richiamo del 1939 era stato ben diverso: non ero volontario e la situazione non era come quella in cui ora vivevamo. Riesumai la mia cassetta militare e partii per Torino, dove risiedeva l'Ufficio di reclutamento della X[a] MAS.

LA DECIMA MAS

La Xª Flottiglia MAS, prima dell'8 settembre 1943, era un reparto di mezzi d'assalto della Regia Marina, facente nominalmente parte delle flottiglie MAS, dotate di grossi motoscafi siluranti, che già durante la prima guerra avevano ottenuto grandi successi contro le navi nemiche. Poco prima dell'armistizio, il comando della Xª era stato assunto dal comandante Borghese, che proveniva dai sommergibili. Le sue imprese rimarranno nella storia della Marina; per la sua ultima azione, nel porto di Alessandria, fu insignito della Medaglia d'Oro al Valor Militare. L'8 settembre, dopo la capitolazione dell'Italia, molte navi della Regia Marina uscirono dai porti per consegnarsi agli Alleati. Borghese non si sentì di girare le spalle all'alleato tedesco, e fu uno dei pochi che si accordò con i comandi germanici, alle seguenti condizioni: la Xª MAS era alleata con le F.F.A.A. tedesche con bandiera italiana, divisa italiana e armi italiane. Credo che le trattative non fossero state facili, ma l'accordo fu ratificato [in effetti l'accordo fu firmato per la *Kriegsmarine* dal C.V. Max Berninghaus, ma non è da escludere che vi fossero stati precedentemente dei contatti con il *Grossadmiral* Dönitz; quest'ultimo, infatti, stimava molto Borghese e la Xª MAS, NdC]. Era chiaro che l'attività marinara sarebbe stata limitata e che i volontari, che affluivano numerosissimi, sarebbero stati inquadrati in reparti terrestri. Si formarono alcuni Battaglioni di Fanteria di Marina, che furono denominati con i nomi dei mezzi navali che si erano maggiormente distinti nella guerra. Nacque così il Battaglione *Barbarigo*, il primo reparto della R.S.I. avviato al fronte, che fu schierato a Nettuno per osteggiare lo sbarco Alleato. Il *Barbarigo* si comportò in maniera encomiabile e subì numerosissime perdite. Altri Battaglioni o Gruppi erano il *Lupo*, l'*N.P.*, il *Fulmine*, il *Sagittario*, il *Tarigo*, il *Colleoni*, il *San Giorgio*, l'*Alberto da Giussano*, eccetera. Comandante della Xª della R.S.I. sino alla fine della guerra fu il C.F. Junio Valerio Borghese. Giunsi a Torino in serata, dormii in albergo e l'indomani mi presentai alla sede del comando. Furono parecchio pignoli, vollero sapere tutto di me: il motivo per cui mi arruolavo, il mio grado, la mia specialità nell'esercito e le mie precedenti esperienze. Mi fecero attendere un paio d'ore, poi mi annunciarono l'accettazione della mia richiesta d'arruolamento. Da Tenente di artiglieria alpina a S.T.V., Sottotenente di Vascello, della Marina della R.S.I; non più stellette, ma gladi. Mi diedero la divisa grigio-verde, tipo paracadutista, senza risvolti, da portare con un maglione grigio accollato. Era una divisa indovinata e prestigiosa. Dalla Val Trompia, a Brescia, arrivarono i mitra Beretta, che, rispetto al solito moschetto 1891, davano l'impressione di costituire un armamento all'altezza dei tempi. I Marò se ne impossessarono immediatamente e ne erano davvero fieri. Imparammo purtroppo che al fronte era un'arma assolutamente inutile, sia per l'imprecisione del tiro e la gittata limitatissima, sia perché, con una celerità inaudita, il Marò rimaneva senza munizioni. In un attimo i quaranta colpi del caricatore venivano sgranati, e molto scarsi erano i caricatori di ricambio. Anche a me, reduce dal fronte francese e greco, dava un grande senso di sicurezza l'avere a tracolla un mitra, poi, all'atto pratico, la sicurezza svaniva [la gittata efficace del *MAB 38 A* è inferiore ai 100 metri; l'arma è quindi utile nel combattimento urbano, in zone boscose con fitta vegetazione o durante la fase finale di un assalto, specie se impiegato da truppe meccanizzate; ma era di utilità relativa in luoghi con lunghe linee di tiro, NdC]. La mia destinazione fu Ivrea, dove si stavano radunando i reparti del *Barbarigo* e del *San Giorgio*, reduci da Nettuno e in fase di ricostituzione, e altri Battaglioni erano in addestramento. Essendo artigliere fui inviato al Gruppo d'artiglieria *San Giorgio*, ma poi passai al comando della 4ª Compagnia mortai del *Barbarigo*. Era costituita da ragazzi eccezionali, per la maggior parte studenti, molto amici e molto affiatati fra loro. Per tutto il periodo trascorso alla Xª fui il loro comandante, non so se valido o no, ma sicuramente fra me e loro si creò un vero rapporto di affetto. Capitai ad Ivrea in un momento particolarmente difficile. I tedeschi non si fidavano molto di noi. A Salò il Partito Fascista Repubblicano avrebbe voluto che i nostri reparti fossero incorporati nella Guardia Nazionale Repubblicana. Ricci soffiava sul fuoco, Graziani ci voleva nel suo esercito e Borghese assumeva un atteggiamento così intransigente da far pensare che fosse lui a voler assorbire tutti gli altri. Certo che la X^a non subì ordini da nessuno, era un vera repubblica, ma necessitava di armi e di equipaggiamento. I tedeschi, per armarci, volevano che ci occupassimo della lotta antipartigiana. Borghese tenne una riunione a cui parteciparono tutti gli Ufficiali, mettendoci al corrente su quali erano le condizioni dei tedeschi. La riunione fu burrascosa e sostenemmo che i nostri Marò si erano arruolati per continuare la guerra, non per andare contro altri italiani, quindi sarebbe stato impossibile accettare le condizioni dell'alleato. Borghese chiese una nuova riunione con il comando tedesco, e l'ultima proposta che ci venne fatta, e che fu accettata, riguardò il presidio di posti considerati strategici per la condotta della guerra. Affermammo, in ogni caso, che questa proposta poteva essere accettata solo se era una destinazione temporanea, perché volevamo essere mandati al fronte. I tedeschi furono soddisfatti e cominciarono ad arrivare armi ed equipaggiamento. La situazione andava ingarbugliandosi anche per degli altri avvenimenti, che complicarono la nostra vita. Il comandante Bardelli, che era stato l'anima della X^a, uomo d'azione e grande oratore, idolatrato dai suoi Marò, ci raggiunse ad Ivrea nel luglio del 1944. Ebbe un'accoglienza trionfale da chi l'aveva conosciuto a La Spezia e sul fronte di Nettuno, e da coloro che di lui avevano soltanto sentito parlare. Non sapevamo quali fossero i suoi progetti quando ci chiese una camionetta con una quindicina di Marò. Il fatto che la sera non fosse ancora rientrato, essendosi addentrato in zone in mano ai partigiani, ci lasciò in grande apprensione. Era ben difficile che Bardelli si fosse fatto prendere prigioniero; temevamo il peggio. Queste furono, infatti, le prime notizie che ci giunsero da Ozegna, un paese nei pressi di Rivarolo Canavese. All'alba partirono alcuni reparti, circondarono il paese e trovarono un mucchio di cadaveri. Il paese era deserto; soltanto alcune suore in chiesa vegliavano il corpo di Bardelli e di un altro Ufficiale. La mia Compagnia non era tra quelle scelte per cercare Bardelli e seppi queste cose indirettamente, ma le notizie su quei tragici avvenimenti furono discordanti. Sicuramente la sparatoria avvenne dopo che lo stesso Bardelli prendesse contatti con i partigiani, non poteva aver preso l'iniziativa per un'azione che provocò una sleale carneficina. Nonostante in paese nessuno parlasse o avesse visto niente, per merito della X^a e dei suoi Marò non ci furono rappresaglie, ma fu soltanto ordinato di recuperare le salme ed i feriti. Non oso immaginare cosa sarebbe successo se questo fosse accaduto ai tedeschi! Furono giorni tristi. Borghese, che nel frattempo doveva ottemperare all'accordo con i tedeschi, cercava contatti con i comandi della Resistenza per provare a realizzare un modus vivendi in clima di neutralità. Quel lato di Borghese non mi piacque allora e non mi è mai piaciuto. I suoi "intrallazzi" erano tanti e, anche se erano giustificati dalla necessità di reperire dei mezzi di sussistenza della X^a, con certa gente sarebbe stato più logico non trattare. Ad Ivrea ci trovavamo spesso fra noi Ufficiali, e non eravamo per niente soddisfatti della situazione che si stava creando nei nostri reparti. I Marò, che non sopportavano quell'atmosfera di caserma e che volevano continuare quell'azione d'intervento che li aveva visti impegnati a Nettuno, sapevano che la gente li capiva, magari anche apprezzandoli, o li temeva. Scontri tra formazioni partigiane e *repubblichine* – eravamo *i repubblichini* per chi voleva averci lontano – erano spesso motivi di rappresaglie da parte dei tedeschi, e questo non ci lasciava affatto tranquilli. In questi frangenti, dal comando della X^a ci fu richiesto un plotone d'esecuzione per un disertore; volevamo saperne di più. Ci dissero che il condannato era un tale Oneto; di cui noi sapevamo essere un ex Sergente di sanità che era scappato dai partigiani fingendosi Ufficiale medico. In seguito, da pubblicazioni apparse dopo la guerra, fu descritto come un Ufficiale della X^a che, prelevata la cassa del Reggimento, si sarebbe unito ai partigiani. Versione di fatto poco attendibile, perché nessuno scappa con un malloppo e va a fare beneficenza [in realtà l'Oneto era effettivamente scappato con la cassa del suo Battaglione, e i partigiani che si erano mossi per catturarlo incontrarono Bardelli e il suo distaccamento, che lo stavano inseguendo. La diserzione di Oneto fu quindi la causa indiretta della morte del Comandante Bardelli e dei suoi uomini, NdC]. Borghese, preoccupato di stabilire il cosiddetto stato di non belligeranza fra noi e i partigiani, si era accordato per uno scambio di prigionieri. Perché l'accordo fosse simbolicamente più significativo, si decise di affiancare per la fucilazione un plotone di Marò ed uno di partigiani. Da Ivrea, poiché non avevamo avuto delucidazioni, non partì nessun plotone, ma ne fecero senza. L'esecuzione fu infatti effettuata con elementi della Compagnia Comando. Quando fummo a conoscenza di quell'assurda ed esecranda fucilazione, successe il finimondo: chi voleva andarsene, chi voleva andare a sentire ragione da Borghese. Eravamo sconcertati ed indecisi. Era inaudito aver pensato di affiancare i nostri Marò a gente che molto probabilmente aveva partecipato al massacro di Bardelli. Quella sera le discussioni non volevano concludersi, e furono rimandate all'indomani mattina. Dopo molte proposte prevalse l'idea di ignorare Borghese e di informare gli alti livelli di quanto stava succedendo. Si pensò a Graziani, ma era fuori d'Italia, in Germania, per l'ispezione delle quattro Divisioni italiane in approntamento. Non restava che Mussolini. Com'era possibile arrivare a Mussolini? A Salò la X^a non era molto ben vista, ma anzi temuta, si parlava di un golpe, e per di più Mussolini, oltre che essere prigioniero dei tedeschi, poteva ricevere solo chi era nel giro di Palazzo Gardone. L'unica possibilità fu suggerita da me. Ero molto amico del Federale di Como, l'avvocato Porta, il quale era uno dei più considerati fra i maggiorenti della R.S.I., ed una sua lettera di credenziali ci avrebbe forse dato la possibilità di un incontro con il Duce. All'unanimità delegarono il sottoscritto perché comunicasse a Mussolini l'increscioso episodio che ci aveva tanto colpito. Accettai l'incarico e fra i volontari che avrebbero voluto seguirmi scelsi un Ufficiale mio pari grado, il Tenente Contro, e il Tenente di Vascello Marinelli, di origine napoletana. Mi feci dare dal comando una *Fiat Torpedo*, concepita dalla fabbrica di Torino come mezzo militare. Di fatto, di militare aveva solo la vernice mimetica. Quando vedemmo la prima *Jeep* americana, sorridemmo perché ci sembrava la vettura di Ridolini. Invece eravamo noi da compiangere! Ci presentammo proprio come tre prestanti Ufficiali della X^a: divisa perfetta, mitra a tracolla, pistola d'ordinanza Beretta, due bombe a mano tedesche infilate nel cinturone. Io guidavo la *Fiat*. Attraversare il Piemonte in quel momento, non era molto raccomandabile. I partigiani erano un po' dappertutto, ma fortunatamente arrivammo a Como senza problemi. Andammo da Porta che mi accolse come un amico, anche se non aveva un'alta opinione della X^a. Ci chiese perché volevamo andare da Mussolini ed io, di getto, risposi: "Senti, Paolino, tu mi conosci e sai che se faccio qualcosa, non è per un colpo di testa, ti assicuro che la X^a è assolutamente inserita in un movimento idealistico il cui solo fine è quello di mantenere fede alla parola data. Da Mussolini vogliamo andare solo per renderlo edotto di un fatto, per noi increscioso, verificatosi nella nostra Divisione. Vogliamo che lui giudichi l'avvenimento. Tutto qui. Credimi, non ci sono altri motivi!". Lo convinsi e mi scrisse una lettera per Pizzirani, allora segretario politico del Fascio repubblicano. Con dei letti di fortuna riuscii a far dormire a casa mia i miei due amici Ufficiali e partimmo molto presto per Salò. Il viaggio fu senza inconvenienti. Alle 7.30 giungemmo a Salò, e, non avendo trovato nessuno al comando, ci facemmo indicare l'alloggio di Pizzirani. Abitava in una villa in periferia di Salò, recintata e con un cancello all'ingresso; suonammo il campanello e si affacciò un uomo in pigiama che ci guardò un attimo e con molta furia richiuse la finestra e non si fece più vivo. Attendemmo un po', poi suonammo nuovamente. Apparve allora una signora anziana, che, ciabattando, arrivò al cancello. Le domandammo se c'era Pizzirani, ma disse che non c'era nessuno e che non era rientrato. Ci chiedemmo allora chi era il tizio che si era affacciato alla finestra e pensammo che Pizzirani, avendo visto tre della X^a armati di tutto punto e a quell'ora del mattino, probabilmente aveva pensato che fossimo lì per prelevarlo. Della X^a, a Salò, si diceva peste e corna. Scoppiammo a ridere e decidemmo di aspettare in un bar l'ora d'apertura della segreteria del partito. Gli uffici erano in un edificio nel centro del paese, a cui facevano la guardia due militi. Domandammo di Pizzirani; uno di loro entrò e ritornò dicendo che era momentaneamente occupato e ci avrebbe ricevuto appena possibile. Potevamo entrare ed attendere nell'atrio, previo deposito delle armi. Non ci andava molto l'idea di essere disarmati, ma, visti i tempi che correvano, era la misura più logica. Aspettammo parecchio poi potemmo entrare in un bell'ufficio con un'imponente scrivania. Pizzirani portava la sahariana bianca con un sacco di nastrini. Non fu molto cordiale e, a muso duro, ci chiese il motivo della visita. "Vogliamo avere un colloquio con Mussolini!", rispondemmo. "Il motivo?" "Dobbiamo riferire al Duce un episodio avvenuto alla X^a per avere un suo giudizio ed un suo indirizzo!". "E qual è quest'episodio?", chiese Pizzirani. "Lo possiamo dire solo a Mussolini", fu la nostra risposta. A questo punto, Pizzirani volle chiudere la discussione: "Mi spiace, ma per parlare con il Duce bisogna avere validi motivi e la programmazione dei colloqui in questi giorni è già esaurita!". Avevo però ancora un'arma segreta: la lettera di presentazione di Porta. Gliela consegnai, la lesse e la rilesse, e mi rispose: "Mi spiace per Porta, mio caro amico, ma mi è impossibile scavalcare la procedura. Scrivetemi dal vostro comando e vedrò di favorirvi". Feci appena in tempo a frenare un gesto di stizza del napoletano e ce n'andammo. Eravamo abbacchiati, ritirammo le armi ed uscimmo. Non sapevamo cosa fare. Passeggiavamo sul lungolago quando vidi sbucare un tipo in sahariana che doveva essere un gerarca. Lo riconobbi: era un amico del corso Allievi Ufficiali; anche lui mi riconobbe, fece una corsa e ci abbracciammo. "Cosa fai tu qui? Sei della X^a, ma bravo! Cosa siete venuti a fare qui?". Gli spiegai il motivo e gli dissi dell'accoglienza di Pizzirani. Pensò un momento, poi disse: "Aspettatemi qui al caffè! Ci penso io a farvi ricevere!". Erano tempi in cui poteva succedere di tutto; era difficile credergli, ma d'altra parte non avremmo avuto altra via d'uscita. Era passata qualche ora e non tornava. Ormai disperavamo che si facesse rivedere, quando comparve e ci raggiunse di corsa. Era trionfante, il Duce ci avrebbe ricevuto, e subito. Non so ancora come avesse ottenuto quell'incontro. Salì con noi in macchina e raggiungemmo a Gargnano la Villa Feltrinelli. Si avvicinò alle due *SS* tedesche che erano di guardia, ci fece entrare e scomparve. Non avemmo tempo di parlare con lui e così non riuscimmo a sapere quale fosse il suo grado gerarchico, per scavalcare anche il capo del partito. A distanza di tempo, una decina di anni fa, lo rividi ad un raduno alpino e questo fu ciò che avvenne: "Ciao!", mi disse lui; e io risposi allegramente: "Ciao! come stai? É un pezzo che non ci vediamo, l'ultima volta fu a Salò, ti ricordi?", e lui, di rimando: "Salò? Cosa vuoi dire?", al che, stupito, gli risposi: "Ma sì, non ti ricordi che fosti tu ad ottenere la visita che feci a Mussolini da Ufficiale della X^a?". "Guarda che ti confondi con un altro", rispose, "Io a Salò non ci sono mai stato. E poi quando?". "Nel settembre del 1944!", dissi. "Non é possibile, io a settembre ero internato in Germania!", affermò. Ero certo che fosse lui, me lo ricordavo troppo bene, ma non continuai il discorso; avrà avuto i suoi motivi per dimenticare quel periodo. Ricordo Villa Feltrinelli come un fabbricato massiccio, simile ad un fortilizio. Oltre ai due tedeschi che facevano da sentinelle, ce n'erano parecchi che circolavano con passi cadenzati in giardino. Facevano una buona guardia al Duce. Ci fecero accomodare in portineria dove delle *SS*, con modi molto gentili, e scusandosi in italiano, ci disarmarono perquisendoci scrupolosamente. Fummo trasferiti nell'anticamera del Palazzo, dove c'erano altre persone in attesa, tra le quali riconobbi Farinacci e Mezzasoma, che non conoscevo di persona, ma che avevo già visto su diverse riviste. Pensammo che avremmo dovuto attendere delle ore, invece fummo i primi. Una Guardia Repubblicana, che scese dallo scalone, ci fece cenno di seguirlo, aprì una porta e ci trovammo in presenza del Duce. Non ce l'aspettavamo, ci ricomponemmo subito e facemmo un perfetto saluto romano. Era in una stanza non molto spaziosa, dietro una grande scrivania. Indossava una divisa in panno grigio-verde, con vistosi gradi rossi di Caporale della

Milizia. La divisa non era impeccabile: notammo anche qualche macchia d'unto. Il suo viso appariva di un biancore malaticcio, il viso era emaciato, le sue guance erano afflosciate; i suoi occhi, che erano penetranti, erano ancora più impressionanti. Sembrava molto sofferente. Ci guardò, poi con la sua smorfia caratteristica, disse: "Vi credo sinceri, chi parla di voi?". Prese la parola Marinelli, il più alto di grado. Da buon napoletano, con espressioni colorite e verbose, cominciò a spiegare in che cosa consistesse la X^a; vidi Mussolini spazientirsi e supposi che ne sapesse già parecchio, cosi mi intromisi nel discorso. "Scusa Marinelli, al Duce bisogna raccontare solo l'episodio di Oneto e, se il Duce permette, molto succintamente, dirò io il motivo per cui abbiamo chiesto questo colloquio". Fui molto stringato, lo informai dell'avvenuta fucilazione a plotoni affiancati. Mi lasciò finire, senza che io riuscissi a cogliere una reazione; poi cominciò: "Borghese era al corrente di questa fucilazione?". "Certamente, è stato lui a volerla!", risposi. "Per lo meno una leggerezza imperdonabile! Vi ringrazio per aver pensato a me in una situazione così delicata per tutti quanti voi. Giudicherò io il da farsi!", disse il Duce. Chiese informazioni sulla X^a e dal tipo di domande che poneva, apparve chiaro che era abbastanza al corrente dell'efficienza dei nostri reparti. Infatti domandò: "E Fumai cosa fa?". Questa sua richiesta ci lasciò perplessi; sapevo che Fumai era partito dall'Istria con una banda di squadristi, la "Mai morti", e si era presentato a La Spezia da Borghese, coi gradi di Colonnello, per chiedere l'arruolamento. La sua richiesta fu soddisfatta, ma uscì degradato a Maggiore. Borghese era solo Tenente Colonnello, e ovviamente non poteva accettare qualcuno di grado superiore al suo. Si dubitò addirittura che Fumai fosse realmente un Ufficiale. Non sapevo cosa facesse Fumai, sapevo solo che non godeva di buona fama; così la nostra risposta fu molto evasiva. Mussolini ci stupì con la sua risposta, che fu: "Sarebbe stata una buona cosa se Fumai fosse rimasto sui monti dell'Istria". Il Duce era appena tornato dalla Germania, dove ci disse di avere ispezionato le quattro Divisioni in addestramento, e di averne avuto un'impressione di efficienza, ma non ci parlò né di armi segrete, né di speranze di vittoria. Si compiaceva, comunque, con noi perché stavamo facendo qualcosa di grande: avremmo dimostrato al mondo che l'Italia non tradisce. Ci spronò in tal senso, ci parlò dell'onore paragonandolo a quello di una donna, che, una volta perso, era irrecuperabile. "L'onore è come un cristallo, che una volta rotto non é più riparabile", ci disse. Si era rianimato, e ci salutò con molta cordialità, dicendo di non mollare e resistere fino all'ultimo. Ci aveva dato l'impressione di un uomo finito, ma che rimaneva al suo posto per onore di firma. Recuperammo le armi e sfiduciati raggiungemmo la nostra auto. Pensavamo di sentir parlare di armi segrete che ci potessero dare una speranza di vittoria. Forse avevano ragione coloro che credevano fossero solo nella fantasia di Hitler. Cosa avremmo detto ai nostri Marò? Avremmo solo riferito l'elogio sul nostro e loro operato! Tornammo ad Ivrea, dove trovammo la X^a in trasferimento. Si stava attuando il nuovo impegno di presidio nei luoghi strategicamente importanti. Il *Barbarigo* era destinato a Cirié, a presidio di una polveriera. Era un bel posto; eravamo abbastanza ben alloggiati. Fu una permanenza accettabile e quasi una villeggiatura. Il comando della X^a, per volontà di Borghese, si spostò a Milano, in piazzale Fiume. Non sapemmo mai quali conseguenze ebbe il nostro colloquio con il Duce. Per noi le cose non cambiarono. Io vivevo con i miei Marò che cercavo di mantenere, nonostante tutto, disciplinati; ciò non era facile, poiché tutti avevano una spiccata personalità. Non volevano la vita di caserma, ma l'avventura al fronte. Ci spostarono a Pont Canavese, importante centro tessile, e in seguito a Ceresole Reale, a presidio della diga di una centrale idroelettrica. Finalmente, a fine dicembre, giunse l'ordine di raggiungere il Veneto. Gli ordini erano: destinazione confini est, per operare contro gli iugoslavi che, capeggiati da Tito, cercavano di impossessarsi di Trieste e del Friuli. I tedeschi non erano favorevoli a questa mossa, poiché il loro intendimento era di annettere al *Reich* tutto il Veneto, con Venezia e Trieste. Certamente, se l'andamento della guerra fosse stato meno tragico per loro, Borghese non avrebbe avuto la possibilità di spostare i nostri reparti sui confini orientali dell'Italia [divenuti una Zona d'operazioni tedesca, l'*OZAK* o *Adriatische Küstenland*, NdC]. Passammo per Milano ove pernottammo e, giunta la mattina successiva, in perfetto ordine sfilammo da piazzale Fiume al Castello Sforzesco. Da tempo la città non era attraversata da militari in divisa italiana. Molti applaudivano, quelli che avrebbero voluto gridare improperi, non osarono; eravamo perfettamente armati e con la faccia dura. Ci trasferimmo a Vittorio Veneto, e lì sostammo alcuni giorni finché anche i tedeschi si resero conto che Tito e i reparti rossi dei partigiani, comandati dai commissari, stavano tentando la penetrazione dei nostri confini, per lo più verso Gorizia, dove, infatti, fummo destinati. Dovevamo renderci conto della situazione, e a tal scopo mandammo alcune squadre in avanscoperta, per ottenere ragguagli da degli informatori locali. La situazione non si presentava rosea, la popolazione era terrorizzata al pensiero che bande slave penetrassero nei loro paesi, così, quando videro il nostro reparto completamente italiano, manifestarono con molto entusiasmo la loro soddisfazione per il nostro arrivo. Da tempo la bandiera italiana era scomparsa, ma, in quell'occasione, le finestre di Gorizia ne furono pavesate. La vita per noi era difficilissima: si temevano imboscate da tutte le parti; di notte non si poteva circolare, se non con le armi pronte all'uso. I titini erano maestri nella guerriglia, e chi non li temeva e li prendeva alla leggera, ne subiva le conseguenze. Lo spionaggio era molto sviluppato e fu necessario adattarsi alla situazione, comportandosi come se ci si trovasse in terra straniera. Una volta ebbi l'incarico di comandare una pattuglia di una decina di Marò, conducendola al di fuori della città, nell'entroterra. Un nostro informatore ci mise al corrente della presenza di un avamposto titino. Lo convincemmo a farci da guida. Non dovevamo assolutamente farci notare, neanche dagli abitanti del luogo, per evitare di essere segnalati. In serata partimmo. Dovevamo salire su una collinetta, dove, secondo la guida, ci doveva essere l'avamposto di partigiani. Faceva molto freddo e cominciò a cadere una neve molto fastidiosa. Il sentiero era un percorso da capre, difficilmente praticabile, anche perchè ricavato su una parete scoscesa. Ci eravamo messi in fila indiana, davanti stava la guida e subito dopo arrivavo io. Avevo ordinato di mantenersi a distanza per evitare eventuali mitragliate. Era buio, ma il luccichio della neve ci permetteva di procedere con una certa facilità. Ormai era vicina l'alba. Improvvisamente sentii un grido che mi colpì come una fucilata in pieno petto: "Alto là, chi va là?". Non so chi mi abbia ispirato, ma la mia risposta fu: "Compagno!". Mi risposero: "Il nome di battaglia?". Io dissi "Saetta!", al che mi ordinarono: "Vieni avanti con le mani alzate!". Feci un balzo laterale, mi gettai lungo e disteso a terra e scaricai una raffica di mitra davanti a me. Mi risvegliai dietro un cespuglio, con un gran dolore alla mano sinistra, mi doleva anche la schiena. Ci vedevo pochissimo, sebbene attorno a me fosse abbastanza chiaro. Misi una mano sugli occhi e la ritirai piena di sangue. Mi spaventai e pensai di essere stato menomato nella vista. Ma il dolore più forte proveniva dalla mano. Cautamente mi rialzai e capii che potevo camminare, non ero grave. Sentii chiamare il mio nome e mi spostai verso il monte dove fui visto dai miei uomini. Con loro potei ricostruire quello che mi era successo. Simultaneamente alla mia sventagliata di mitra, una guardia, da un capanno, e non da un fortilizio, come ci aveva detto la guida, aveva lanciato una bomba a mano. Quando giunse il colpo io ero steso ed ero stato protetto dall'elmetto che appariva molto segnato, ma non forato. La mia mano sinistra, che impugnava il mitra, era la più colpita, mentre la scheggia nella schiena era a fior di pelle. La mia faccia era piena di microscopiche schegge che mi facevano sanguinare abbondantemente, tanto che i Marò si spaventarono nel vedere il mio volto completamente insanguinato. Nel mio dito indice sinistro é visibile ancora una scheggia che, per scaramanzia, non volli mai togliere. In occasione di una radiografia per calcoli renali, le lastre scoprirono anche una piccola scheggia, vicinissima alla colonna vertebrale. Mi era andata bene! Gli uomini che avevano sentito il crepitare del mio mitra e il botto della bomba, per ordine del Sergente si stesero a terra a ventaglio e si rialzarono con cautela dopo che era giunta più luce, per poter rendersi conto di ciò che era successo. Non riuscirono a trovarmi, la guida, invece, era accucciata, dietro un cespuglio, sotto shock. Mi cercavano avanti e non pensarono che il botto mi avesse fatto scivolare qualche metro più in basso e dietro un cespuglio. Ispezionarono il capanno. Non riuscimmo a sapere quanti erano i partigiani, perché se l'erano squagliata con il buio. Trovammo due bombe a mano tedesche, colpi per la mitragliatrice e giornali jugoslavi. Erano certamente partigiani. Tornammo in sede. Potevo camminare, sebbene fossi dolorante. A Gorizia vollero che entrassi in ospedale a Vittorio Veneto. Rimasi una decina di giorni, avrei potuto tornare a casa in licenza, ma se mi avessero visto ferito, avrei spaventato e preoccupato i miei cari. Cosi tornai a Gorizia, al Barbarigo. Il comandante del Battaglione era partito in licenza per malattia, ed io dovetti sostituirlo, quale ufficiale più anziano. Le Compagnie alle mie dipendenze erano quattro. Il comando della 4ª venne assunto dal Tenente Piccoli, Ufficiale di grande capacità e stimatissimo da tutti. Ero in ottimi rapporti anche con i comandanti delle altre Compagnie, quindi non mi fu difficile assumere quella carica di grande responsabilità. Venimmo subito impiegati sul campo. Durante la mia assenza, il *Barbarigo* aveva avuto compiti molto importanti sul Carso, a Chiapovano, sull'altopiano della Bainsizza, tutte zone in cui i soldati della guerra 1915-1918, furono artefici di gesta eroiche, subendo, purtroppo, ingenti perdite. Il *Barbarigo* si comportò in modo encomiabile e la mia Compagnia, grazie alla guida di validi Ufficiali, quali Piccoli, Giorgi e Grosso, poté evitare di essere sopraffatta da forze preponderanti slave. I titini pensavano di poter circondare i presidi italiani ancora esistenti, ma l'apporto della Xª fu determinante. I nostri mortai crearono grossi vuoti nelle fila nemiche. Avevo assunto il comando da due giorni, quando ricevetti l'ordine di spostare il Battaglione il più presto possibile da Gorizia al passo di Salcano. Là avrei ricevuto ordini. Giungemmo di notte sul passo. Faceva un freddo terribile perché spirava la Bora. Sistemai gli uomini alla meglio per quella notte, poi mi recai al comando delle operazioni che era sistemato nella casa cantoniera. C'erano degli Ufficiali che non conoscevo. L'ordine era di scendere con il Battaglione sulla strada che da Salcano, lasciando il monte San Gabriele sulla destra, giunge a Tarnova. Lì dovevamo attaccare i partigiani di Tito e liberare dall'accerchiamento il Battaglione *Fulmine*. Volli consultare le carte e mi accorsi che era una manovra suicida. Scendere significava mettersi allo sbaraglio e rendere cosi nulla la possibilità di sganciare il *Fulmine*. Corsero parole grosse perché mi rifiutavo di eseguire l'ordine. Ovviamente non avrei portato nessuno dei miei uomini all'olocausto. Dovetti trovare una proposta alternativa. La soluzione, secondo me, consisteva nell'occupare il monte San Gabriele, per poter avere una buona visuale, rendersi conto della situazione e procedere, dall'alto, ad un attacco che avrebbe messo in difficoltà i titini che sarebbero stati accerchiati. Non fu facile convincere quegli improvvisati strateghi, ma ci riuscii. Adunai i miei Ufficiali ed insieme concertammo l'azione. Avevo a disposizione anche una Batteria del Gruppo d'artiglieria *San Giorgio*. La distanza della cima del San Gabriele era ideale per la gittata dei pezzi da 75/13. Li feci attestare sulle falde della montagna e mi misi d'accordo sul bersaglio da colpire. Avrei dato io l'ordine di apertura del fuoco, via telefono. Il *Barbarigo* doveva immediatamente spostarsi, con alla testa la Compagnia mitraglieri [dotata di nove *Breda 37* e comandata dal Tenente Farotti, che conosceva bene il terreno per avervi combattuto nel 1943, NdC] e le altre a breve distanza, appostandosi nella maniera più efficace per evitare troppe perdite a causa del fuoco di difesa che avremmo dovuto fronteggiare. Sulla nostra destra c'era un promontorio che feci raggiungere dalla pattuglia osservazione e collegamento. Le segnalazioni che ci diedero quegli abili Marò ci permisero di avvicinarci senza essere visti. Appena, però, diedi l'ordine di sparare, la reazione fu durissima: ci sparavano con mitragliatrici, con i fucili e con colpi di mortaio. Feci intervenire immediatamente il *San Giorgio* che, con tiri ben aggiustati, colpì indubbiamente qualche arma, poiché il fuoco nemico perse d'intensità. Eravamo a duecento metri circa dalla vetta e le mitragliatrici della Compagnia mitraglieri ebbero buon gioco, così come i mortai della 4ª, che centrarono i camminamenti del San Gabriele. I fanti dell'altra guerra ne avevano fatto un fortilizio, di cui ora si servivano i partigiani. Il fuoco del *San Giorgio* e dei mortai, e l'impeto dei Marò che oramai correvano verso la cima, fecero crollare la loro difesa. I partigiani capirono che non era possibile mantenere o difendere il San Gabriele e si ritirarono celermente sull'altro versante. Raggiungemmo la vetta e prendemmo posizione, facendo sparare i mortai su eventuali vie utilizzate per la fuga. Subimmo soltanto un ferito. I titini senza dubbio avevano avuto perdite maggiori, ma, poiché i guerriglieri slavi portavano sempre via i propri morti [pratica in uso anche tra altre formazioni irregolari, in altri tempi e luoghi, finalizzata a nascondere all'avversario le proprie perdite, NdC], non sapemmo mai quanti furono colpiti. Trovammo soltanto qualche cassetta di munizioni ancora intatta e qualche colpo per mortaio da 81. Le munizioni erano uguali alle nostre, quindi deducemmo che noi stessi eravamo stati loro fornitori di armi durante il periodo prebellico [più probabilmente, era materiale catturato dopo lo sfascio del REI in seguito all'8 settembre 1943, NdC]. C'era un vento infernale, e dal cielo cadeva neve ghiacciata. Feci sistemare i mortai su un pianoro sottostante la cima. Il Tenente Piccoli li ubicò in modo che potessero colpire la pianura che si stendeva sotto di noi, e che poteva essere controllata metro per metro. Feci piazzare le mitragliatrici, nei luoghi più strategici misi delle sentinelle, e lasciai riposare tutti gli altri per la notte. I Marò si sistemarono dietro i muretti per ripararsi dal vento. La cena fu a base di viveri in scatola e gallette. Mi sistemai con due Ufficiali e due telefonisti in un camminamento dal quale, sporgendosi, si poteva dominare tutto l'arco nord-ovest della pianura; piazzammo due teli tenda sopra la nostra testa e fummo presto raggiunti dal sonno. Improvvisamente fummo svegliati dai colpi di una mitragliera da 20, con il suo inconfondibile martellare. Forse erano tedeschi. Sapevamo che da Trieste era partita una colonna di ex prigionieri russi che adesso collaboravano con la Germania. Vedendoli sfilare davano l'idea di una truppa di zingari, più che di soldati; portavano con sé anche un caratteristico carrettino da contadino russo. Non c'entusiasmava il fatto di averli vicini, potevano costituire un nemico in più. In quel momento apparve in cielo un razzo verde, il segnale di truppa amica. Una nostra mitragliatrice cominciò a sparare così gridai: "Ma siete pazzi, non sparate, sono tedeschi!" e rivolgendomi a Posio [il Tenente Paolo Posio, comandante di Compagnia Fucilieri, reduce di Nettuno, NdC] gli urlai: "Lancia un razzo verde in risposta!". Si sporse dalla tenda, ma non a sufficienza, e, quando sparò, il razzo, anziché salire in cielo, scoppiò all'interno della tenda. Fummo avvolti da un intenso fumo verde, non si vedeva più nulla e non si riusciva più a respirare. Uscimmo dal camminamento e mi precipitai alla postazione dei mitraglieri che continuavano imperterriti a sparare. Era un inferno, i titini avevano tentato di prenderci di sorpresa e sparavano a più non posso. La loro sorpresa era ormai stata annullata, quindi così come erano venuti, dopo un po' se ne andarono. Mi rivolsi al Marò che aveva sparato per primo, chiedendogli: "Chi ti ha dato l'ordine di sparare?" e lui mi rispose: "Comandante, vi ho sentito gridare di non sparare perché erano tedeschi, ma io li intravedevo e avevo sentito che parlavano slavo. Li avevamo riconosciuti e non abbiamo esitato a sparare!". Era stato un grave atto d'insubordinazione, ma ringraziai il cielo per la sua azione. Se non si fosse accorto che stavamo per essere sorpresi nel sonno, forse, a quest'ora, saremmo stati nelle foibe, magari con qualche parte di corpo in meno! Alle prime luci dell'alba potemmo vedere al di là dei nostri ripari, e scoprimmo di quanto si erano avvicinati. I loro cadaveri non distavano più di dieci metri da noi. Tra i nostri erano caduti il miglior Ufficiale della Compagnia, Piccoli, e il più bravo dei nostri Sottocapi, Chiesa. Io stesso, durante la sparatoria, avevo mandato a chiamare Piccoli e, quando uno dei Marò, con voce tremante, mi mise al corrente della sua morte, trasecolai. Si era mosso durante l'azione e una pallottola lo aveva colpito mortalmente. Fu per me un dolore fortissimo, come se mi avessero ucciso un figlio, e fu maggiormente acuito alla notizia della perdita anche di Chiesa. Il freddo non era cessato e cercavamo di riprendere l'uso dei nostri piedi saltellando continuamente qua e là e agitando le braccia. Feci uscire dai ripari due squadre affinché perlustrassero i dintorni della cima per evitare nuove sorprese. Con i binocoli osservammo i boschetti sottostanti, le propaggini della selva di Tarnova, dove pensavamo si fossero rifugiati gli slavi. Finalmente vedemmo che qualcuno si muoveva. I mortai erano piazzati, e diedi l'ordine di sparare qualche colpo. I primi non crearono nessuna reazione, ma i successivi provocarono la fuga di una massa di partigiani titini [il Tenente Paolo Posio narra di come essi furono colpiti con precisione grazie alle tavole di tiro compilate dallo stesso Piccoli qualche ora prima di morire. I suoi mortaisti esultavano ogni volta che uno dei loro proiettili scoppiava tra gli slavi, vendicando il loro amato Ufficiale, NdC]. La nostra azione determinò l'allentamento dell'assedio al *Fulmine*, tanto che poté sganciarsi portando appresso i suoi morti ed i suoi feriti. Lo scopo dell'azione era raggiunto, ma, adesso, eravamo senza viveri e nessuno si preoccupava di mandarci ordini o rifornimenti. Mi consultai con i miei Ufficiali e decisi di scendere con alcuni Marò trasportando i nostri due morti. Fu una discesa tristissima, non riuscivo a capacitarmi del fatto che quei due magnifici ragazzi erano immobili in quei teli da tenda. Nei pressi della casa cantoniera vedemmo venirci incontro due Ufficiali, che gridarono immediatamente: "Tornate in linea o vi faccio fucilare!". Mi avvicinai a quell'energumeno e urlai a mia volta: "Ma ti sei rincretinito? Su c'è il *Barbarigo* che sta morendo dal freddo ed è affamato e voi state qui, tutti azzimati, e fate queste scene? Vergognatevi! In quei due teli ci sono le salme di due marinai morti! Il *Fulmine* si è sganciato, quindi la nostra permanenza sulla cima non ha più senso! Decidete voi l'ordine del rientro o lo do io?". Non si aspettavano certamente una reazione del genere, e m'invitarono ad entrare nella casa cantoniera, si scusarono, mi offrirono un caffè e convennero che l'ordine di rientro dovesse essere dato immediatamente. Lo comunicai alle Compagnie attraverso due veloci staffette e, nel frattempo, mi premurai di far trovare un rancio caldo per il loro ritorno. Era giunto anche l'ordine di rientro per tutta la X^a a Gorizia. Quei giorni trascorsi a contatto con gli slavi erano stati molto difficoltosi, per cui l'annuncio fu accolto da tutti con grande gioia. Le salme dei caduti furono esposte in una chiesa a Gorizia. La mamma di Alberto ed i suoi familiari assistettero alla benedizione delle salme, che successivamente furono trasportate a Mestre. Io stesso con un altro Ufficiale avevo portato alla madre di Alberto la notizia della sua scomparsa; non dimenticherò mai il suo dolore e la sua grande dignità. Credo la consolasse il sapere che suo figlio aveva deciso consapevolmente che quella era la strada da seguire per la sua dignità di soldato. Anche la famiglia di Chiesa fu avvisata personalmente dai Marò suoi amici più intimi: Bosco, Ortolani e Giussani, che si distinguevano per volontà, serietà e spirito di sacrificio. Giussani era poi l'uomo di spicco della 4^a; ferito in azione a Nettuno, era sempre davanti a tutti, ed era tanto spregiudicato da essere temerario. Su di lui si poteva fare il massimo affidamento, e ciò fu dimostrato dai successi che gli arrisero nel dopoguerra. Bravo Aurelio! [Giussani si laureò ed emigrò in Venezuela, dove ebbe successo come imprenditore, NdC]. Nel frattempo ricevemmo l'ordine di raggiungere Vittorio Veneto, da dove, probabilmente, ci saremmo spostati sul Po. La nostra Compagnia era stata ampliata e potenziata con nuovi armamenti. La nostra arma principale continuava ad essere il mortaio da 81, e arrivammo ad averne dodici. Il mortaio è un'arma micidiale, perché, usufruendo del secondo arco di tiro, il suo proiettile cade a perpendicolo sul nemico. Nessuna trincea può servire da riparo se il suo tiro é ben diretto e preciso. L'unico problema é costituito dalla sua gittata di soli 3.000 metri, che lo rende utilizzabile solo a ridosso delle prime linee. É facilmente trasportabile a spalla e si mette in posizione molto velocemente. Dodici di quei tubi sviluppano un fuoco micidiale. In Albania i greci ne avevano parecchi e li sapevano usare da maestri: ne dovemmo purtroppo subire le conseguenze. Fino al Po non ci accorgemmo di essere in guerra, poi, proseguendo, capimmo che presto saremmo entrati in una zona calda. Avevamo continuamente aerei Alleati sopra la testa; fummo spesso attaccati a bassa quota, ma la nostra Compagnia, come del resto la mia passata 27ª Batteria, godette sempre di una fortuna particolare. Al fronte ci avevano preceduto i Battaglioni *N.P.*, *Freccia*, *Lupo* e il Gruppo d'artiglieria *Colleoni*. L'attraversamento del Po non fu cosa facile. I ponti non esistevano più, perché erano stati distrutti dai bombardamenti Alleati. Genieri tedeschi e italiani si preoccupavano di mantenere efficienti ponti di barche, su cui, però, transitavano in continuazione autoambulanze cariche di feriti e mezzi trasportanti rifornimenti. Qualche reparto, per accelerare i tempi, utilizzò alcuni barconi che erano attraccati sulla sponda. Era necessario attraversare di notte, poiché qualsiasi movimento sarebbe stato intercettato dai caccia e dai cacciabombardieri angloamericani. All'alba riuscimmo ad essere sull'altra riva; riuscimmo anche a nascondere uomini, materiale e i pochi automezzi rimasti a nostra disposizione, nei numerosi boschetti che costeggiavano il fiume. Sentimmo che la guerra ci aveva ormai inghiottito. Gruppi tedeschi, artiglierie di reparti, disseminati nella zona, sgranavano in continuità bordate di colpi. Gli Alleati non tacevano mai. Le loro Batterie non facevano economia di munizioni e, per di più, sparavano sempre a tappeto. Era una strana guerra. Le nostre linee non avevano continuità, ma erano rappresentate da capisaldi discontinui, i tedeschi erano poi in perenne spostamento. Erano in pochissimi e sicuramente erano sopravvalutati dagli Alleati. Combattevano solo di notte, mettendo in batteria dei lanciarazzi micidiali [i *Nebelwerfer*, NdC], che puntavano ai punti più importanti dello schieramento nemico. Appena i lanciatori erano piazzati, i serventi si allontanavano velocemente e facevano partire i razzi; appena terminata la missione di tiro, lanciarazzi e serventi cambiavano posizione. Gli Alleati, che avevano efficienti osservatori, individuavano la postazione di partenza dei colpi ed aprivano un fuoco micidiale a tappeto su un raggio di almeno un chilometro; certamente non immaginavano che in quella zona non era rimasto nessuno. Migliaia di colpi venivano così sprecati, senza provocare alcun danno. Anche l'aviazione usava la stessa tecnica; i bombardamenti erano sempre effettuati a tappeto. Forti della conoscenza di questa tecnica, costruimmo ripari che ci salvassero da quella miriade di colpi. Ovviamente, di chi si trovava sotto i bombardamenti Alleati, non rimaneva neanche la piastrina di riconoscimento. Di notte il fronte nemico era uno spettacolo impressionante: tutto l'arco dell'orizzonte era coperto da ininterrotti fasci di luce, provenienti da potentissimi proiettori che abbagliavano le nostre linee e permetteva loro di avere una visuale, quasi fosse giorno, per qualche chilometro oltre le loro linee. I mezzi a loro disposizione dovevano essere enormi, e mi sono sempre chiesto perché gli Alleati hanno impiegato ben un anno e mezzo ad arrivare da Nettuno al nord. I tedeschi, se avessero avuto a disposizione le forze degli angloamericani, avrebbero avuto bisogno di non più dieci giorni. La nostra destinazione era Imola. Dovevamo attraversare tutto il Polesine, raggiungere Copparo e Argenta, cercando di evitare le strade importanti e di tenerci a gruppi distanziati, per non incappare nella ricognizione aerea nemica che era continuamente in azione. Preferivamo gli spostamenti notturni, mentre di giorno facevamo di tutto per mimetizzarci il più accortamente possibile. Raggiungemmo Imola, che era già il fronte. Ci appostammo in un primo momento al di là del fiume Santerno, e poi al di qua del Senio, che rappresentò per noi la punta più avanzata a noi assegnata della cosiddetta *Linea Gotica*. Qui giungevano le notizie più disparate (eravamo a circa un mese dal crollo), ci dicevano per esempio che avevamo iniziato un'offensiva, e che i tedeschi avevano ripreso Porto Garibaldi, evacuato pochi giorni prima da noi. Ci si illudeva ancora: la radio tedesca in continuità trasmetteva un comunicato, facendolo precedere dal loro avvertimento: "*Achtung, Achtung!*". Questa era la frase tipica: "L'ora della grande Germania sta per scoccare, tenetevi pronti alla grande offensiva!". Eravamo ormai scettici. Trascorsi il mese d'aprile come un sonnambulo, di giorno, spostandomi dal Battaglione alle postazioni dei mortai, di notte, al comando tedesco per informarli della situazione dei mortai e ricevere eventuali nuovi ordini. In pratica non dormivo mai e sarei crollato se, malgrado lo strombazzamento radiofonico, non fosse giunto l'ordine di ripiegare. Eravamo tutti stupiti dalle tattiche tedesche. Combattevano di notte, con la loro "sega di Hitler", ossia la mitragliatrice *Maschinengewehr 42*, o con il terribile *Panzerfaust*, arma anticarro distruttiva, leggerissima, che poteva essere data in dotazione al militare in pattuglia. Ciò che era ancora più sorprendente era la serietà e la disciplina con cui affrontavano ogni avvenimento. Quando tornavano dopo un'azione, avevano spesso con sé i feriti che non si muovevano finché non avessero ultimato il rapporto, poi finivano in barella e potevano essere inoltrati negli ospedali da campo. Fortunatamente alla nostra Compagnia non venne mai ordinata un'azione di pattuglia; avevamo un armamento troppo inadeguato. Ci eravamo liberati dei mitra totalmente inservibili e li avevamo sostituiti con fucili, meglio se tedeschi, come il famoso *Mauser*, dal suono caratteristico come il *Ta-Pum* austriaco. Il nostro '91 aveva invece un suono molto secco. La mitragliatrice *Maschinengewehr 42* aveva un urlo lacerante che faceva paura. Era chiamata *la sega di Hitler*, perché aveva una celerità di tiro tale da segare un albero. Ogni arma aveva un suono diverso. Cominciammo a ritirarci, ma i nostri automezzi erano per lo più inutilizzabili a causa dei bombardamenti, quindi, per non portare tutto a spalle, fummo costretti a requisire dei carri che erano trainati da mucche perché cavalli e buoi in Polesine non esistevano più. Eravamo proprio l'armata Brancaleone, ma più ci ritiravamo più ci armavamo, raccoglievamo armi da tutte le parti e ormai possedevamo un buon numero di *Maschinengewehr* e *Panzerfaust*. Ci ritiravamo in perfetto ordine, malgrado l'inesistenza dei mezzi di trasporto. Una mattina, all'alba, fummo individuati da una squadriglia di caccia, che mitragliò la nostra colonna. Fortunatamente li scorgemmo per tempo, i Marò riuscirono a salvarsi, ma le povere mucche furono maciullate. Fu la manna per i contadini del posto che non vedevano carne da un bel po' di tempo. Ci ritiravamo sulla direttiva Massa Lombarda, Valli di Comacchio, Codigoro e Ariano. Dovevamo attraversare il Po. Era tutta un'incognita perché i ponti di barche erano stati distrutti. Sapevamo che esistevano barconi privati, ma nessuno ci dava indicazioni ed i proprietari erano irreperibili. Senza l'abilità dei miei marò liguri, maestri d'attività marinare, con alla loro testa Giussani, ci saremmo dovuti fermare. Essi furono sguinzagliati alla ricerca d'imbarcazioni, e il primo ad arrivare fu proprio Giussani, che cominciò a trasbordare le armi, poi arrivarono anche altre barche. Io fui l'ultimo a compiere la traversata. Avevamo gli Alleati alle calcagna, ma non si avvicinavano tanto da poter essere sotto tiro. In fondo il sogno d'ogni comandante è vincere la guerra senza subire perdite. Gli Alleati se lo potevano permettere! Eravamo sfiniti ed affamati quando giungemmo presso Adria, dove svegliammo il podestà e pretendemmo un pasto caldo. In quel modo ci rifocillammo e potemmo riposare dodici ore. Avevamo ricevuto l'ordine di ripiegare a Padova e da li raggiungere Vicenza e Thiene. A quel punto avremmo dovuto attraversare anche l'Adige; speravamo che il ponte a Cavarzere, pur terribilmente danneggiato, permettesse ancora il transito, in caso contrario sarebbero stati guai seri. Le truppe Alleate avevano sfondato un po' dappertutto; in effetti non si poteva parlare di sfondamento perché in quelle ore i tedeschi, prima di noi, avevano saputo che il Generale Wolff si era arreso a Milano, quindi si ritiravano con la massima celerità verso nord, lasciando sguarnite le linee di difesa. Contro di noi era schierata l'8ª Armata inglese con elementi neozelandesi ed anche reparti del Corpo di Liberazione italiano, i cosiddetti cobelligeranti. Era il 26 aprile e nessuno di noi sapeva che il 25 era stata firmata la resa di Graziani, e che Mussolini e molti gerarchi erano stati fucilati. Di strano c'era solo il fatto che durante la notte tutti i paesi del Polesine brillavano di luce. Per loro non esisteva più l'oscuramento. Noi eravamo giunti ormai a Cavarzere con grosse difficoltà e speravamo che il ponte fosse agibile. Il pericolo era costituito dall'aviazione, poiché gli Alleati avevano cessato il fuoco con le artiglierie. Ci separava dall'Adige solo un lungo rettilineo, ma ad un tratto vedemmo profilarsi le sagome di due grossi mezzi corazzati nemici. Tememmo l'accerchiamento. Diedi subito l'ordine di gettarsi al riparo dell'argine, che, fortunatamente, fiancheggiava la strada, e feci aprire contro i carri tutto il fuoco possibile. Saranno stati più di cento fucili '91 e *Mauser*, qualche mitragliatrice e *Maschinengewehr*, purtroppo con scarso munizionamento. I mortai non erano invece a disposizione. Fu comunque un fuoco impressionante come intensità e precisione. Certamente i proiettili non forarono le lamiere dei corazzati, ma li indussero ad allontanarsi con la massima celerità. Si levò un grido di esultanza. Diedi immediatamente l'ordine di proseguire con la massima velocità. Assistette a questa nostra fulminea reazione il comandante Di Giacomo, dal quale dipendeva tutta la X^a su quel fronte. Ci fece un elogio sperticato. Il ponte era fortunatamente praticabile, anche se con difficoltà e in fila indiana. Trasportammo tutto l'armamento possibile, compreso il munizionamento. Dovemmo abbandonare però parecchio materiale. Eravamo, in ogni caso, un reparto efficientissimo ed oltremodo disciplinato. Era la mattina del 28 aprile e proseguimmo alla volta di Conselice. Facemmo una breve sosta e raggiungemmo Albignasego. Capimmo che qualcosa era cambiato perché la poca gente che c'era lungo la strada ci guardava come se fossimo dei pazzi. Vedemmo sul ciglio della strada dei civili morti e pensammo ci fosse stata qualche rappresaglia, ma l'unico nostro scopo era ormai raggiungere Thiene. Eravamo ormai fuori dalla realtà, ma per noi nient'altro aveva importanza. Arrivò una macchina con un'enorme bandiera bianca. Erano dei borghesi, con un tedesco della *Wehrmacht*, che volevano discutere con chi ci comandava. Il comandante Di Giacomo li ricevette. Si presentarono come rappresentanti del Comitato di Liberazione di Padova, il famoso C.L.N., di cui non conoscevamo neanche l'esistenza. Chiesero che venissero deposte le armi e che accettassimo di arrenderci. Di Giacomo rifiutò il loro ultimato ed affermò che se entro mezz'ora non se ne fossero andati avrebbe attaccato le loro postazioni fuori Padova e avrebbe proseguito. Dissero che a Padova c'erano già truppe inglesi, ma Di Giacomo, che non mollava, rispose che avevamo attorno le truppe inglesi già da un po', e che la cosa non ci intimoriva. Stava ormai per scadere il tempo, quando comparve un'altra auto con una bandiera bianca; questa volta erano inglesi. Il colloquio si protrasse a lungo e ci venne comunicato che Graziani aveva già firmato la resa da tre giorni e che Mussolini era stato fucilato. Di Giacomo radunò noi Ufficiali e si decise che ci saremmo arresi, con l'onore delle armi promessoci dagli inglesi. L'Ufficiale, che parlava abbastanza bene l'italiano, ci disse di ammirare la nostra Divisione, poiché era l'unico reparto che si era presentato perfettamente armato ed inquadrato e ricordò che a Tobruk, in Libia, aveva fatto parte della guarnigione inglese che si era arresa agli italiani, da cui aveva ricevuto l'onore delle armi. La loro fierezza era stata pari a quella che stavamo dimostrando noi. Era ormai l'imbrunire e c'invitò a riunire i nostri reparti in un prato vicino al ponte di Bassanello, in località Pra' della Valle. Alle prime ore del mattino avremmo dovuto raggiungere Padova per la resa e per essere riconosciuti prigionieri di guerra alle dipendenze delle truppe inglesi. Il comandante Di Giacomo ci fece un commovente discorso e disse che quello non era l'8 settembre, che la guerra era ormai finita per tutti, e di essere fieri di essere appartenuti alla X^a MAS. Finimmo con il grido "Decima marinai!", "Decima comandante!". Quella sera la X^a era "rientrata in porto" con l'onore delle armi. Fummo tutti presi da un'immensa tristezza. Ero assillato da un dubbio tremendo: secondo il codice d'onore militare esiste l'obbligo, sia per un soldato semplice che per un ufficiale, di non farsi prendere, quando é possibile, prigionieri. D'altra parte avevamo assicurato all'Ufficiale inglese che saremmo rimasti uniti e preparati per il giorno successivo per consegnarci ai comandi inglesi a Padova. Non sapevo come comportarmi. Del resto tutte le forze armate italiane si erano arrese, il governo italiano non esisteva più. Mussolini era stato fucilato. Se fossi scappato, dove sarei potuto andare a finire e cosa sarebbe successo ai miei Marò. Decisi di rimanere ed accettare quello che la sorte mi avrebbe prospettato. Non fu una notte felice. La 4ª Compagnia aveva uno stendardo. Lo dividemmo in tanti pezzetti in modo da poterli distribuire ai centotrenta, centoquaranta superstiti. Sono riuscito a conservare quel pezzetto di stoffa, malgrado tutte le traversie subite durante il periodo di prigionia. Lo possiedo ancora e quando mi capita fra le mani, si scatena nella mia mente un fiume di ricordi che mi fanno domandare: "Se un giorno mi trovassi nelle stesse condizioni di allora, e senza le conoscenze di oggi, come mi comporterei?". La risposta é sempre la stessa; farei le stesse cose di allora. Sono certo che se avessi seguito un'altra condotta la mia coscienza ne sarebbe stata scossa. Dormimmo poco quella notte, naturalmente eravamo all'addiaccio. Il cielo era pieno di stelle, faceva molto freddo, tanto che eravamo costretti a corse e movimenti continui per cercare di scaldarci. Venne l'alba. Cominciammo subito a riordinare i reparti, volevamo raggiungere Padova in pieno assetto di guerra e tutti sentirono questo dovere, tanto che, lungo la strada, i reparti perfettamente allineati marciavano a passo cadenzato e la gente si affacciava alle finestre e si chiedeva chi fossimo. A Padova qualcuno ci applaudì. Ci portarono nel campo sportivo e ci avvertirono che dopo poco avrebbero distribuito la razione giornaliera di vettovagliamento. Eravamo affamati perché da più di un mese i viveri erano scarsissimi e da più di due giorni quello che riuscivamo a mettere sotto i denti era tanto poco che serviva solo ad acuire la fame. Arrivarono camion pieni di ogni ben di Dio: scatole di *corned beef*, carne rossa e filamentosa che vorrei trovare ancora oggi sul mercato, marmellata, pane a volontà, bianchissimo, in pagnotte da mezzo chilo, the, zucchero, biscotti eccellenti. Tutte cose che noi non avevamo mai visto. Pensammo che, malgrado tutto, eravamo capitati in un Eden. Ci precipitammo sopra questo Bengodi come avvoltoi, e ci accorgemmo ben presto che la fame da tempo patita aveva ridotto le nostre possibilità di capienza di cibo. Tutto era buonissimo, ma serviva più agli occhi che allo stomaco. Ci disinteressammo tanto di quella profusione e fummo tanto malaccorti che durante lo spostamento alla caserma di Santa Giustina, nel centro di Padova, non ci si preoccupò di portare con noi niente, confidando che l'esercito inglese avrebbe mantenuto quello standard di trattamento. Non c'eravamo resi conto che il primo reparto che ci aveva preso in consegna era combattente, mentre il secondo aveva quella mentalità gretta e mercantile dei reparti di sussistenza. Quanto odiammo quei figli di buona donna! Quanto avremmo voluto ripagarli in egual misura! Una volta ritornato in Italia, venni a sapere che un ex Marò, trovandosi molti anni dopo a Venezia, ed avendo individuato un pullman di turisti inglesi, per vendicarsi, facendosi passare per un archeologo, si mostrò disponibile ad accompagnarli ad Aquileia, per fare visitare loro i ruderi di quell'antica civiltà. Fece fare loro parecchi chilometri, e, sull'imbrunire, li condusse a piedi in una boscaglia da cui difficilmente si sarebbero potuti districare. Li piantò lì, sicuro che fino al mattino non sarebbero stati capaci di andarsene. Cosi avvenne e la magra vendetta venne consumata. Alla caserma di Santa Giustina pensammo che gli inglesi ci avrebbero lasciati in mano al C.L.N., con tutti i nostri reparti. Radio fante ci fece sapere che la nostra sorte sarebbe stata l'immediata fucilazione degli Ufficiali e il processo per i soldati. Fortunatamente, quei figli di buona donna degli inglesi esaltavano, quando faceva comodo a loro, il senso dell'onore e non si sentivano, dopo averci accordato l'onore delle armi, di consegnarci a quelle belve scatenate. Ignorarono completamente il Comitato, fecero arrivare le loro camionette e ci trasportarono verso sud. La folla radunata, vedendosi privata di uno spettacolo avrebbe dovuto iniziare con la nostra consegna al C.L.N., ci gratificò con tutti gli epiteti più oltraggiosi cercando anche di avvicinarsi alle camionette, ma noi non stemmo certo con le mani in mano, e furono loro ad avere la peggio.

Prigionieri

Dove ci stavano trasportando? Il tempo si stava guastando e la pioggia cadeva fitta; eravamo inzuppati fino alle ossa, perché i teli delle camionette proteggevano ben poco. Maledicemmo il momento in cui, con tanta sconsideratezza, non avevamo pensato di tenerci da parte qualche scatoletta di carne e qualche pacco di quei meravigliosi biscotti. Da quella sera erano ormai passati due giorni e nessuno pensava a sfamarci. Cominciammo a conoscere gli inglesi e la loro ipocrisia. Ci fecero sapere che i viveri non potevano essere distribuiti, non per loro trascuratezza, ma perché il nostro spostamento non era programmato. Finchè non fossimo giunti in un campo di prigionieri, non c'era possibilità di distribuzione di vettovagliamento. La colonna di camionette ci portò a Polesella, una località a nord-est di Ferrara, subito a nord del Po e legata a questo da un piccolo fiume. Fummo scaricati sul greto del torrente; stesero dei reticolati, furono collocate delle sentinelle e trascorremmo tutta la notte senza alcun riparo, sotto la pioggia battente. Non potevamo stenderci perché il fango ci arrivava alle caviglie. Ci asserragliammo in una trentina, in piedi, l'uno con-tro l'altro. Qualcuno riuscì a addormentarsi. Al mattino eravamo malridotti, ma fortunatamente era spuntato il sole. Il fiu-me scorreva molto vicino e potemmo lavarci e dissetarci tutti quanti. Eravamo come in una fossa; la gente, che cominciava ad affollarsi, ci guardava dall'alto e, contrariamente a quanto ci aspettavamo, fummo oggetto, anziché di scherno e d'insulti, di pietà. Non mancò qualche mano pietosa che ci lanciò del pane e altro cibo. A Padova ci avrebbero accoppato, qui ci compiangevano! Forse a Padova vi erano più soggetti che volevano crearsi una verginità, influenzando il resto della popolazione. Da parte inglese non ci fu alcuna distribuzione di viveri. Non c'era neanche alcuna possibilità di parlare con qualche Ufficiale. Gli autisti e le nostre guardie erano barbuti indiani che parlavano solo la loro lingua. Eravamo preoccupati. Verso mezzogiorno ci fecero salire un'altra volta sulle camionette ed iniziammo a percorrere la costa adriatica, spingendoci sempre più a sud. Verso sera raggiungemmo la periferia di Ancona. Entrammo in un quadrilatero circondato da una doppia coltre di reticolati. Era vuoto; scoprimmo che pochi giorni prima era stato evacuato da dei prigionieri tedeschi, anche loro in trasferimento. Le camionette si erano fermate a tre o quattro chilometri dal campo, che raggiungemmo a piedi. Era un tardo pomeriggio primaverile, e stavamo su un terreno collinoso in vista del mare. La strada che percorrevamo era affiancata da molti campi di fave. Parecchie contadine erano al lavoro e le stavano raccogliendo; furono molto gentili, infatti, alcune ci vennero incontro regalandoci quegli ortaggi. Furono per noi come il nettare degli dei, perché avevamo una fame allucinante. Non le avevo mai mangiate, ma mi parvero deliziose. Immaginate la nostra gioia quando arrivammo al campo: finalmente ci attendevano tende che, a prima vista, dovevano essere molto accoglienti e per di più c'erano in vista enormi pentoloni fumanti, il cui contenuto era in attesa di essere distribuito a noi. Era un minestrone di ceci, con un odore molto appetibile. Ci distribuirono una scodella ed un cucchiaio e, finalmente, messi in fila, potemmo aver il tanto sospirato rancio. Ci diedero anche la solita pagnotta da dividere in quattro. Ci accomodammo per terra ed iniziammo a sfamarci. Non ci spaventammo quando vedemmo galleggiare, sulla superficie della minestra, parecchi vermi bianco latte. Ne buttammo qualcuno, poi rinunciammo alla selezione perché qualcuno, ironicamente, ci aveva fatto osservare che anche quella era carne. L'organizzazione inglese cominciava a funzionare. Ci divisero per reparti e per arma. Divisero gli Ufficiali, i Sottufficiali dalla truppa, c'elencarono per nome e cominciarono ad interessarsi alla nostra salute. C'era chi aveva la blenorragia, chi era sifilitico. Non mi aspettavo proprio un così alto numero di malattie veneree. Quello che c'impressionò maggiormente fu che i blenorragici furono trasportati all'ospedale, e dopo appena due giorni tornarono completamente guariti. Potenza della penicillina, a noi ancora ignota. I sifilitici dovettero sottostare a cure periodiche che, alla fine, diedero risultati strabilianti. In Italia, la sifilide era ancora incurabile. In quel frangente conoscemmo anche il D.D.T. e da allora pidocchi e compagni scomparvero in serata. La domanda sorse spontanea: come potevamo pensare di vincere un esercito il cui armamento aveva una superiorità stratosferica ed una conoscenza sanitaria che nello spazio di poche ore dava tali risultati? Ad Ancona sostammo per due giorni, poi, a piedi, raggiungemmo la stazione ferroviaria locale dove erano pronti gli usuali carri bestiame. Non sapevamo quando sarebbe avvenuta la prossima distribuzione di viveri, ma, avendo già saltato il vettovagliamento precedente, tememmo di rimanere a bocca asciutta per il resto del tragitto. Fu così che decidemmo di organizzarci, trafficando con i soldati inglesi, dando loro quello che poteva interessare: penne stilografiche, orologi, bussole, oggetti d'oro in cambio di pane, sigarette, biscotti, scatole di marmellata e carne. Un Ufficiale inglese ci convocò e ci redarguì, con la faccia più seria possibile, poiché stavamo perdendo la nostra dignità di Ufficiali, facendo un traffico con i soldati. Effettivamente la sua tirata ci colpì molto, ma il discorso non era ancora concluso e ci strabiliò dicendoci: "Se volete fare questo commercio vi manderò un mio incaricato che senz'altro valuterà meglio quello che voi gli offrirete!". Quel figlio di buona donna fece allontanare i soldati inglesi per lasciare al suo incaricato lo spazio per trattare con la massima calma. Certamente era un *gentleman* di origine piratesca. Fu l'ultima volta che avemmo la possibilità di trasformare quel poco che possedevamo, poiché prima di entrare nel campo di Afragola, la destinazione successiva, ispezionarono tutti i nostri bagagli e ci tolsero tutto ciò che non era vestiario. Presagendo quello che sarebbe successo, e possedendo un cronometro *Omega* a cui tenevo moltissimo, riuscii a farlo sparire in due scatole di carne, vuote e tagliate, inserite l'una nell'altra e zavorrate in modo da apparire come una normale scatola che ci avevano distribuito loro. Ad Afragola, cittadina a nord di Napoli, ci fu un'altra sosta in un campo di concentramento. Era molto ampio, penso potesse contenere quattro o cinquemila prigionieri, mentre noi saremo stati circa duemila. Già in viaggio mi sentivo malissimo, perché il freddo patito mi aveva procurato una bronchite che non mi dava pace. Nel campo mi diedero dei sulfamidici che mi causarono un tale malessere, tanto che pensai di lasciarci la pelle. Un medico inglese mi rassicurò dicendomi che, forse, ero sulfamido-resistente. Mi diede delle pastiglie da prendere ogni due ore. Passai una notte molto agitata, con forti dolori reumatici. Il mattino dopo ero completamente spossato, per quanto mi sentissi meglio. Ad un certo punto sentii urlare il mio nome, mi feci vivo e vidi che mi cercava un Ufficiale di non so quale arma, che mi disse che mi volevano al comando per propormi come comandante del campo. Risposi che certamente era un errore perché nessuno avrebbe potuto propormi come comandante di un campo di tante persone. Non mi sarei mosso anche perché stavo malissimo. Lo convinsi e se ne andò. Il giorno dopo mi svegliai senza febbre, senza dolori, anche se fiacco. Volevo saperne di più sulla strana richiesta fattami il giorno precedente, ma fui anticipato dall'ordine di un nuovo spostamento. Non seppi mai se fosse stato uno scherzo o no! Adunata e di nuovo alla stazione per salire sui soliti carri bestiame pronti per il trasporto. Sulla bocca avevamo tutti la solita domanda insoluta: dove stavamo andando? Ci dirigevamo sempre verso sud e supponemmo che ci avrebbero imbarcato, cosa che non era certamente di buon auspicio. Giungemmo a Taranto, in un nuovo campo per prigionieri; era più grande degli altri e conteneva molte persone. Fuori dal campo, perfettamente inquadrati ed in fase di esercitazione ci saranno stati più di un migliaio di prigionieri russi, collaborazionisti dei tedeschi, che esponevano cartelloni e avevano sistemato sui loro copricapo delle stelle rosse. Stavano cercando di rifarsi una verginità! Appena ci videro, iniziarono ad insultarci, e con la mano portata a mo' di lama alla gola, ci auguravano una fine non troppo allegra. Poveri Cristi, sapemmo in seguito che erano stati consegnati all'Armata rossa, e che fecero una brutta fine. Finalmente ci dissero che ci avrebbero imbarcato e dopo un paio di giorni ci incolonnarono per andare al porto. Di lì ci imbarcarono su una nave tipo

Liberty. Ci sistemammo sul ponte e nelle cuccette; gli Ufficiali vennero separati dalla truppa. Eravamo ansiosissimi di salpare per renderci conto della direzione, visto che i maligni prospettavano la Russia. Quando la nave tolse le ancore, sentimmo tutti quanti un terribile dolore alle viscere, stavamo abbandonando l'Italia, i nostri cari, ignorando la nostra sorte. Fu un distacco terribile, ma fortunatamente osservammo la nave dirigersi a ovest. L'incubo dell'est era finito. Dove saremmo sbarcati? In Inghilterra, negli Stati Uniti, in Africa? Gli inglesi mantenevano un riserbo assoluto. Il mare era piuttosto mosso e i primi effetti iniziarono a verificarsi. Anch'io, che credevo d'essere immune dal mal di mare, non resistetti e dovetti andare in cuccetta a sdraiarmi. Navigammo tre giorni e solo dopo potei trascinarmi in coperta. Non avevo toccato cibo dalla partenza dall'Italia; non dovevo sicuramente avere un bell'aspetto! Non mi tagliavo la barba da sei giorni ed ero curioso di vedere come apparivo. Andai ad una toilette e mi accorsi di essere diventato magrissimo, ma in compenso la barba mi donava. La tenni per qualche mese. La rotta era sud-ovest e ciò ci diede la speranza di non dover uscire dal Mediterraneo, infatti, a mattino inoltrato, scorgemmo la costa e da qualcuno sapemmo che ci trovavamo in Algeria. Poco dopo fummo ad Algeri, una bellissima città, uno spettacolo incomparabile se visto dal mare, con la casbah bianchissima che si arrampica sulla collina. Sarebbe stato meglio scendere da turisti anziché da prigionieri! Gli inglesi avevano fatto costruire, nel porto, lunghe passerelle che partivano dalla spiaggia ed arrivavano in mare. Sbarcammo, e tramite queste raggiungemmo la riva, dove ci attendevano gli automezzi che, una volta caricatici, ci condussero verso est. Dopo una trentina di chilometri, a poca distanza dalla costa, entrammo in un grandissimo campo. Un grande cartello indicava *211 P.W. Camp Maison Blanche*. Il campo era molto isolato, con il lato nord quasi a contatto con la strada, e si sviluppava poi tutto a sud. I prigionieri italiani lì accampati erano non collaboratori, o perché non avevano effettivamente collaborato, o perché arrivati a guerra terminata, e quindi membri, come noi, delle FF.AA. della RSI. Gli Ufficiali che furono interrogati furono considerati non cooperatori o recalcitranti. La X^a era tra i recalcitranti, anche se di fatto eravamo considerati tutti alla stessa stregua. Alcuni dei nostri si comportavano come se sulle mostrine non avessero portato i gladi, ma ancora le stellette. S'illudevano di accattivarsi le simpatie dei vincitori, invece si accorsero a fine prigionia di com'erano considerati dagli inglesi. Il campo era un quadrilatero di circa trecento metri di lato, diviso a metà da un grande viale. Ai lati, divisi da rete metallica stavano cinque *Compounds*, ossia piccoli campi, per parte. Noi Ufficiali eravamo nell'ultimo a sud a sinistra, mentre gli inglesi erano posti a sinistra dell'ingresso, in una zona vietata ai prigionieri, dove stava una baracca utilizzata per ogni occasione, dalle feste, alle riunioni e ai processi. A nord del campo c'era un grande piazzale, con, in piena vista di chi passava, tre enormi gabbie, i cosiddetti *Calaboosh* [termine usato in passato per indicare le gabbie degli schiavi, NdC]. Avremmo trascorso otto mesi tra quei reticolati. Il campo era attorniato da una doppia fila di reticolati con relativo camminamento per le sentinelle e torrette sistemate lungo il perimetro, che permettevano una totale visuale del campo e del territorio circostante. Era munito di una forte illuminazione e di parecchi fari mobili. La fuga sarebbe stata pressoché impossibile. I ventimila prigionieri italiani, con circa duemila Ufficiali, erano divisi per grado e per reparti. Purtroppo fummo separati dai nostri Marò. Fu un doloroso distacco, perché la 4ª rappresentava per me una famiglia. Nel campo ci assegnarono a gruppi di sei in tende a doppia intercapedine già montate, che avevano ospitato prigionieri tedeschi. Fortunatamente potemmo sceglierci i compagni di tenda, e mi ritrovai con tre medici ed un altro Ufficiale del Barbarigo. Il giaciglio era la nuda terra. Ci fecero delle docce di disinfestazione, con spruzzi abbondanti di D.D.T., e ci rivestirono completamente. La divisa era inglese, non nuova, ma recuperata e perfettamente pulita. Sulla schiena del giubbotto spiccavano in nero due grandi lettere: *P.W., Prisoner of War*, prigioniero di guerra. Ci diedero maglie, calze, scarpe, due belle coperte di lana e una zanzariera. Zanzare non si vedevano, quindi iniziammo a temere di dover rimanere anche per la prossima stagione. Ci fornirono anche sapone, dentifricio, spazzolino da denti e rasoio. Gli inglesi pretendevano che, all'adunata del mattino, per la conta, fossimo perfettamente sbarbati. La conta poteva durare anche ore perché spesso i conti non tornavano e bisognava ricominciare da capo. Se poi mancava veramente qualcuno che era scappato erano guai seri. Le minacce venivano spesso messe in pratica, ma in maniera contorta. Magari per giorni non ci distribuivano il vettovagliamento a noi spettante, ma mai esplicitamente per punizione, ma sempre per qualche strano pretesto, come un ritardo nei trasporti o uno sciopero. Chi conosce la mentalità inglese conosce bene quest'atteggiamento. A loro sono concessi tutti i soprusi, ma devono assolutamente salvare la faccia: sono una razza eletta e dei *gentleman*. Ci trattavano come una razza inferiore e non si poteva reagire perché le pene erano severissime. Dormire sulla terra nuda non é né comodo né igienico, così ci autorizzarono a recuperare da un deposito di materiale di scarto asicelle e legname vario, del filo di ferro, qualche chiodo e riuscimmo così a crearci giacigli più o meno ben fatti, che fungevano ad ogni modo da riparo dal terreno. La tenda, a turno, veniva tenuta pulita da noi sei. Le ispezioni inglesi erano frequentissime, e il grosso guaio era che, per la fame, il tempo non passava mai. Il mio *Omega* era uno dei pochi orologi che erano entrati nel campo. I primi giorni lo avrei maledetto, ed in continuazione sentivo: "Tajana, che ora è?". Era un assillo, così costruii con del cartone un quadrante e delle lancette mobili, lo situai ben in vista, ed ogni mezz'ora spostavo le lancette all'ora esatta. Il problema più grosso era costituito dal cibo. Avevamo una terribile e persistente fame. Molte furono le nostre proteste, ma al comando inglese dissero che le nostre razioni giornaliere erano fra le 1.800 e le 2.000 calorie, più che sufficienti per un organismo a riposo. Probabilmente avevano anche ragione gli inglesi, ma al campo arrivavano sempre meno calorie. Infatti, ci consegnavano le razioni dei soldati collaboratori, che non si facevano alcuno scrupolo per alleggerire le nostre razioni. Qualche volta, quando ci andava bene, riuscivamo a scambiare con gli arabi, che si avvicinavano ai reticolati malgrado i divieti, quel poco di nostro che eravamo riusciti a salvaguardare dalle varie spoliazioni subite. Pagnotte, fichi secchi, datteri, sigarette di tabacco scuro, che mi parevano ottime, erano la contropartita. Sapevamo che gli arabi accettavano come merce di scambio anche vestiario, ma era particolarmente pericoloso, poiché se fossimo stati scoperti dagli inglesi, avremmo subito un processo, con le conseguenti gravi sanzioni per noi ufficiali. Per iniziativa dei nostri Marò, fra cui, ovviamente, non poteva mancare il meraviglioso Giussani, s'instaurò una specie di illecito accordo commerciale fra questo gruppo di Marò, gli arabi e le sentinelle inglesi. Durante il giorno facevano giungere nel *Compound* dei responsabili del traffico tutta la merce che si voleva scambiare; e poi, durante le notti, dopo aver pagato le sentinelle per il loro non intervento, la merce poteva essere gettata con abilità e forza al di là dei reticolati e, con altrettanta perizia da parte degli arabi, il corrispettivo in sigarette, tabacco o cibarie varie. Erano stati stabiliti anche dei valori di scambio: per esempio, un paio di scarpe americane o una coperta, dodici pagnotte; una zanzariera, diciotto pagnotte. Si scambiava di tutto, dai giubbotti ai pantaloni; la stessa tela interna delle tende aveva il suo prezzo. L'accordo funzionava alla perfezione ed eravamo certi che, il giorno successivo, quanto avevamo ceduto sarebbe stato compensato con il giusto valore dell'accordo. I Marò che si premuravano di ritirare le nostre merci, durante il giorno – non capivo come facessero a non farsi sorprendere – facevano un inventario di tutta quella mercanzia, ne facevano un elenco che veniva fatto pervenire agli arabi. Questi, a loro volta, stabilita l'ora, arrivavano con automezzi carichi nei pressi dei luoghi stabiliti per i lanci. Tutto avveniva di notte e ad ore sempre diverse, poiché i momenti dovevano coincidere con i turni delle sentinelle pagate. Il compenso era pagato a minuti impiegati per il lancio, così i Marò facevano più velocemente possibile, mentre gli arabi erano lentissimi, forse intrallazzavano anche con gli inglesi. Noi osservavamo quei movimenti da lontano chiedendoci come riuscissero a non far rimanere impigliato niente sul reticolato. Era un vero commercio. Ovviamente il comando inglese era al corrente di tutto ciò e la considerava una situazione accettabilissima. Il governo inglese non perdeva niente, poiché tutto l'equipaggiamento a noi dato come prestito d'uso, non lo era affatto. Per regolamento, nel loro esercito, tutto il materiale che usciva dai magazzini generali era considerato fuori uso, tanto che, ad Algeri, assistemmo allo scaricamento in mare di una quantità enorme di materiale perché considerata irrecuperabile. Ragionavano cosi: quando ci avevano dato il vestiario lo avevano già destinato al mare, quindi, nessuna perdita; era anzi un vantaggio, far guadagnare le sentinelle e mettere il prigioniero in una situazione di disagio totale perché si ritrovava magari solo con gli slip, quando arrivavano notti freddissime. Nel campo Ufficiali non eravamo arrivati a tanto, poiché per dignità non avevamo ceduto né pantaloni né giubbotti. Non avevamo però quasi più coperte e zanzariere. Per mancanza di merce il traffico cessò con gran compiacimento degli inglesi che iniziavano a mettere in atto la loro sceneggiata. Iniziarono i rapporti sul nostro campo: parole di fuoco sull'indisciplina dei nostri reparti, minacce di punizioni esemplari. I nostri soldati, tutti ormai in slip, erano costretti a correre, incolonnati, nel campo per ore. Per i nostri Marò fu una grossa fatica ed umiliazione, anche perché gli inglesi avevano a disposizione degli idranti che usavano con quelli che davano segni di cedimento. Tutto questo durò due o tre giorni di fila, poi, con un grande cerimoniale, tutti adunati, subimmo pesantissimi discorsi sul comportamento esecrabile che avevamo mantenuto. Dopo di che arrivarono le camionette che ci rifornivano da capo di tutto quello che avevamo venduto. Che figli di puttana, che voglia di reagire! Durante la nostra prigionia questa scena si ripeté per ben tre volte! Le zanzariere ebbero un iter a parte. Noi le avevamo barattate da tempo, ma fummo avvisati che l'indomani sarebbero arrivati degli automezzi per ritirarle. Ci venne da ridere perché non ne avevamo più neanche una. Li rendemmo edotti di questo, ma gli automezzi arrivarono lo stesso per la loro sceneggiata. Dobbiamo consideralo un popolo spiritoso? Certo è che gli inglesi sono un popolo estremamente egoista e presuntuoso, che vuole dimostrare di essere superiore e di potersi permettere qualsiasi sfottimento! E gli arabi? Appena ne hanno la possibilità imbrogliano! Partono dal principio che é meglio fregare che farsi fregare. In tutti i mesi in cui fu necessaria la correttezza essi la mantennero, ma una notte, di punto in bianco, dopo i lanci avvenuti, iniziarono a gesticolare per dare l'idea della loro impossibilità di rifornirci, e se ne andarono, lasciandoci a mani vuote. Avevano infatti saputo che l'indomani saremmo rientrati in Italia. Malgrado questo scherzetto, dobbiamo essere loro molto grati per averci tolto parte della fame, e parte del desiderio di fumare. Avevamo la possibilità di fare una visita medica, che avveniva in infermeria, tre volte la settimana. Chi riusciva a farsi spedire all'ospedale poteva sfamarsi. Ovviamente, però, bisognava trovare la malattia adeguata per il ricovero. Dai prontuari medici avevamo scoperto le malattie considerate da ricovero, mi ero accorto che si poteva essere trasferiti per l'applicazione di stufe calde per il reumatismo. Mi venne un lampo di genio: chi avrebbe messo in discussione che il mio ginocchio, con cicatrici e protuberanze dovute alla rottura della rotula, non mi desse forti dolori. Marcai visita; il medico era perplesso, mi diede delle pastiglie e mi disse di ripresentarmi dopo una settimana se non fossi migliorato. Ovviamente gettai le pastiglie e dopo una settimana ero ancora in infermeria. Non so se mi credette o mi favorì, in ogni modo mi prescrisse l'applicazione di stufe calde per tre giorni, da ripetersi per tre volte a distanza di quindici giorni. Fu una vera pacchia. Ad Algeri trovai un Tenente medico collaboratore che era stato mio compagno di scuola al ginnasio. Fu felice di vedermi, immaginate il sottoscritto. Mi coprì di ogni ben di Dio: scatole di *corned beef*, latte con-densato, cioccolato e sigarette. In quei tre giorni mi rimpinzai tanto che ci si accorgeva a vista del volume di cibo da me ingerito. Ritornato al campo dopo quelle scorpacciate, non potevo fare altro che aspettare che i quindici giorni trascorressero velocemente. Oltre al Bengodi presente all'ospedale, il viaggio era per un magnifico diversivo, il paesaggio era stupendo e mi pareva di essere in gita turistica. Purtroppo la pacchia finì, poiché cambiarono l'Ufficiale medico al campo. Il nuovo arrivato non rimase affatto impressionato dai miei lamenti; oltretutto non potei neanche insistere perché sarei potuto incorrere in sanzioni per simulata malattia. La fame mi attanagliava sempre più. Di sera facevo lunghe passeggiate attorno ai reticolati sia per fare del movimento sia per poter sognare ad occhi aperti. Il cielo africano é una tale meraviglia che mi fermavo e rimanevo seduto per ore ad osservare la volta stellata. Una sera ero assorto in perfetta contemplazione, quando mi sentii chiamare da una sentinella inglese. Mi chiese se avessi delle sigarette. Alla mia negazione, me ne offrì. Pensai volesse vendermele, invece mi disse che se fossi tornato a mezzanotte me ne avrebbe procurate. Mi chiedevo chi fosse e come mai fosse cosi generoso. Non ero molto convinto, ma a mezzanotte ero lì all'appuntamento. Non c'erano sigarette, ma mi fece capire di aspettare perché sarebbero arrivate. Aspettai dieci minuti, e proprio quando stavo per andarmene, sentii aprire la porta del campo e fui raggiunto da quattro *Tommy* che mi trascinarono fuori dal campo. Mi portarono alla garitta all'entrata del campo e mi chiusero in uno stanzino, comunicandomi che l'indomani avrei subito un processo. Cercai di spiegare che non avevo fatto niente, ma non c'era verso di farmi ascoltare. Mi riportarono nel mio campo. Era notte inoltrata, quindi non potei parlare con il mio capo campo, che mi convocò immediatamente l'indomani mattina. Gli spiegai come erano andate le cose. Mi comunicò che mi avevano accusato di aver voluto corrompere una guardia inglese e che nel pomeriggio mi avrebbero portato al comando dove sarei stato processato ed ovviamente avrei subito una condanna. Il pomeriggio mi presentai in ordine perfetto e ben sbarbato con il capo campo, un toscano Maggiore della Folgore, davanti alla grande baracca dove gli inglesi tenevano tutte le loro riunioni. Fuori dalla baracca ci aspettava un picchetto di soldati inglesi perfettamente inquadrati comandati da un Ufficiale. Fu una vera cerimonia. Il mio capo campo entrò ed io, sballottolato in mezzo a due file di soldati, seguii tutte le loro evoluzioni ordinate seccamente e urlate bene, come gli inglesi sanno fare. A spintoni mi fecero sedere sul banco degli imputati insieme ad altri quattro. Di fronte a me c'era il banco della giuria con il Colonnello comandante inglese, il Maresciallo reggimentale, altri Ufficiali ed il mio capo campo. Fui il secondo ad essere giudicato. Sempre a spinta sedetti su una seggiola posta vicino alla giuria, e venne letto il capo d'accusa in inglese ed in italiano. Ero accusato di tentata corruzione nei confronti della sentinella. Tentai di controbattere, ma fui zittito. Dovevo aspettare le testimonianze. Arrivarono, infatti, due *Tommy* che dissero qualcosa che non capii. A mia volta fui invitato a dare le mie giustificazioni, ma un Ufficiale maltese che stava vicino a me, mi disse sottovoce di non insistere perché sarebbe stato peggio. Chiusi il mio discorso con la frase: "Avete ragione perché avete vinto la guerra". Con mia grande meraviglia il comandante inglese, con la voce da Olio, ma in perfetto italiano, disse: "No: abbiamo vinto la guerra e perciò abbiamo ragione, ma abbiamo vinto la guerra perchè abbiamo ragione". Arrivò la sentenza: ventotto giorni di *Calaboosh*, la massima punizione per gli Ufficiali. Ai soldati poteva capitare di peggio. A suo tempo avevamo fatto un esposto su questo tipo di punizioni ma ci fu risposto che, per il codice militare internazionale, potevano essere inflitte le stesse punizioni che venivano applicate ai militari del loro esercito. Bisogna ricordare che i loro militari non erano inglesi, ma in-diani; glielo facemmo notare, ma risposero che l'esercito di sua maestà era un unico esercito. *Calaboosh*, dal nome si coglie l'origine indù del termine. Tale punizione consisteva nel rimanere rinchiusi in un gabbione di rete metallica dalle dimensioni di quattro metri per quattro ed alto due metri. Una tendina per ripararsi dal sole e dal freddo, in cui ci si stava a stento sdraiati. Un bugliolo per i bisogni corporali. Mi tolsero tutto, anche le scarpe. Potei tenere gli slip, una maglia, le mutande, il giubbotto ed i calzoncini. Al mattino mi facevano trasportare il bugliolo, anche se vuoto, ad una discarica, mi facevano lavare in un lavandino e mi dovevo sbarbare in loro presenza per restituire la lametta. Poi si tornava in gabbia per fare colazione: the con due o tre biscotti. Il the era accettabile se non ci fosse stata l'aggiunta di un quantitativo esorbitante di cloro per sterilizzare l'acqua, qualche volta carne in scatola e delle specie di pappine. Le giornate trascorse chiuso lì dentro furono allucinanti. Non potevo parlare con nessuno, non avevo niente da leggere e niente con cui scrivere, ma, soprattutto, una fame sempre latente. L'unico diversivo era costituito dalla poca gente che passava lungo la strada, da qualche autoveicolo e dai soldati che, da lontano, andavano e venivano dal campo. Faceva sempre molto caldo anche se era mitigato da una lieve brezza, che qualche volta trasportava fino alla mia gabbia carte di provenienza ambigua che venivano ad incastrarsi sulla rete metallica. Vincevo la ripugnanza e con precauzione ed abilità, senza stracciarle, le facevo passare attraverso le maglie e leggevo qualsiasi cosa vi fosse stampato. Ogni tanto passavano lungo la strada vivacissimi negretti che si avvicinavano al mio recinto e gridavano, prendendomi in giro: "Venduto camicia, venduto camicia!". Tre volte la settimana, la sera, gli inglesi organizzavano balli nella loro baracca. Facevano arrivare delle puttane da Algeri che scendevano poco distante da me. Non mi rivolgevano una parola perché sarebbero state rimbrottate dai loro ganzi, ma mi lanciavano qualche sguardo di commiserazione. Le vedevo benissimo perché il piazzale era illuminato a giorno; povere criste, erano vere baldracche! Mi consolava il pensiero che gli inglesi dovessero avere un buono stomaco per mettere le mani addosso a quelle donne. Ballavano i primi *Boogie Woogie*, che non conoscevo ancora, e mi sembravano suoni barbari e monotoni. Facevano rumore fino alle tre del mattino. Li odiavo perché almeno di notte riuscivo a dormire. Di giorno ero quasi sempre in slip al sole; ormai la mia pelle era di un nero intenso che poteva fare concorrenza a quella dei negretti. Trascorsi dieci giorni che segnavo facendo tacche su un palo della gabbia. Sembrò che finalmente ci fossero novità perché accanto a me rinchiusero un Capitano magrissimo, allampanato, e con la faccia da schizofrenico. Malgrado la pessima impressione avuta, avrei avuto qualcuno con cui parlare. Non seppi mai chi fosse perché con me non scambiò una parola. Lo salutai appena lo vidi, ma non mi rispose. Trascorsi diciotto giorno accanto a lui e non conobbi la sua voce. Stava sdraiato tutto il giorno con la testa sotto la tenda e si muoveva solo di notte, fortunatamente molto silenziosamente, in modo da non disturbare il mio sonno. Una notte dopo circa dieci giorni dal suo arrivo, mi svegliai perché sentii uno strano rumore, che mi ricordava un topo che sgranocchia qualcosa di secco. Mi girai, ma non c'erano topi, era lui accanto ad un mucchio di biscotti, probabilmente messo da parte in quei giorni, che mangiava con una religiosa e sadica lentezza. Fu la sofferenza più grande della mia vita; non smetteva malgrado i miei improperi. Capii le pene di Tantalo. Finalmente trascorsero i ventotto giorni e ritornai al campo, dove ricevetti una festosa accoglienza da parte dei miei compagni di tenda, che mi avevano messo da parte delle sigarette ed alcune leccornie, frutto di pacchi ricevuti dall'Italia. Mi commossero, ed ormai era svanita la rabbia accumulata. Sdraiato sul mio comodo giaciglio mi accorsi che avevo corso il rischio di impazzire. Ma ormai era tutto passato e dimenticato. Mi chiesi perché il Padre Eterno ci prodiga tante sofferenze e gioie se, in definitiva, dopo poche ore non rimane traccia nel nostro sistema nervoso. I soldati potevano subire punizioni ben più gravi, potevano, infatti, essere chiusi in cabine di muratura dell'ampiezza di poco più di un metro dove si poteva stare accucciati, ma non sdraiati, con una porta di ferro, senza finestre, e con un tetto di lamiera a tre metri di altezza con aperture in alto per l'aria e per la luce. Sotto il sole africano ed il freddo notturno si rischiava di im-pazzire. Queste celle erano ubicate all'estrema parte sud del campo a contatto con il camminamento delle sentinelle ed il vialone centrale. Un mattino un prigioniero riuscì a sfondare il tetto e ad uscire cercando, di corsa, di raggiungere l'uscita del campo. Assistetti a quella spassosa scena. Quattro o cinque guardie lo rincorsero per agguantarlo, ma non si lasciò avvicinare perché li colpiva uno alla volta e li faceva cadere. Arrivò infine un gruppo numeroso di inglesi che riuscì a fermarlo. Sembrò di assistere alla guerra fra gli Orazi ed i Curiazi. Il prigioniero aveva fatto un grandissimo exploit sportivo e, siccome gli inglesi sono fanatici per lo sport, lo presero, lo portarono in trionfo, gli diedero da bere, gli regalarono delle sigarette e lo riportarono al campo come se avesse vinto una medaglia olimpica. Anche il Marò si gasò per tutta la giornata per la sua impresa; poi però arrivò la sera ed arrivarono alcuni inglesi che lo presero lo portarono in uno stanzone e, in una dozzina, a pugni, spintoni e calci lo ridussero allo stremo delle forze tanto che fu trasportato a braccia al campo. Stava rimettendosi, dopo un paio di giorni, quando lo presero e lo schiaffarono ancora in cella. Non gli scalarono neanche i giorni già fatti. So che uscì dalla cella terribilmente provato, spero per lui che sia riuscito a tornare in Italia. Un giorno, di prima mattina, vedemmo passare lungo la strada principale che portava a Costantina, alla massima velocità, camionette, *Jeep* e autoblinde cariche di soldati. In cielo vedemmo moltissimi aerei e dopo poco sentimmo il rumore di intensi bombardamenti. Ci chiedevamo se fosse stata un'esercitazione; il tutto durò un paio d'ore, poi cessò. Dopo due giorni riuscimmo a sapere cosa era successo dai Padri Bianchi francesi, frati dal saio bianco, probabilmente dell'ordine benedettino, che venivano da noi per assistere i credenti e dire messa. Quel mattino erano molto agitati. Ci raccontarono che a Costantine, una cittadina a duecento chilometri circa da Algeri, c'era stato un massacro di qualche centinaio di arabi. Il finimondo era dovuto a motivi prettamente politici; gli inglesi, alla fine delle ostilità ritenevano che l'Algeria dovesse acquisire la libera nazionalità ed avevano fornito segretamente delle armi. Accordi successivi sancirono che l'Algeria sarebbe rimasta soggetta al governo francese. Gli arabi, insoddisfatti da quel voltafaccia inglese e, per di più armati, erano un continuo pericolo per la presenza Alleata. L'azione di Costantine fu un metodo efficace per rendere attivo il bando di qualche giorno precedente relativo all'obbligo della consegna delle armi da guerra. La pena era il carcere. A Costantine, a seguito della festa del ramadan, si erano adunati gli armati arabi, per dimostrazioni militari; le truppe francesi, che noi avevamo visto passare e sentito poi sparare, fecero uno scempio di quel raduno. Ebbi l'occasione di leggere in quei giorni un giornale algerino scritto in francese; la notizia dell'eccidio di Costantine non era in prima pagina, ma all'interno con titolo: *I moti di Costantine troncati sul nascere*. Poche righe di commento, nessuna recriminazione. In pochi in Europa penso siano venuti a conoscenza di quel massacro perpetrato a guerra finita [l'otto maggio 1945, a Sétif, località vicino a Costantine, una parata di indipendentisti algerini sfociò in dei disordini che furono duramente repressi dai francesi, che spararono sulla folla uccidendo alcune centinaia di dimostranti. A ciò fecero seguito diversi attacchi degli arabi, che uccisero 102 europei. L'esercito francese entrò allora in azione, uccidendo, secondo le stime più attendibili, dai seimila ai ventimila algerini (in massima parte non coinvolti negli attacchi contro i francesi) a Sétif e Guelma, vicino a Costantina, sia in diversi scontri, condotti anche con l'appoggio aereo, sia con rappresaglie contro intere comunità algerine. Il governo francese ha riconosciuto questi crimini commessi dalle sue FF.AA. solo nel 2005, quando furono definiti una "tragedia ingiustificabile", NdC]. In quei giorni avemmo il piacere e l'onore di avere, come compagno di prigionia, il Maresciallo Rodolfo Graziani, che, fatto prigioniero a Milano dalle truppe Alleate, era da poco giunto in Algeria. Gli avevano lasciato la scelta relativa a dove volesse attendarsi, se nel campo inglese o se nel campo dei prigionieri italiani. Scelse di stare con noi. Era molto invecchiato e non era più quella magnifica figura di condottiero soprannominato "Il leone di Neghelli". Il giubbotto inglese, uguale al nostro, non gli era congeniale. Ricordiamo la sua immagine rappresentata in quella fotografia in cui appare su un cammello con un magnifico mantello bianco. La sua presenza era comunque ancora suggestiva. Il suo sguardo talvolta lasciava trasparire l'antica fierezza. Cercammo di rendergli il meno disagevole possibile la sua permanenza al campo e, approfittando del permesso di accedere al deposito di materiale da recupero, ci facemmo dare assi, vetro, chiodi, e chiudemmo la facciata della sua tenda, ricavandone un'ampia finestra a vetri ed una porta. Era piuttosto malandato di salute e non sopportava il caldo africano ed il freddo notturno. In questo modo poteva restare quasi sempre sotto la tenda; il sole entrava dalla finestra e da lì, volendo, poteva affacciarsi in modo da osservare quello che succedeva nel campo. Per migliorare la sua visuale, spostammo anche qualche nostra tenda. Era affacciato spessissimo e si divertiva a vederci giocare al pallone o fare ginnastica. Invidiava la nostra gioventù soprattutto quando ci vedeva, il mattino presto, uscire seminudi dalle tende ed affrontare il getto gelido delle docce che, per penuria d'acqua, c'erano permesse per pochissimo tempo. Gli era stato concesso come attendente un Marò, esperto dattilografo, che teneva impegnato nella stesura delle sue memorie militari. Ebbi modo di parlare spesso con lui. Si sentiva molto fiero del suo passato; nutriva un profondo disprezzo per il Generale Badoglio a cui attribuiva la responsabilità del falso atteggiamento del 25 luglio e l'obbrobrio dell'8 settembre. Non gli perdonò la fuga che coinvolse anche la monarchia, di cui era un fervente sostenitore. Non era un nostalgico, ma apprezzava Mussolini, nonostante il Duce, dopo la prima disfatta in Africa, gli avesse scaricato addosso tutte le responsabilità dell'accaduto. Povero Graziani, fu costretto ad attaccare gli inglesi, pur avendo fatto in continuazione rapporti in cui spiegava l'impossibilità di iniziare un'azione d'attacco data la scarsità di mezzi e la disastrosa situazione logistica. Mussolini, però, con lo sguardo puntato di Hitler, doveva dimostrare che l'Italia era al suo fianco nel tentativo di bloccare gli inglesi. Prima dell'entrata in guerra, Graziani era Capo di Stato Maggiore, ed anche in quel frangente non fu mai ascoltato né da Mussolini né da Badoglio, per quanto riguardava l'entrata in guerra. Non ci parlò mai male di Mussolini, sebbene ne avesse il diritto, e lo sostenne fino all'ultimo. Raccontò che alla fine di aprile si era recato con il Duce a colloquio dal cardinale Schuster che aveva proposto una resa, dato che il Generale Wolff era, già da un mese, in contatto con gli Alleati. Mussolini dapprima s'infuriò terribilmente per non esserne stato informato e poi, per quanto riguardava la resa della Repubblica Sociale, disse che sarebbe avveiiuta un minuto dopo, non un minuto prima, della resa tedesca. In questi giorni sono apparsi articoli riguardanti i presunti approcci di Mussolini con gli Alleati per un'eventuale resa. A mio giudizio, queste notizie sono assolutamente infondate sia per il colloquio avuto con Graziani, sia per i discorsi a Gargnano, che fece a noi tre Ufficiali della X^a, in occasione della nostra visita. La fissazione di Mussolini era che gli italiani dovessero cancellare la nomea di traditori che si era creata nei loro confronti dopo il 25 luglio. Tradimento già avvenuto nei confronti della Triplice Alleanza, nella prima guerra mondiale. Graziani doveva avere avuto un grandissimo fascino e un notevole carisma; ovviamente così come lo vedevamo noi, in pantofole ed ingrassato, dava più l'idea di un bambino indispettito. Venne al campo, per ritrarlo, un ufficiale inglese munito di macchina fotografica. Non si intendeva molto di fotografia, così mi proposi di aiutarlo. Passò qualche giorno e l'inglese tornò con le fotografie sviluppate; mi diede dell'incapace, perché, secondo lui, erano porcherie. Le osservai, erano riuscitissime, ma del Leone di Neghelli, non c'era più niente. Mi giustificai dicendo che probabilmente la pellicola doveva essere scaduta. Gli Ufficiali inglesi venivano spesso a fargli visita e si mostravano sempre molto ossequiosi, mentre con noi erano sempre sprezzanti. Lasciò il campo qualche giorno prima di noi. Volle vederci in quell'occasione tutti adunati per un saluto: eravamo perfettamente inquadrati e in assoluto silenzio, attendendo le sue parole, ma l'emozione lo bloccò e riuscì, a malapena, a dire "arrivederci" e a gridare: "Viva l'Italia!". Vennero a prenderlo con un'autoambulanza. Uscì dalla tenda accompagnato dagli Ufficiali e con in braccio un gattino nero. Chiese di poterlo portare con sé, ma gli fu negato il permesso. Prese delicatamente la bestiolina e, quasi con le lacrime agli occhi, lo mise nelle braccia di un Ufficiale inglese lì presente, pregandolo di prendersi cura di lui. L'Ufficiale lo rassicurò, ma, non appena l'autoambulanza fu partita, prese il gattino per la coda e lo spiaccicò su un sedile di sasso che era fuori dalla tenda di Graziani. Si rivolse verso di noi e scoppiò a ridere sguaiatamente. La vita al campo continuava con l'abituale monotonia. La fame, purtroppo, non ci abbandonava mai. Nella tenda confinante con la mia c'erano tre genovesi e tre bolognesi che discutevano, in continuazione, violentemente, sulla bontà della loro rispettive cucine. I nostri appetiti erano eccitati, e non sapevamo più a cosa pensare per distrarci, cosi gli lanciavamo contro tutto ciò che ci capitava sottomano per farli smettere. Come in tutti i campi di prigionieri, ognuno di noi sognava una fuga, e qualcuno, nei primi tempi, tentò l'avventura. Di notte, approfittando della distrazione della sentinella e con l'aiuto di qualche compagno, si riusciva a superare i reticolati. Attorno al campo, c'era una distesa di terra non coltivata, che permetteva di allontanarsi senza essere visti. Dopo vari tentativi riusciti, vedemmo che il rischio non compensava il risultato. Tornare in Italia non era possibile, poiché bisognava attraversare il mare, e restava solo l'alternativa di vagare per i campi con due possibilità: trovare dei coloni francesi, che provavano del livore per noi, per la pugnalata nella schiena della sorella latina, e ci avrebbero consegnati alla polizia, che ci avrebbe trattato come fossimo galeotti; oppure trovare gli arabi che per pochi soldi ci avrebbero consegnati agli inglesi, che dopo averci riportato nel nostro campo, dove avremmo subito le più dure punizioni. Si parlava spesso di costruire una galleria che ci riportasse al di là dei reticolati; non saremmo fuggiti, ma, una notte, in silenzio, avremmo attraversato il cunicolo per farci trovare, il mattino dopo, perfettamente inquadrati fuori dal campo. La possibilità di beffare gli inglesi ci entusiasmò e cominciammo i lavori. Perché la galleria non fosse notata, iniziammo i lavori sotto una tenda, che tenevamo sgombra di notte. Lo scavo non presentava difficoltà, perché il terreno era sabbioso e facilmente scavabile. Potendo accedere al deposito dei materiali, ci procurammo assi e travi per creare la struttura dell'arco della galleria. Tra di noi c'erano anche ingegneri, che permisero di costruire una volta più che affidabile. Il problema stava nel nascondere la sabbia, che aumentava sempre più perché lavoravamo ininterrottamente, giorno e notte. Uno di noi ebbe un'idea geniale: chiedere agli inglesi di fare un orto. La proposta fu accettata di buon grado, tanto che ci fornirono delle sementi di loro iniziativa. Mascheravamo la sabbia poiché, essendo il nostro campo in leggera elevazione, fingevamo di prendere la terra da uno scavo laterale. Procedeva tutto troppo bene! La mania della fuga sembrava aver preso tutti, soprattutto i soldati. Gli inglesi andarono da Graziani, affinché intervenisse per far cessare quel continuo esodo. Il Maresciallo ci chiese di impedire ai soldati di tentare la fuga. La nostra galleria doveva continuare? Avvertimmo Graziani di quello che stavamo facendo e decidemmo di fermare i lavori. Fu avvertito anche il Colonnello inglese, ma non successe niente per quindici giorni. Ma, una mattina, vedemmo aprire la porta del campo ed entrare una quarantina di *Tommy*, con a capo il Maresciallo inglese con l'insegna reggimentale. Il nostro capo campo fu chiamato a rapporto e gli fu comunicato che era necessario effettuare dei controlli per scoprire eventuali fosse biologiche, costruite dai tedeschi, che potevano essere causa di epidemie. Erano tutti muniti di zappe e pale; ci fecero uscire dalle tende e distrussero tutte le nostre attrezzature che, con tanta cura e tempo, ci eravamo procurati. Non finirono lì! Il Maresciallo, con grande sussiego, finse, sullo stile del cane da caccia, di trovare l'inizio del nostro tunnel. Si fermò nel punto giusto, chiamò il nostro capo campo e gli ingiunse di distruggere il nostro orto e riempire la nostra galleria entro la sera stessa. Così purtroppo dovevamo fare. Finita l'ispezione, tornammo alle nostre tende. Avevano distrutto tutto, brande comprese. Dormimmo così, per quella notte, sulla nuda terra. Anche il mio *Omega* subì la stessa sorte, rimase l'orologio di cartone, che da solo non serviva più a nulla. Continuammo a subire le solite adunate e le solite conte, che duravano ore, tutte le mattine, finché, un giorno, ci sentimmo chiamare per nome e ci divisero in due gruppi. Quelli della X^a erano tutti da una parte. All'altro gruppo, costituito da Ufficiali più anziani e di grado maggiore, fu comunicato che sarebbero partiti l'indomani, mentre noi dovevamo fermarci. Gli altri non riuscirono a trattenere la loro gioia, mentre noi non riuscivamo a capire cosa avessero fatto di particolare per ottenere il permesso per la partenza. Ci rendemmo conto che noi appartenevamo ad un gruppo scanzonato, che non aveva mai sputato sul passato, mentre gli altri si comportavano come se avessero fatto parte di un altro esercito: ci avevano sempre schivato e raramente si univano al nostro cameratismo. Pensavamo che volessero cercare i favori degli inglesi. Poveri illusi, il risultato del loro comportamento lo videro l'indomani mattina, e comprendemmo che la perfidia inglese non aveva limite. Vi ho già detto che il campo era diviso in tanti settori: uno di questi era occupato da un gruppo di prigionieri che si trovavano lì dalla fine del 1942. Erano i volontari del Reggimento *Giovani Fascisti*, ragazzi intorno ai sedici anni, che si erano distinti nei combattimenti a Bir el Gobi nel dicembre 1941, quando avevano tenuto testa, da soli, a reparti inglesi superiori di numero e appoggiati da corazzati e artiglieria. Si comportarono in prigionia con una fierezza encomiabile, non collaborando con le truppe inglesi. Questi ultimi apprezzarono la loro determinazione e li trattarono con meno durezza. Tutte le mattine, su un pennone che avevano piantato in mezzo al campo, innalzavano la bandiera italiana e cantavano l'inno a Roma. Gli inglesi non impedirono mai tale cerimonia. La mentalità di quei giovani era inattaccabile, e, al rientro in Italia nel 1946, portavano tutti la camicia nera. Mentre tutti si davano da fare per raccogliere le cose che volevano riportare in Italia, nelle nostre tende eravamo arrabbiatissimi. Alcuni di loro vennero anche a chiederci se volessimo mandare notizie ai nostri cari. Li mandammo all'inferno. Nessuno uscì a salutarli, neanche Graziani si affacciò alla finestra. Ricevettero l'ordine di partenza, non nascondevano la loro esultanza. Li vedemmo sfilare lungo il vialone e poi sparire nel campo dei *Giovani Fascisti* di Bir el Gobi. Non capimmo bene cos'era successo finché sapemmo che, giunti lì, gli inglesi li avevano fatti entrare dicendo loro: "Non avete voluto stare con quelli, adesso starete con questi!". Solo gli inglesi potevano pensare una beffa così terribile. Fu una magnifica dimostrazione d'apprezzamento nei nostri confronti, ma ci rendemmo conto di quale sofferenza potesse essere, per uomini già anziani, essere derisi e beffati in quel modo. I *Giovani Fascisti*, all'oscuro di tutto, li ignorarono completamente, aumentando così il loro disagio. Per noi fu una pacchia, perché non avevano portato niente con sé: avevamo a disposizione il doppio delle tende. Fortunatamente i nostri giorni di prigionia stavano per finire. Non ce lo comunicarono che quattro giorni prima della partenza. Sarebbero venuti con noi anche i giovani fascisti e fu fatta circolare la voce che per gli ufficiali dissidenti la data era stata procrastinata. Ci videro sfilare davanti alla loro rete. Potete immaginare la loro angoscia, questa però durò solo una notte, il giorno dopo furono imbarcati anche loro sulla nostra *Liberty*. Prima di lasciare il campo, non potendo salutare i Marò della 4ª Compagnia del *Barbarigo*, scrissi una lettera e la feci firmare anche ai Tenenti Grosso, Giorgi e Pallastrelli:

A tutti i Marò della 4ª, nella speranza che ormai vicina sia la partenza per l'Italia vi voglio tutti salutare e ringraziare per quello che insieme abbiamo fatto. Non penso sarà possibile vederci ancora tutti uniti ed é per questo che, contrariamente alle mie abitudini, vi mando questo pistolotto. Vogliate scusarmi. Con il cuore auguro a tutti voi di potervi riunire con la massima tranquillità e serenità ai vostri cari, ai vostri affetti, e di poter ricominciare una vita nuova, con non gravi difficoltà. Voi tutti avete il mio indirizzo, io ho il vostro, non so quali saranno le mie difficoltà, ma fin d'ora vi prego, nel caso aveste bisogno o di consiglio o di altro, scrivetemi o venitemi a trovare. Avrete in me un fratello maggiore. Un enorme piacere sarà per me essere da voi ricordato. Ed ora permettetemi di dirvi il mio pensiero. In Italia ci troveremo di fronte a due problemi: il passato e l'avvenire. Il passato per quelli che agirono in buona fede e correttamente, e solo per quelli, dovrà essere sempre motivo di orgoglio. Mai su questo dovremo ricrederci, se ci ricredessimo saremmo da disprezzare. Nel '40 il nostro governo disse che l'Italia era in guerra e, parte di noi, andò in guerra con piena coscienza, parte, perché non ancora in età, attese il suo turno con la stessa coscienza. Il 25 luglio ci ha trovati disciplinati, l'8 settembre sconcertati. Abbiamo scelto la strada del sacrificio, la strada dello spirito, la convenienza ci ripugnava. E fino in fondo siamo andati, anche quando tutto ci diceva che era solo l'onore che potevamo salvare. E di questo saremo sempre fieri e tutto questo all'infuori di qualsiasi colore! Col nostro rientro in Italia si chiuderà per noi questo passato e, solo allora, potremo dire di avere ultimato la missione. La Xª sarà rientrata così in porto. L'avvenire: l'unico nostro programma si può riassumere in poche parole; onestà, moralità, serietà, volontà, dignità. Non lasciamoci trascinare in pericolose avventure, non tanto per noi, quanto per gli altri, impariamo una volta per sempre a ragionare con le nostre teste. Diffidiamo delle parole, vagliamo prima l'individuo, stabiliamo prima come agisce e poi, se oltre la rettitudine, avrà anche la facilità di parola, vorrà dire che avrà più merito. L'Italia ha più che mai bisogno degli italiani e noi dobbiamo essere sempre pronti per questa nostra Italia. Ma sono le opere che contano e non le chiacchiere e le strombazzature fuori luogo; la critica per la critica non serve a niente. Può solo criticare colui che può portare un rimedio al motivo di critica. Solo dimostrando di avere una solidità morale faremo il bene dell'Italia e così agiremo. Vi abbraccio.

Tajana

Uniti in tutto e per tutto con il nostro comandante vi abbracciamo

F. Grosso, A. Giorgi , N. Pallastrelli

Finalmente la nave si staccò da Algeri e salutammo quel paese, senza alcun rimpianto. La navigazione fu lentissima e solo dopo tre giorni avvistammo le coste della Sicilia dove distinguemmo la cima dell'Etna. Eravamo impazienti e commossi, tra poco ci aspettava la libertà. Sbarcammo a Taranto, dove ci attendevano le solite camionette. Attraversammo la città di Taranto dirigendoci verso est e, con nostra costernazione, fummo nuovamente fatti entrare nei reticolati. Eravamo ancora chiusi in un campo di concentramento, il Campo "S", e non sapevamo quale sarebbe stata la nostra sorte. Sapevamo che le autorità inglesi avrebbero voluto rilasciarci, ma che dall'Italia non arrivavano i permessi. In Italia si era in piena campagna elettorale e ventimila persone, il cui pensiero politico era molto incerto, non facevano comodo a nessuno. Quindi tutti tergiversavano. Parenti, amici, gente del posto che circondavano i nostri reticolati, ci facevano avere ogni ben di Dio: formaggi, salami, fichi, frutta di ogni genere e arrivavano in continuazione pacchi postali. La commissione pontificia d'assistenza, forse alla ricerca di voti, arrivava direttamente nei campi con automezzi carichi di vettovagliamento. Io avevo spesso visite di due miei cari zii, che avevano un'azienda vinicola a Sava, a pochi chilometri dal campo. Intanto i giorni passavano e noi mordevamo il freno. In alcuni momenti si rasentava la rivolta. Accaddero fatti increciosi fra la folla di parenti e conoscenti che premevano sul reticolato. Un giorno una sentinella sparò, uccise una donna e ferì un ragazzo. Scoppiò il finimondo. Gli inglesi entrarono con le autoblinde e fortunatamente tutto si acquietò. Ormai la tensione era alta. Gli inglesi ci invitavano ad andarcene rompendo i reticolati. Nessuno però poteva uscire regolarmente attraverso la porta del campo. Molti se n'andarono, ma molti di noi, compreso il sottoscritto, avrebbero voluto avere in mano un documento, che regolarizzasse la nostra posizione. Lo attendemmo invano. Dopo trenta giorni decidemmo di andarcene. Raggiunsi a Sava i miei zii, dove fui accolto con un pantagruelico banchetto, che apprezzai più con gli occhi che con lo stomaco: dopo i lunghi digiuni, l'esofago si rifiutava di ingerire il cibo. Il giorno dopo ero a Como, fra le braccia dei miei cari.

Appendice

La battaglia del Monte San Gabriele e la morte del Tenente Alberto Piccoli

Tarnova e il San Gabriele
Resoconto del Generale Giorgio Farotti

Il nostro dovere di italiani era difendere Gorizia dagli Slavi e, se necessario, anche dai tedeschi, sempre più decisi a sbarazzarsi di noi. […] I giorni non trascorrevano mai, ci sentivamo sempre più oppressi da quell'inazione; finalmente l'ordine di marcia per il "Barbarigo": andare a presidiare Tarnova, in una mattina di sole che ci ridiede il buonumore. Neve dappertutto, il paese era composto da poche case collocate su un tratto pianeggiante di modesta estensione, circondato da boschi e nella parte più aperta difeso, si fa per dire, da una serie di postazioni sopraelevate e coperte ma non inquadrate in un organico piano dei fuochi e malamente protette da un reticolato, molto basso e malandato. A mio giudizio, che riferii al Comandante di Battaglione, rappresentavano una vera trappola per coloro che avrebbero dovuto presidiarle, anziché un'efficiente posizione di resistenza. Il compito assegnatoci era di perlustrare la zona circostante, a largo raggio, per controllare se le informazioni di un imminente attacco, pervenute al Comando tedesco, fossero attendibili. Nei giorni seguenti effettuammo puntate in tutte le direzioni con scarsi risultati: intercettammo, sì, qualche gruppo isolato in movimento che, purtroppo, venne annientato senza prendere qualche prigioniero da interrogare. Conclusione: arrivò l'otto gennaio, giorno previsto per l'attacco, senza che nulla accadesse. Le informazioni vennero ritenute infondate e l'apparato difensivo smontato. I reparti rientrarono a Gorizia ed il "Barbarigo", per maggiore sicurezza, effettuò una puntata ricognitiva su Chiapovano ma con esito ancora una volta negativo. A presidiare Tarnova restò il più debole dei nostri reparti, il Battaglione "Fulmine", con gli organici ridotti ad un paio di striminzite Compagnie Fucilieri, con pochissime armi automatiche di Reparto e senza mortai da 81. Non so da chi sia stato commesso questo grave errore di valutazione, certo è che fu pagato poi duramente, proprio dall'incolpevole "Fulmine". Se il dispositivo iniziale fosse rimasto in posto ancora qualche giorno (due Battaglioni ed una Batteria da 75/13) l'attacco slavo avrebbe trovato ad accoglierlo forze adeguate e con un armamento tale da stroncarlo in sul nascere e soprattutto, mantenendo il possesso della rotabile, si sarebbe potuto far affluire rinforzi ed impedito l'accerchiamento e l'annientamento della guarnigione. Brillante invece l'operazione condotta dal Comando partigiano che in brevissimo tempo riuscì a concentrare su Tarnova più di 2.000 uomini, con armi pesanti, senza far nulla trapelare ed a minare la rotabile di accesso, dominandola con centri di fuoco disposti perfino sul San Gabriele, pilastro incombente su Gorizia e chiave di volta della sua difesa. Inoltre, la notizia dell'attacco arrivò in ritardo, a causa della penuria e della scarsa efficienza dei mezzi di trasmissione in dotazione. La reazione del comando tedesco fu lenta ed impacciata; soltanto il giorno 19 il Comando della X^a ottenne il via libera per correre in soccorso del "Fulmine" o meglio di quello che restava del Battaglione. Noi del "Barbarigo" partimmo da Salcano sull'imbrunire con un'autocolonna che ci scaricò sulla Sella di Dolo, tra il Monte Santo ed il San Gabriele, naturale porta di accesso al territorio degli altopiani sovrastanti Gorizia. Ormai era calata la notte, la neve era alta, il freddo intenso; ciò nonostante si tentò di proseguire verso Raunizza. Per primo partì il "Valanga", autotrasportato e scortato da tre carri armati tedeschi. Poco dopo, la sorpresa: due autocarri saltarono sulle mine predisposte dai partigiani e l'autocolonna, investita dal fuoco delle armi pesanti poste sulle quote dominanti la strada, dovette ripiegare con morti e feriti sulla Sella di Dolo. In uno spazio piuttosto limitato si ammucchiarono, all'addiaccio nella neve, tre Battaglioni di Fanteria, uno del Genio, una Batteria di Artiglieria ed i carri armati tedeschi. Unico edificio esistente sulla Sella era una casermetta della Guardia alla Frontiera (ante otto settembre), trasformata successivamente in una specie di fortino per la difesa del Passo. Vi si tenne un rapporto ufficiali e, dalle notizie fornite da due disertori, si cominciò ad avere un quadro preciso della situazione e, conseguentemente, venne elaborato il piano operativo per raggiungere Tarnova. Il primo ostacolo da rimuovere, per la sua rilevante importanza tattica (baluardo dominante ogni via d'accesso), era il Monte San Gabriele, occupato dai partigiani ed il compito venne affidato al "Barbarigo", ritenuto il più efficiente dei reparti disponibili. Trascorsa la notte in parte all'addiaccio ed in parte al coperto, con turni brevissimi per evitare congelamenti, data l'inadeguatezza del nostro equipaggiamento, alle prime luci dell'alba iniziammo l'attacco. Per raggiungere la base di partenza occorreva percorrere, per un lungo tratto, una mulattiera, a forte pendenza e fondo ghiacciato, che sfociava su di un pianoro a schiena d'asino dal quale, dopo un tratto completamente scoperto di circa trecento metri, si poteva accedere alla cima vera e propria, a forma di panettone, degradante sulla strada per Tarnova con un altro pianoro, ancora più vasto ma molto scosceso nella parte adducente al vicino Monte San Daniele. Fortunatamente per tutti, si dava il caso che io conoscessi perfettamente il nostro obiettivo, poiché nel settembre dell'anno precedente avevo guidato un analogo attacco per liberare Gorizia dalla morsa in cui era stretta dai partigiani, dopo lo sfacelo del nostro Esercito e, per preservarla da altre incursioni, vi avevo organizzato un caposaldo che avevo comandato per circa due mesi. Sapevo, quindi, che la prima cosa da fare era costituire alla fine della mulattiera una robusta base di fuoco a tiro teso, con la quale appoggiare il successivo attacco. Mi misi, quindi, alla testa dei miei mitraglieri e cominciammo a salire. Dietro di noi si formò una lunga colonna, composta da tutti gli altri reparti del Battaglione mentre la Batteria con i suoi tre obici da 75/13 si schierava sulla Sella, pronta ad intervenire. Raggiunto il punto in cui avremmo dovuto uscire allo scoperto, feci mettere in postazione tre mitragliatrici su di un dosso dal quale avrebbero potuto accompagnare con il fuoco il movimento delle Squadre attaccanti, restando però coperte alla vista del nemico. Infatti, puntualmente, allorché le nostre tute mimetiche spiccarono magnificamente sul manto nevoso illuminato dal sole, dalla cima del monte partirono raffiche di armi automatiche, cui prontamente risposero le nostre mitragliatrici. Ed usando il passaparola, lungo la fila ininterrotta degli uomini, snodantesi sulla mulattiera, feci giungere rapidamente alla Batteria la richiesta d'intervento sull'obiettivo improvvisamente svelatosi ed essa, con assoluta precisione, lo centrò alla prima salva. L'avversario abbandonò precipitosamente la posizione; evidentemente si trattava di un reparto di scarsa consistenza numerica e noi senz'altri problemi e con un solo ferito occupammo l'obiettivo assegnatoci. Le Compagnie furono poi disposte a difesa, fronte a Tarnova, seguendo i tracciati di quello che restava delle trincee della Prima Guerra Mondiale e che anch'io avevo usato nel 1943. Trascurammo, però, di accertare, mediante invio di pattuglie, se l'adiacente Monte San Daniele fosse occupato dal nemico, dando per scontato che non né avesse avuto il tempo. Questo errore di valutazione si rivelò gravissimo quando, nella notte, fummo attaccati anche da quel lato, da noi ritenuto così sicuro da assegnarlo alla Compagnia Mortai perché vi schierasse le sue armi. Infatti, rispetto al fronte di Tarnova, risultava coperto alla vista ed al tiro. In quella stagione l'arco diurno era molto breve perciò le poche ore di luce disponibili furono impiegate per abborracciare una sistemazione a carattere difensivo ed eseguire qualche tiro d'inquadramento con i mortai su possibili obiettivi a cavallo della strada di Tarnova; purtroppo non furono previsti sbarramenti a cortina, sul davanti delle nostre difese, né si organizzò il fuoco d'arresto automatico per le armi a tiro teso in caso d'attacco notturno. Probabilmente il freddo intenso e la neve alta ci fecero escludere quest'ultima ipotesi, considerata inattuabile e si pensò in prevalenza a prendere misure di sopravvivenza per far superare agli uomini una seconda notte all'addiaccio e questa volta senza ripari. Certo il senno di poi vale per quello che tutti sappiamo ma, a distanza di anni, sto ancora cercando di capire quello che successe ed il perché. All'imbrunire io ed il Comandante del Battaglione fummo costretti a rientrare a Salcano, per partecipare ad una riunione del Comando tedesco. Tra l'altro io era stato colto fin dal mattino, ad attacco ultimato, da un blocco motorio degli arti inferiori con febbre alta che mi aveva paralizzato per diverse ore, postumo di malattia contratta sul fronte croato e spesso ricorrente: quelle condizioni, probabilmente, m'impedirono una valutazione corretta della situazione e delle decisioni da prendere ed ancor oggi me ne rammarico. Fatto sta che durante la notte un Battaglione sloveno fu mandato all'attacco per riprendere la cima perduta al mattino ed aprirsi la strada verso Gorizia. Gli attaccanti furono avvistati per puro caso (un Marò era uscito dalla postazione per orinare) e favoriti dal buio, da una leggera nebbia e dalla neve che tutto ovattava, erano ormai arrivati a ridosso delle nostre postazioni. Scoperti, cercarono di far credere di essere tedeschi ma il lancio di un razzo il cui colore non coincideva con gli accordi di riconoscimento e soprattutto la parlata slava, tolse ogni dubbio e le nostre armi aprirono il fuoco. Fortuna volle che le prime raffiche di una nostra mitragliatrice centrassero in pieno il Gruppo di Comando che guidava l'attacco, uccidendo il Comandante, il suo Vice, il Commissario politico ed altri cinque graduati in sottordine, rendendo acefalo il reparto attaccante e quindi, privo da quel momento di ordini adeguati alla situazione. Ciononostante il fuoco nemico, molto nutrito, avvolse tutto il nostro schieramento, arrivando a colpire, sul fianco scoperto verso il San Daniele, la Compagnia Mortai da 81. Nel tentativo di portare un'arma al coperto morì il Sottocapo Chiesa, abbracciato al mortaio, mentre il Tenente Piccoli cadde eroicamente mentre guidava il Reparto al contrattacco. Il combattimento si protrasse fino alle prime luci dell'alba, quando gli avversari si ritirarono portandosi via anche i caduti, come era loro abitudine. Restarono solo quelli dello staff che furono trovati allineati nell'ordine di marcia a pochi metri dalla nostra postazione. Appena sorse il sole, la 4ª Compagnia Mortai, unica ad avere subito perdite, poté vendicare i suoi caduti, usando i dati di tiro preparati dal loro eroico Tenente, per centrare con ripetute salve i partigiani in movimento di ritirata nella sottostante pianura innevata e quindi ottimo e facile bersaglio. Intanto a Tarnova il "Fulmine", in un rapporto di forze di uno contro dieci e con i suoi scarsi mezzi di difesa, aveva eroicamente combattuto sino all'ultimo uomo ed all'ultima cartuccia, soccombendo alla fine solo per l'esaurimento delle munizioni. I pochi superstiti, riuscirono a spezzare l'accerchiamento e, utilizzando lenzuola prese nelle case per mimetizzarsi sulla neve, ad attraversare l'altopiano innevato e scendere incontro alle nostre colonne che ormai, sfondato il fronte nemico, marciavano su Tarnova, rinforzate da reparti tedeschi che, finalmente, avevano deciso di muoversi. Così fallì l'ambizioso piano del *IX Korpus*, vanificato quasi esclusivamente dall'eroismo dei Marò della Xª che, "Fulmine" in testa, in una situazione, per loro così nuova e difficile, seppero dare prova di grandi virtù guerriere, fino al dono supremo della vita, offerta con slancio e senza esitazione. Entrati in Tarnova, recuperammo le salme dei nostri Caduti che erano state gettate in fosse comuni, assieme ai morti avversari e le riportammo a Gorizia (oggi riposano nel suo Cimitero e noi superstiti, ad ogni anniversario, andiamo a ricordare ai vivi il perché del loro olocausto e le sue conseguenze preziose ai fini della salvaguardia e conservazione all'Italia di quella città). Ai funerali, svolti in forma solenne a Gorizia, parteciparono i familiari del Sottotenente Piccoli che, con l'autovettura del Comandante ed un viaggio notturno pieno di peripezie andai a prendere a Mestre. Successivamente i "suoi" Marò, scorta d'onore, ve lo riportarono ed oggi le sue spoglie riposano nella tomba di famiglia a Vicenza.

LETTERA DI UN VETERANO DEL BARBARIGO ALLA FAMIGLIA PICCOLI

[…] Tarnova della Selva, gennaio 1945. Era stato previsto un attacco nemico contro quel paese mal collegato con le nostre forze di stanza a Gorizia fino dalla metà dello stesso dicembre. Ci eravamo portati là in forze, pattugliando il terreno aspro e selvaggio per giorni e giorni senza riuscire ad agganciare gli slavi in un combattimento decisivo, ed eravamo rientrati a Gorizia lasciando in quel caposaldo votato al sacrificio circa 500 uomini, il Battaglione *Fulmine* con la splendida Compagnia dei volontari francesi. Ai primi di gennaio arrivò la notizia dell'attacco. Colonne partigiane slovene (fra le quali non brillavano certo per patriottismo né per senso politico i disertori italiani raggruppati nella *Garibaldi*) avevano circondato il nostro presidio […]. Alcuni camion carichi di soldati del Valanga erano subito partiti ma avevano dovuto retrocedere dopo i primi scoppi delle mine nascoste sotto la neve. Sangue italiano bagnava, ancora una volta, quelle terre sacre alla memoria di tutti i combattenti italiani di due generazioni. E ci muovemmo anche noi, il vecchio *Barbarigo*, sapendo di dover colmare con l'esperienza l'inferiorità numerica nei confronti del nemico. Ricordo gli ordini concitati dei Guardiamarina Castellari e Succhielli eseguiti in silenzio e con la massima celerità. Succhielli aspettava un bambino quella notte stessa, avrebbe potuto rimanersene a casa, ma era un Goriziano e questo basta. Lasciammo la Sella del Monte Santo verso le dieci di sera con la solita marcia distanziata di tutti i soldati che sono vicini al luogo dove si combatte. Davanti a noi una Compagnia del *Sagittario* cammina precedendoci. Pochi chilometri, poi uno scoppio sordo, soffocato dalla neve. Qualcuno si lamenta. Siamo fermi ascoltando uno strano fruscio che si avvicina. Sono quattro marò del *Sagittario* che trascinano un telo da tenda sul bianco tappeto che scricchiola. Dentro il telo da tenda un ferito. E poi un altro. E un altro ancora. Ne passano una diecina e la colonna è ferma. S'ode il crepitare dei mitra al quale risponde il rabbioso strepito dei *Bren* largamente distribuiti dai "Liberatori" a chi ne vuole per ammazzare italiani e tedeschi. Accanto a me un potente mitragliere, Amadini, batte i piedi impaziente. "Capo, arriveremo in tempo? Resisteranno?". Vado avanti a vedere cosa succede. Un mortaio puntato sulla strada durante, il giorno, appena avvistati i nostri soldati col favore di una luna splendida, ha cominciato a sparare e il terreno, tutto intorno, è cosparso di mine anti uomo disposte a casaccio fra la neve. Non si può passare in forze, si deve fare dietro front. È una brutta notizia per i miei uomini ma devo darla. Amadini impreca e gli altri fanno coro: "Per quattro caracche perdiamo del tempo prezioso!". L'impulso è generoso ma il buon senso ha i suoi diritti. Passiamo la notte all'addiaccio sul Monte Santo. Ho vicino il S.T.V. Posio, un valoroso alpino figlio di un combattente dell'altra guerra altrettanto valoroso. Scambiamo qualche parola, aspettando l'alba. Alle prime luci si attacca il San Gabriele. È l'ultimo tentativo da questa parte, perché contemporaneamente altre forze stanno marciando su Tarnova provenienti da Aidussina e sappiamo che arriveranno prima di noi. Arranchiamo a squadre aperte affondando nella neve fino alla cintola con le armi tenute alte sopra la testa. Improvvisamente, dalla vetta, si scatena un fuoco intenso, e, per nostra fortuna, mal diretto. Una volta tanto la neve ci è amica. Basta buttarsi giù per essere sicuri di non essere visti. Il *Breda* di Amadini canta già, e, pochi istanti dopo, entrano in azione i nostri mortai. Le armi slave tacciono e noi raggiungiamo la vetta. Durante la sosta per riorganizzarci vediamo sotto di noi a sinistra la vallata di Chiapovano, a destra la pianura che scende verso Monfalcone e Trieste e davanti il paese fumante di Tarnova. Sparano ancora ma i colpi provengono sulla destra, le forze di Aidussina hanno preso contatto. Proseguiamo sulla cresta del San Gabriele fino alla punta che si protende sul San Daniele. Terreno carsico, sassoso, brullo che la neve rende liscio e ondeggiante. Sparse a pochi metri l'una dall'altra le postazioni dell'altra guerra. Su queste pendici si profuse il sangue dei nostri padri in una guerra che, per necessità demagogiche, dimenticando il disfattismo rosso in trincea e la tragedia di Caporetto, si ama definire "voluta dal popolo". Il popolo ieri, nel recente passato e nel prossimo futuro non ha mai voluto né vorrà mai la guerra. Però la fa e ne subisce le conseguenze. Ormai è mezzogiorno passato, vengono distribuiti i viveri a secco e assegnate le posizioni. I mortai, più efficaci di un inutile e tardivo assalto, battono le compagnie slovene che si vedono dirigersi, dalla zona di Aidussina, verso gli altri tre lati dell'assedio. È un tiro preciso e metodico e gli uomini del G.M. Piccoli sanno il fatto loro. Presto viene buio. Sappiamo che la Compagnia dei "*Volontari di Francia*", isolata in un sobborgo del paese tenterà nella notte di sganciarsi puntando nella nostra direzione e restiamo qui ad attenderli. Altra nottata all'addiaccio sulla neve. Chi conosce la durezza dell'inverno goriziano può avere un'idea abbastanza chiara del significato delle semplici parole di cronaca. Verso le nove e mezza, fuochi d'artificio a sud ovest, bombardano Monfalcone. Alle dieci e mezza, mentre sto affacciato al parapetto di sassi soffiandomi sulla punta delle dita e sfogliando mentalmente il libro di storia della quarta elementare vedo qualcosa muoversi verso la postazione. Sono macchie, sembrano alberelli, che si muovono a scatti. Un grido di allarme sopra la mia testa e un colpo di fucile '91 lungo mi riportano alla realtà. Mentre vuoto metodicamente un caricatore da quaranta, un tetto di fischi si è intrecciato sopra le nostre teste. Sentiamo i colpi avvicinarsi e siamo costretti a sporgerci dal bordo della postazione ficcando gli occhi nel biancore che ci circonda per ricacciare quelle fiammelle ognuna delle quali rappresenta un avversario strisciante nella neve. Una dopo l'altra, come vecchie pigre e brontolone, entrano in funzione le Breda pesanti, lente per il gelo che le attanaglia. La loro voce serve a calmare i serventi del *Brixia* nemico che aveva cominciato a batterci diventando fastidioso. Gli sloveni gridano, come all'inizio, qualcosa come: "*Iuris, iuris! Battaion slovensko naprei!*". Non so se la grafia sia giusta, ma il suono delle parole come lo sentii quella notta, lanciato a pochi metri dalla mia postazione, era quello [La frase significa: "All'assalto, all'assalto! Avanti, battaglione sloveno!", NdC]. Purtroppo non mancano le voci italiane. C'è un toscano che strilla di raggiungerlo sotto la bandiera di Tito perché: "...eh ci sarà da mangiare anche per voi, bischeracci!". Accanto a me Guelfi, un simpatico pisano, afferra una scatola di margarina e la tira contro la voce nel buio rispondendo: "Morto di fame! Toh, piglia questa e ingrassaci gli stivali ai'ttu Tito!". Il fuoco continuò fin verso le due del mattino e nonostante le postazioni e l'oscurità della notte avemmo le nostre perdite. Al mattino davanti alle nostre postazioni alcuni cadaveri indicarono la massima distanza raggiunta dagli avversari, otto metri circa. Il G.M. Piccoli che avevamo visto sfidare il pericolo con la baldanza coraggiosa di un'età giovanissima era rigido nell'ultimo sonno. Gli teneva compagnia il fedele Chiesa colpito alla testa mentre portava munizioni per il mortaio. Le perdite subite dalle colonne partigiane sia dalla parte di Aidussina, sia da parte nostra ma soprattutto da parte degli eroici difensori di Tarnova, li aveva consigliati a sparire, nonostante il numero più che doppio del nostro, nell'interno di quella spessa e selvaggia boscaglia che sembrava lì apposta per nasconderli. Quando i nostri marò misero piede in Tarnova contarono a decine i cadaveri, straziati più che uccisi, dei loro commilitoni. Ricordo le prime quarantasei bare di legno bianco fatte fare in fretta e furia per dare immediata sepoltura ai giovani eroi, allineate nel cortile della scuola di S. Pietro a Gorizia. Sono passati più di otto anni e quella immagine della "Domenica del Corriere" [la famosa copertina dedicata alla resistenza del Btg. *Fulmine* a Tarnova, NdC] è viva nella mia mente e in quella di tutti coloro che ricordano quei giorni. Sarebbe bene distribuirne una copia ciascuno a quei signori che oggi sostengono che la R.S.I. non difese la Venezia Giulia, ricordando che a quei tempi le chiacchiere da salotto non facevano la storia, questa era scritta col sangue e con le armi pro e contro tutte le trattative scritte e discusse nei comandi, nel solo interesse della Patria. E sarebbe molto utile inviare al Maresciallo Tito l'elenco dei civili che trovammo massacrati insieme ai nostri marò a Tarnova della

Selva, rei di avere nascosto in un impeto di autentica e rischiosa italianità i nostri ragazzi feriti durante l'assedio delle orde slovene.

Giugno 1953

TESTIMONIANZA DEL MARÒ MARIO FUSCO, 4ª COMPAGNIA MORTAI

Subito dopo l'attacco laterale [gli slavi attaccarono frontalmente, dove furono bloccati dal fuoco dei mitraglieri delle *Breda 37*, e sul retro del fianco destro dello schieramento del *Barbarigo*, ove era posta la Compagnia Mortai, NdC], quando già in cielo c'erano i primi bengala, ripresomi dalla sorpresa mi venne spontaneo sparare alcuni colpi di 91 verso gli attaccanti. Poi mi apparvero una enormità di proiettili traccianti e sembravano proprio tutti diretti contro di me personalmente! Sul momento abbassai la testa nella neve gelata... ed in quel momento mi sentii toccare la spalla. Era Piccoli che, con il suo solito sorriso (e purtroppo, pur restando chinato, piuttosto incurante dei traccianti e non traccianti) mi disse all'orecchio: "Che fai? Ti stai scavando da solo la fossa?". Infatti, non so come, sulla neve c'era la forma del mio corpo, testa e fucile compresi, come se avessero dovuto fare un calco. "Va bene" – mi disse, sempre sorridendo, mentre intorno a noi c'era il finimondo – "vienimi dietro assieme agli altri che troveremo più giù e che ci aspettano. Sta attento a non rimanere isolato". Si alzò del tutto e ricominciò a scendere lungo la dorsale, ed io dietro. Ero pur sempre impaurito perché le cose non si stavano svolgendo secondo le mie previsioni (non mi ero mai trovato accerchiato con il mio reparto) ma ero rassicurato dalla presenza di Alberto, che avrei comunque seguito in capo al mondo. Raggiungemmo un gruppo di 20 o 30 marò in fondo all'erta, quasi al pianoro di metà monte, e da lì partimmo – in tre squadre – al contrattacco. Io rimasi sempre insieme a Piccoli. Sino alla cima. Ci conduceva velocemente su per l'erta sul versante est, sparava e ricaricava il suo *MAB*, si voltava per controllare gli uomini, rincuorava, ordinava qualcosa (per esempio, verso la cima, quando si accorse che le retrovie slave avevano fatto in tempo ad attestarsi nelle vecchie trincee, ci condusse sotto e lanciò e fece lanciare una bomba a mano a testa, dopo aver raccomandato di fare l'ultimo balzo dopo aver sentito lo scoppio delle bombe). Nel frattempo aveva mandato due marò ad avvertire che dalla linea difensiva della sera precedente non sparassero nella nostra direzione (e lo stesso aveva fatto prima di passare – inseguendo gli slavi – al piccolo avamposto); stava sempre avanti a tutti, si alzava per primo per correre avanti. Prima dell'ultimo balzo e delle istruzioni relative, aveva fatto scorrere l'ordine di attestarci nelle trincee al posto degli slavi non appena ci saremmo arrivati, e di continuare il fuoco tenendo la posizione ad ogni costo. Lungo la salita aveva lasciato dei piccoli presidi verso est-sud/est. Sembrava eccitato e, direi quasi, felice: la "prova del fuoco" lo rendeva sicuro di sé, gli dava energia: quando si lanciava avanti – in salita sempre – gridava e noi si gridava con lui "Decima! San Marco! Italia!"... qualcuno parolacce o purtroppo anche qualche "moccolo". Io gridavo con loro e mi raccomandavo alla Madonna, ma seguivo sempre Alberto, sparavo, facevo tutto quello che vedevo fare a lui o quello che diceva, passavo parola. Dopo aver lanciato anch'io la mia bomba come gli altri, appena vidi a sinistra Alberto alzarsi e correre avanti in salita, feci altrettanto, e gli altri a destra e sinistra, lo stesso. Urlavamo tutti come pazzi e qualcuno sparava anche. Poco prima di entrare urlando anch'io come un pazzo in una delle trincee che erano quasi sulla cima, verso est, vidi in un lampo Alberto cadere mentre correva [in realtà il Tenente Piccoli perse la vita poco dopo, mentre aveva raggiunto le posizioni dei Fucilieri, accanto alla buca del Marò Silvio Lenardon, NdC].

Dal diario del Sottocapo A.U. Marco Pittaluga, 4ª Compagnia Mortai

[…] L'ho visto il giorno dopo, Chiesa, che era troppo alto e troppo coraggioso, per quella notte tremenda, l'ho rivisto con l'elmetto bucherellato e la barbetta che sembrava troppo nera per un viso così bianco, e non era più il Chiesa allegro e burlone, con cui andavo così d'accordo. Era un essere rigido, ligneo, triste, di cui si diceva con mormorii ammirativi, intorno: "È un eroe, è morto da eroe, avviticchiato al bipede del mortaio, che voleva salvare ad ogni costo…". Bisogna portare il tubo, ora, giù alla postazione. Ma pesa, e si esita a correre sul terreno scoperto, luccicante, con quell'impaccio; è così confortante il riparo di quel muretto, così incerto, il balzo in avanti. Sono spronato dal disgusto che mi ispira la nostra vigliaccheria collettiva, perché nessuno si muove, ed ho il terrore di dovermi, un giorno, vergognarmi di me stesso. È lo stesso stato d'animo che a Roma mi mise in lista, con pochi, per il ritorno in linea; e che sempre mi ha accompagnato nei momenti più brutti. Così piglio il tubo a mezzo e via, verso la postazione. Cammino a fatica, sprofondando, cadendo, piangendo contro voglia lacrime amare, senza singhiozzi, di rabbia e di disperata impotenza a superare gli ostacoli, a fare più in fretta. Mi raggiunge il Tenente Tajana. Dice poche parole, superandomi, senza fermarsi: "Coraggio, è morto il Tenente Piccoli… bisogna vendicarlo…". Mi tremano le gambe, ora, non dico niente, ma inciampo più di frequente, perché forse qualcosa mi annebbia gli occhi… Ecco il dolore vero, quello che piega anche la resistenza dei più forti, che fa disperare dell'avvenire, ma che incita anche alle cose più difficili e sublimi… E nella voce del mortaio, che desta gli echi delle valli dove l'alba incomincia ad arrossare la neve, nell'attitudine degli uomini oppressi da un dolore che li ha colpiti in pieno, nella voce che sembra cambiata della mitraglia che ha continuato a sparare, si riconoscono gli accenti di una stanchezza mortale, che non è data da circostanze materiali, ma dalla coscienza della gran perdita subita.

Lettera del Sergente Leonardo Di Bari, Btg. Barbarigo, al Tenente Colonnello Domenico Piccoli

M.V., 3/2/1945 XXIII

Sig. Piccoli,

I Marò del Barbarigo, commossi, ringraziano e ricambiano gli auguri. Come non abbiamo dimenticato le eroiche gesta del G.M. Alberto Piccoli, tantomeno dimentichiamo il v. gentile pensiero al nostro riguardo. Tutti conoscevamo il Sig. Piccoli vero tipo d'ufficiale repubblicano, pieno di fede e coraggio, ricordo in particolare una sera: mentre si tornava da Slappe, si trattava di 28 Km. a piedi, lui più volte malgrado le proteste dei suoi Marò si caricò sulle spalle il tubo del mortaio e la piastra dello stesso, quindi chi può dimenticare? Ci sarebbero tanti atti di bontà, prove di coraggio e sprezzo del pericolo a suo riguardo, la medaglia d'argento se l'ha ben guadagnata. La sua scomparsa ha causato un vuoto in noi tutti, ma nel nostro cuore è sempre "Presente" affinché ci guida alla sua vendicazione, e difendere il sacro suolo della nostra cara e amata Patria, quella Patria che purtroppo molti italiani non concepiscono il significato, e perché siamo i veri figli di "Mussolini", che abbiamo giurato per la vita o morte per la nostra causa il Fascismo. Io sono da 8 anni in servizio e non sono stanco, spero fra giorni poter raggiungere il Btg. al fronte. Fervidi auguri da noi tutti e cordiali i Marò del "Barbarigo".

Italia! Duce! Decima!

Serg. Di Bari Leonardo

Ospedale Militare
Mirano Veneto

GUARDIAMARINA ALBERTO PICCOLI (S.TEN. ALPINI)

Nato il 10 novembre 1922 a Vicenza, dopo aver conseguito la maturità classica si iscrisse alla facoltà di Architettura. Arruolatosi volontario negli Alpini al compimento dei diciotto anni, fu assegnato al 7° Reggimento Alpini. Frequentò le Scuole militari di Belluno, Asiago e Aosta. Sottotenente, fu inviato sul fronte francese. Dopo l'8 settembre 1943, fu inviato alle Scuole di Guerra di Faenza e Alessandria. Si presentò volontario alla Decima MAS, e fu assegnato al Btg. *Barbarigo* quale vice-comandante della 4ª Compagnia Mortai. Nei combattimenti del Battaglione nel Goriziano, Piccoli si distinse durante la battaglia di Chiapovano il 23 dicembre 1944, individuando le sorgenti di fuoco nemiche e facendole battere efficacemente dal fuoco dei suoi mortai. Cadde in azione sul San Gabriele il 20 gennaio 1945, alla testa dei suoi uomini, conducendo un contrattacco. Decorato della Croce di Ferro di Seconda Classe, fu proposto per la concessione sul campo della Medaglia d'Argento al V.M. alla Memoria: purtroppo, il precipitare degli eventi bellici e la conseguente tragica situazione dell'aprile del 1945 non ne consentirono il conferimento definitivo. Segue la motivazione della proposta:

Egli, nella notte del 20 gennaio del 1945, sulla cima innevata del San Gabriele, incitando i suoi marinai con le parole e con l'esempio, resistette per molte ore ai violenti e reiterati attacchi di una intera brigata partigiana slovena. Infine, alla testa del suo reparto ed incurante del pericolo, con rapido movimento, si slanciò sul fianco del nemico, contribuendo validamente a determinarne la ritirata. Colpito al petto nella fase finale del combattimento, spirò con il sorriso sulle labbra ed il suo sangue, arrossando la bianca coltre della vecchia trincea, scavata nella prima guerra mondiale, si aggiunse a quello versato dai Padri per la conquista della stessa Cima. Fulgido esempio di dedizione totale alla Patria adorata, immolò la sua giovane vita affinché Gorizia fosse per sempre italiana.

APPENDICE FOTOGRAFICA

Alberto Piccoli con i suoi commilitoni.

Alberto Piccoli con la divisa da Ufficiale dell'Esercito Nazionale Repubblicano.

Estate 1944. Il Tenente Piccoli nel Battaglione Barbarigo, *assieme al Tenente Farotti.*

Vista dal Monte San Gabriele; sulla sinistra il Monte Sabotino (summitpost.org).

 **Alberto Piccoli**

Guardiamarina nel Battaglione Barbarigo, decorato della Croce di Ferro di II Classe, proposto per la Medaglia d'argento al Valor Militare

è caduto sul Campo dell'Onore.

A chi ne è degno lo annunciano il papà Domenico, Ten. Col. dell'Esercito Repubblicano, la mamma Tina Dal Monte, la nonna Elettra Dal Monte, le sorelle Liliana e Carla, gli zii e cugini Piccoli, Dal Monte e Cariolato.

Il pensiero riconoscente della famiglia va agli Uomini del Barbarigo che l'amarono e l'onorarono come fratello ed in particolar modo al Comandante Cencetti, ai Tenenti Taiana e Farotti e ai Marò della IV Compagnia.

Vivi ringraziamenti alle Autorità Militari e a quanti avranno preso parte al nostro dolore.

I funerali avranno luogo venerdì 26, alle ore 9.80, partendo dalla Casa del Fascio di Mestre.

GORIZIA MESTRE, 25 gennaio 1945

Gorizia, i funerali del Tenente Alberto Piccoli. Da sinistra: il Tenente Farotti, Tina e Liliana Piccoli, e il Tenente Tajana.

Carla Piccoli, sorella del Tenente Alberto Piccoli. Ausiliaria Volontaria a diciassette anni nell'Esercito della RSI ed in servizio presso l'Ospedale Militare di Mirano (VE), il 26 aprile 1945 fu catturata e seviziata dai partigiani e rinchiusa prima nel municipio di Mestre e in seguito nel carcere di Santa Maria Maggiore a Venezia.

Btg. F. M. "BARBARIGO"
IL COMANDANTE

Vittorio 6 marzo 1944 XXII

Signor Colonnello,

Non vi ho scritto fino ad ora perché, vi confesso, me ne mancava l'animo.

Cosa posso dire io a Voi? Cosa un povero soldato come me può dire a Voi, sig. Colonnello, che tanta amarezza traete del vostro volontarismo? Che vi dico, io, ormai inutile in questa vita, quando Alberto che era il fiore nostro più bello, la promessa più pura, l'esempio più limpido non è più?

Quanto è difficile scrivervi, quanto è difficile, da lontano dirvi tutto l'animo mio.

Notti su notti non ho dormito credendo che, come al solito, Alberto passando per la mia stanza, al mattino, mentre tutti riposavano, con quel sorriso che era unico nel Battaglione, mi spiegare che andava all'alba in compagnia per riunire i suoi ragazzi e farli "muovere" nei brevi intervalli che la lotta antipartigiana

Lettera del comandante del Barbarigo *Cencetti al padre del Tenente Piccoli.*

ci consentiva.

Signor Colonnello, mi avete detto che non volevate avere accenti di riconoscenza per quel niente che abbiamo fatto per Alberto, perchè vi avremmo risposto: "Nostro dovere".

No, credetemi, credetemi; Alberto non era un numero nei sottotenenti del Battaglione! Alberto era da tutti adorato. Era l'esempio della volontà, della chiarezza, della lealtà.

I suoi mortai prendevano vita da Lui, i suoi ragazzi vivevano della sua luce.

Col suo sacrificio, che è stato consumato nella più stretta serenità, sotto il cielo stellato, nella neve gelata del San Gabriele, i ragazzi della 4ª Compagnia hanno assunto un volto più severo, più grave. Alberto Piccoli ha seminato il buon seme della verità della Patria.

Btg. F. M. "BARBARIGO"
IL COMANDANTE   P. d. C. .... lì ....

Come dirVi, come spiegarVi, da lontano, quanto lo amavo, quanto lo stimavo?

Ricordo che nel passaggio da Mestre, per il trasferimento a Vittorio, vidi, o meglio intravidi, la Vostra famiglia. Non sapevo che eravate colonnello in servizio e rimasi incantato.

Caduto il mio fratello Petrillo in Russia, Medaglia d'Oro, vista la prova d'animo di mia madre, credevo che non potesse esistere famiglia così forte, così elevatamente serena nel dolore. Ma vidi la Vostra e, ripeto, rimasi incantato e non potei fare a meno di ricordarvi sia pure per due giorni il Vostro Alberto.

Siate certo, sig. Colonnello, dovunque sentirete "Barbarigo" è Vostro figlio che è presente con noi, fra noi, in testa ai suoi ragazzi, che sempre,

Ditelo alla Mamma, che Alberto è veramente vivo nelle pieghe del nostro stendardo, e che il Comandante del Battaglione ogni volta che vede uscire i mortai della 4ª Impigni ha un solo pensiero, una sola voce intima che gli stringe la gola: "Piccoli"!...

Se caro Parolti che ritengo sarà uno dei figli più cari vi dirà meglio a voce quello che sento, quello che tutti noi sentiamo.

Non poter venire da Voi è un dolore grande per me. Quando vi potrò vedere? Quando il dovere mi consentirà di assolvere quello che per me considero considero un Voto!

Non lo so. Sapeste quanto è duro, pesante, avere la responsabilità di un reparto come questo, in questi tempi amari in cui è tanto difficile

Btg. F. M. "BARBARIGO"
IL COMANDANTE   P. d. C. _____ il _____

fino con tutto lo slancio il proprio dovere, pensando ad ognuno, caso per caso, soldato per soldato, piccola situazione per piccola situazione..... e nessuno che ti sta dietro, che ti segue... che ti conforta ed unica luce, unica verità i nostri Caduti quelli di oggi, del sacrificio più crudo, il sacrificio che tutti non sanno!

Perdonate, sig. Colonnello, non dovevo dirvi questo, ma quando si vede uno ad uno cadere i ragazzi, dal fronte di Nettuno ad oggi, quando si vede cadere per questa nostra fede che si chiama con il solo nome d'Italia un Alberto Piccoli, si ha la certezza che questa è la via giusta, la via dell'onore.... e se qualche amarezza affiora con chi dovrei dividerla se non con Voi che avete offerto alla Patria la duce della Vostra famiglia proprio in quei giorni in cui "esigenze di riduzione di quadri" avvilivano il Vostro volontarismo?

Perdonate, sig. Stornello, vogliate sempre bene a questo Battaglione ed, in ginocchio, chiedo alla Mamma di Alberto Piccoli la sua benedizione per i miei ragazzi e che mi aiuti per il lavoro duro che si va a svolgere!

Grazie, sig. Stornello, e perdonatemi

Vostro Cucchi

Biglietto scritto da Pierluigi Tajana alla madre di Alberto Piccoli.

Appendice fotografica

Dalla Scuola Allievi Ufficiali di Complemento d'artiglieria di Bra alla Grecia-Albania

Pierluigi Tajana quale giovane Allievo Ufficiale e con "Quinto", il suo mulo.

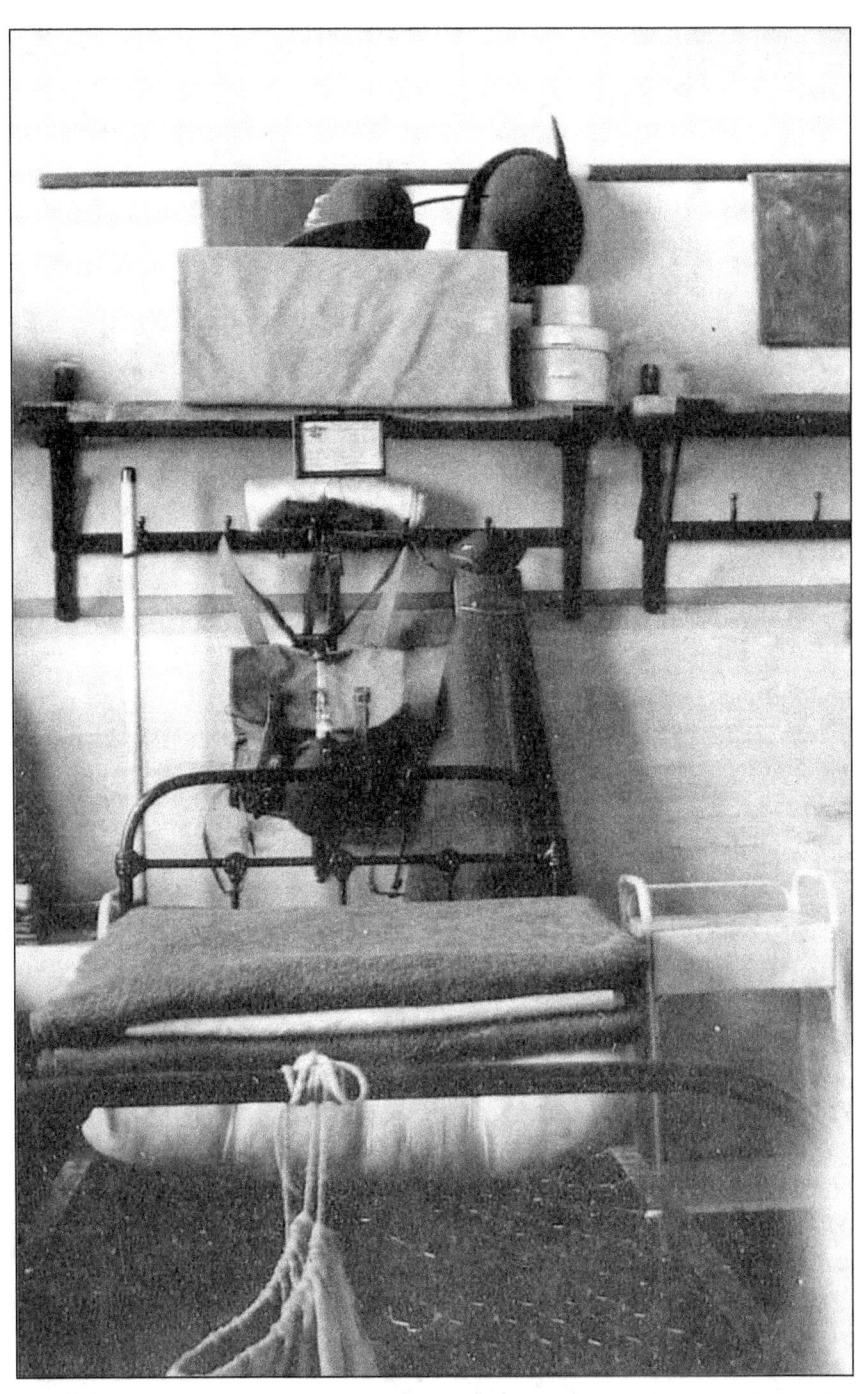

La branda con il bottino.

La Scuola Allievi Ufficiali di complemento d'artiglieria di Bra, alla quale lo scrittore e giornalista Giovanni Arpino dedicò i seguenti versi:

Questa caserma, che una volta era stata l'orgoglio degli allievi ufficiali di complemento, quando i tempi gli permettevano di studiare in pace le sinossi d'arte militare e mangiare bignole e torrone nelle tre pasticcerie di Bra, in quell'inverno fu piena di partigiani catturati o consegnatisi in seguito al disfacimento delle bande patriote delle Langhe. E i fascisti e i tedeschi li avevano vestiti da alpini e li lasciavano circolare, disarmati, per le strade e le piazze, con facce lunghe e truci, anche se finalmente sbarbate.

I novelli Ufficiali appena promossi.

Il momento del congedo. Notare le tenute da fatica e i cappelli alpini da veci.

Nelle foto seguenti, i vari momenti della salita di un obice (archivio Gen. De Cia).

La capanna Prayer.

Gli obici sono finalmente arrivati sul ghiacciaio. Nella pagina seguente, la copertina del Corriere *celebrante l'impresa, disegnata da Beltrame, e due dei partecipanti che fanno il presentat'arm con le bocche da fuoco, pesanti quasi un centinaio di chili!*

Campagna di Francia. Attendamenti in suolo francese.

Si osserva Nizza con il binocolo, affianco allo Skoda 75/13 del 1908.

Campagna di Grecia. L'arrivo a Valona: sbarco del materiale dalla m/n Piemonte.

Il ponte di Dragot.

La Batteria in uno dei tanti spostamenti compiuti superando mille difficoltà.

A Turano, appena lasciate le linee. Colangelo, terzo da sinistra, e Bassano, con elmetto e barba. Davanti a lui, Tajana, con le mani in tasca... e i calzettoni bianchi!

COMANDO I° GRUPPO ALPINI "VALLE"

N° 56 di prot.　　　　　　　　　　　　　　19 Dicembre 940 XIX
OGGETTO:　　　Op.

　　　　　AL COMANDO BATTAGLIONE BELLUNO
　　　　　AL COMANDO 77^ - 78^ - 79^
　　　　　AL COMANDO BATTAGLIONE VAL NATISONE
　　　　　AL COMANDO 216^ - 220^ - 279^
　　　　　AL COMANDO 27^ BATTERIA

　　　Trasmetto perchè sia portata a conoscenza di tutti
i dipendenti l'unita lettera oggi pervenutami dall'Eccellenza il Comandante di Armata. Con voi ho la certezza che potrò
eseguire nel nome sacro d'Italia, il difficile compito oggi
datomi:

""" Coi vostri magnifici alpini avete compiuto e state compiendo gesta magnifiche ! Vi segue con amore di comandante.
　　Il Vostro è un compito di onore: di grandissima importanza ! sono certo che farete il muro invalicabile.
Lo vuole l'Italia!
　　Conto su di Voi !
　　Vi abbraccio con i vostri reparti alpini

　　　　　　　　　　　　　　　　　F/to: GELOSO """

　　　　　　　　　　　　　　IL COLONNELLO COMANDANTE
　　　　　　　　　　　　　　　　(Enrico Pizzi)

　p.　c.　c.
L'AIUTANTE MAGGIORE IN 1^
　(Magg.Giovanni Manca)

Alcuni fonogrammi provenienti dagli Alti Comandi.

COMANDO I° GRUPPO ALPINI "VALLE"

N° 153 di prot. Op.   Lì 23 Dicembre 1940 = XIX°

        AL COMANDO BATTAGLIONE VAL NATISONE
        AL COMANDO BATTAGLIONE BELLUNO
→   AL COMANDO 27ª BATTERIA ALPINA

    Trasmetto il seguente telegramma pervenutomi dal Comando XXV° Corpo d'Armata :

""" Con spirito di alpino insisto perchè nessuna posizione sia perduta alt Se perduta sia ripresa alt Ci vogliono 50 greci per un alpino alt Il Natale sia per vostri alpini Natale di Vittoria alt Il Veneto vi guarda alt Domani o dopodomani il Val Natisone avrà 150 altri baldi alpini nuovi alt

                    F/to Generale ROSSI """

                  IL COLONNELLO COMANDANTE
                      (Enrico Pizzi)

p. c. c.
L'AIUTANTE MAGGIORE IN 1ª
(Magg. Giovanni Manca)

COMANDO I° GRUPPO ALPINI "VALLE"

1404

Ufficio COMANDO P.M.207-A li 21/I/4I/XIX
N. 783 di prot. prot.   Risposta al foglio N. _____ del _____
OGGETTO: Trasmissione fonogramma.

AL COMANDO BTG.VAL NATISONE
AL COMANDO BTG.BELLUNO
AL COMANDO BTG.VAL CISMON
AL COMANDO BTG.M.CERVINO
AL COMANDO 27^BTR.ALPINA
AL COMANDO I°COMP.MITR.

Trasmetto per l'ottemperanza il seguente telegramma pervenuto dal Comando 11^ARMATA :

"" n.I24I op.Comunico seguente fadmo Armata Miles alt Preciso ordine decimazione sbandati dalle linee trovati senza armi non mi risulta che abbia avuto ancora esecuzione alt Se ciò rispon de realtà debbo credere a una innammisibile ed dannosa debolez za dei comandi inadempienti alt Grave momento non ammette pietismi ed impone essere forti anche di fronte questa dura necessità alt Comandante Grandi Unità mi rispondano alt

fto Gen.Geloso -

""

IL COLONNELLO COMANDANTE
(Enrico Pizzi)

P.C.C.
L'AIUTANTE MAGGIORE IN I°ff°
(Ten.Gian Franco d'Attimis)

Da sinistra: il veterinario, l'autore, il Tenente medico Allasia, il Maggiore Camangi comandante il Gruppo Val Tanaro (seduto), Colangelo, Bassano e Zito dopo cinque giorni di tregua.

Fine della Campagna di Grecia, pezzi a riposo.

I marò della 4ª Compagnia Mortai nel Canavese, estate 1944.

Notare le divise estive, con le mostrine pentagonali tagliate a seguire il colletto.

Villa Feltrinelli sul lago di Garda, dove Tajana ebbe udienza con il Duce nel 1944.

Milano, ottobre 1944. Il Tenente di Vascello Cencetti canta con i sui Marò

Goriziano, inverno 1944/1945. Esercitazione dei Marò del Barbarigo *con la cooperazione dei mortai della 4ª Compagnia.*

Gorizia, gennaio 1945. Marò del Barbarigo.

Inverno 1944/1945. I marò della 4ª Compagnia Mortai del Barbarigo.

Notare le tenute mimetiche, distribuite ai reparti della Decima MAS a fine 1944.

Fronte del Senio, 1945. Mortai Modello 35 *da 81 della Decima. Notare la protezione della postazione in alto, ricavata con le cassette dei proiettili, e la sua mimetizzazione.*

Lerici, ottobre 1993. Veterani del Barbarigo. *Da destra: Pieri, De Zerbi, Grosso, Tajana (al centro, con l'abito chiaro), Fusco, Ablondi, Giorgi (Generale dell'EI), e, sulla sinistra, Burò.*

LE ARMI DELL'ARTIGLIERIA DA MONTAGNA E DELLA COMPAGNIA MORTAI DEL BTG. BARBARIGO

L'obice Skoda da 75/13 è stato il materiale regolamentare dei Gruppi di Artiglieria da montagna per quasi 40 anni. Fu catturato in grandi quantità dopo la vittoria di Vittorio Veneto ed acquisito in conto riparazioni danni di Guerra dall'Austria (in seguito fu anche dalla Ansaldo), e fu distribuito sia ai Gruppi di artiglieria da montagna sia ad un Gruppo someggiato delle Divisioni di fanteria ed impiegato su tutti fronti, tranne che in Africa Settentrionale (scheda a cura di Carlo Cucut).

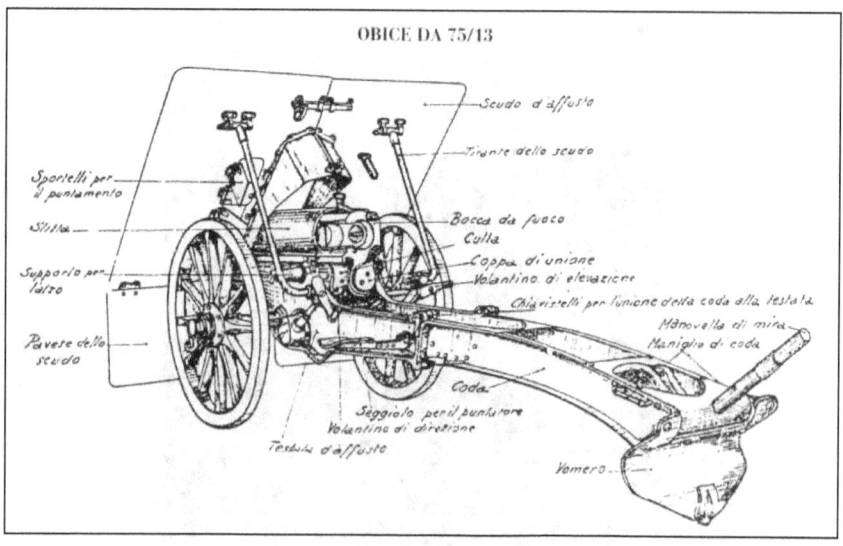

Dati tecnici obici da 75/13: Peso pezzo in batteria: 613 kg, Settore di tiro verticale: -10° + 50°, Settore di tiro orizzontale: 7°, Peso granata mod. 32: 6.3 kg, Velocità iniziale: 378 m/s, Gittata massima: 8.2 km.

Il mortaio da 81 mm Modello 35 in una fotoricostruzione presso il Museo di Piana delle Orme (LT). Sullo sfondo una mitragliatrice pesante Breda Modello 37. La prima arma era in dotazione alla Compagnia Mortai del Barbarigo, comandata da Tajana, la seconda alla Compagnia Mitraglieri comandata dal Tenente Farotti. Le due armi davano al Btg. un buon supporto di fuoco, che sopperiva alle mediocri prestazioni dei mitragliatori Breda 30, arma di squadra nelle Compagnie Fucilieri.

Il mortaio da 81 mm, in dotazione alla 4° Compagnia Mortai del Battaglione Barbarigo in una fotoricostruzione dell'Associazione Culturale e di Storia Vivente ITALIA. Il Sergente sulla sinistra indossa la giacca estiva, dalle mostrine in panno rosso tagliate sghembe a seguire il colletto, i pantaloni mimetici ricavati dal telo tenda modello 29 e un basco con fregio ricamato in canottiglia. Il Tenente sulla destra indossa la giacca "senza collo" mod. 41 in panno, con le normali mostrine pentagonali e i relativi pantaloni. L'elmetto M 33 presenta un mimetismo policromo e l'ancora dipinta a mascherina in giallo. Notare il binocolo S. Giorgio 6x30 d'artiglieria e il telefono da campo.

Dettaglio del mortaio da 81 mm Modello 35. Questa arma constava di tre parti: bocca da fuoco (20.4 chili), affusto a bipede (18 chili) e piastra di appoggio (20 chili). Aveva sette cariche di lancio con il proietto normale (pesante 3.26 chili) e cinque cariche di lancio con il proietto a grande capacità (6.86 chili). La gittata del proietto normale arrivava a 3.100 metri, mentre la gittata massima del proietto a grande capacità era di solo 1.200 metri. Il rateo di fuoco di efficacia era di 30-35 colpi al minuto, ma nella pratica non si superavano i 10 colpi al minuto.

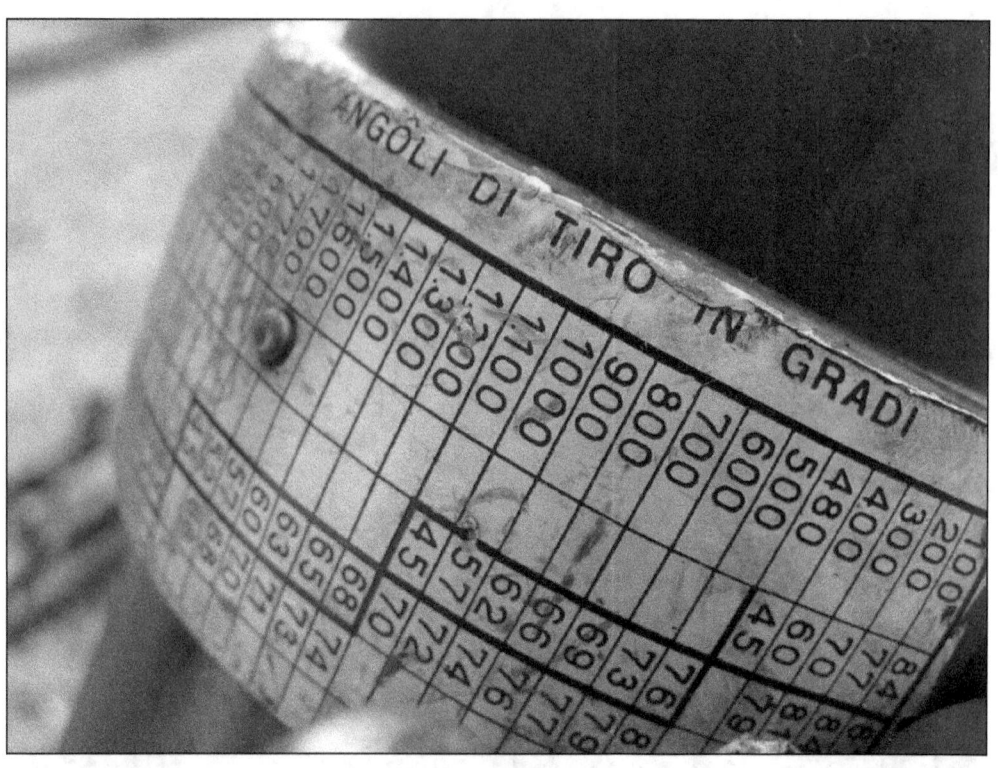

Dettaglio della tabella degli angoli di tiro e dell'attacco per l'ottica di puntamento.

Dettaglio di due diversi mortai da 81 mm mod. 35, *contrassegnati rispettivamente Arsenale di Piacenza e C.E.M.S.A. Saronno.*

INDICE

Prefazione	3
Sotto la naja	5
La prima nomina	16
Campo invernale ed estivo	25
Agli arresti!	36
Il richiamo	40
La pugnalata nella schiena alla Francia	49
L'Albania	54
La situazione precipita	67
Si torna a casa!	79
La Decima MAS	87
Prigionieri	100
Appendice. La morte del Tenente Alberto Piccoli	112
Appendici fotografiche	121

Fotografie:
© Archivio Tajana, Archivio De Zerbi, Archivio Piccoli,
Associazione ITALIA

TITOLI PUBBLICATI - ALREADY PUBLISHING

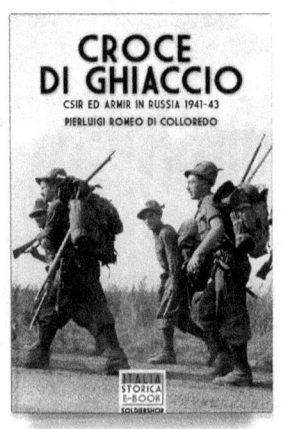

www.ingramcontent.com/pod-product-compliance
Lightning Source LLC
LaVergne TN
LVHW081542070526
838199LV00057B/3751